AF396754

R. P. BAINVEL

DE LA COMPAGNIE DE JÉSUS

CAUSERIES

PÉDAGOGIQUES

PARIS

LIBRAIRIE CH. POUSSIELGUE

RUE CASSETTE, 15

1898

CAUSERIES PÉDAGOGIQUES

R. P. BAINVEL

DE LA COMPAGNIE DE JÉSUS

CAUSERIES
PÉDAGOGIQUES

PARIS

LIBRAIRIE CH. POUSSIELGUE

RUE CASSETTE, 15

1898

PRÉFACE

Ce ne sont ici que des fragments d'entretiens familiers avec de jeunes étudiants qui se préparaient eux-mêmes au professorat. De là la simplicité du ton et la liberté d'allure. De là aussi l'insistance sur certains points qui ne sont que des *truismes* pour quiconque a déjà enseigné. Enfin, si quelques mots sentaient le professeur qui dogmatise plutôt que le collègue parlant à des collègues, on voudra bien les excuser en songeant à qui ils s'adressaient d'abord. — Du reste, on ne s'attendra pas à trouver ici des idées et des méthodes nouvelles : en pédagogie ce n'est peut-être ni possible ni désirable. J'espère même que les professeurs ne verront rien ici qu'ils ne sachent et ne pratiquent, rien qui ne soit indiqué ou supposé dans Rollin, dans Jouvency, ou dans le *Ratio studiorum* des Jésuites.

Plusieurs de ces causeries ont déjà paru dans l'*Enseignement chrétien*, 1894-1897. C'est dire qu'elles ne sont pas écrites d'hier. Çà et là je les ai mises à jour par une addition ou une correction. Le plus souvent je les ai laissées telles quelles, même quand elles ne correspondent plus exactement à l'état des choses. Ces légères discordances, qui ne portent que sur des détails de fait, m'ont paru plus intéressantes que nuisibles.

Comment, du reste, être longtemps au courant dans un temps et dans un pays où les idées pédagogiques et les méthodes changent avec les Ministres et où les Ministres se succèdent avec la rapidité que l'on sait? Comment indiquer les derniers livres sur une question, quand les livres de classe se suivent, se croisent et passent comme les voitures dans les rues de Paris? Les jours sont loin où les petits enfants apprenaient le latin et le grec avec les mêmes grammaires et les mêmes éditions d'auteurs qu'avaient fatiguées et jaunies les doigts des grands-pères. Qu'importe après tout? Le mal est que les traditions pédagogiques se perdent; les jeunes professeurs ne profitent plus guère de l'expérience des vieux. De là des tâtonnements sans fin, un désarroi presque général. Ceux-là mêmes qui arrivent à se tracer un chemin quittent presque tous la carrière, juste alors qu'ils pourraient y marcher droit et ferme et y diriger les autres.

Plus d'un cependant cherche et demande conseil. A ceux-là, ces *causeries* seront, j'espère, de quelque utilité. L'accueil fait à celles qui ont déjà paru permet de bien augurer pour l'ensemble. Leur but n'est pas tant de provoquer des réformes ou d'appuyer sur les grands principes, que de tirer bon parti de ce qui existe, avec les ressources et les difficultés de la situation. En faisant bien ce qui est faisable dans la circonstance, on finit par voir qu'il n'est pas encore si impossible de bien faire. En tout cas, mieux vaut ramer de son mieux pour mener la barque dans la tempête que d'attendre en gémissant et les bras croisés que le flot se calme et que le vent vous pousse au port.

Il faut sauver sa barque. Cela fait, que l'on pleure, si l'on veut, le beau temps jadis et qu'on rêve du passé. « Autrefois, dit-on, c'était facile d'être bon professeur : les méthodes et les traditions vivantes suffisaient, presque sans effort et sans réflexion, à former le maître ; on faisait comme on avait vu faire, comme on voyait faire autour de soi... et l'on faisait bien. Comme c'est plus difficile à présent ! » Admettons le fait. Il n'en reste pas moins que, maintenant comme autrefois, tout ou presque tout dépend du maître. Sa tâche est plus lourde aujourd'hui, soit. Mais elle n'est pas impossible. Les bonnes méthodes ne font plus elles-mêmes le professeur. Eh bien ! que le professeur fasse les bonnes méthodes, et tout n'en sera que mieux. Il est vrai, la pratique routinière et machinale ne suffît plus (a-t-elle jamais suffi ?). Plus que jamais, il est nécessaire que chacun se fasse à soi-même sa méthode vivante et réfléchie. Qu'est-ce à dire? Les vieux rouages du système scolaire sont détraqués et l'œuvre de l'enseignement ne se fait plus comme toute seule et d'elle-même, par la force du mouvement donné. A chacun donc, s'il ne veut échouer misérablement, de prendre soi-même conscience du but précis qu'il doit poursuivre et des moyens qu'il doit employer; à chacun de choisir ses procédés et de se rendre compte de leur valeur et des conditions auxquelles ils auront cette valeur; à chacun, en un mot, de se faire une petite pédagogie personnelle et pratique. Non pas, sans doute, que chacun doive tout inventer, tout tirer de son fonds, et ne s'en tenir qu'à ses idées: ce serait achever de tout perdre. Mais on doit, par ses propres efforts et ses propres réflexions, faire un choix intelligent parmi les méthodes et les exercices connus; on doit les faire revivre en y remettant une âme, c'est-à-dire cette idée nette de leur valeur pédagogique et des moyens pratiques dont il était question tout à l'heure.

C'est à aider le professeur dans cette œuvre délicate et quelque peu difficile que ce petit livre voudrait prétendre. Il n'y est pas question d'éducation proprement dite, mais d'enseignement; son objet n'est pas la formation morale ou religieuse, mais la formation intellectuelle; il s'agit de la culture de l'esprit, non de celle du cœur ou de la volonté.

Supposant — ce qui, en théorie, n'est nié de personne — que le but des études classiques n'est pas l'érudition, mais la formation générale et humaine de l'esprit, il examine la valeur formatrice des différentes études et des différents exercices scolaires, et il indique à quelles conditions ces études et ces exercices auront tout leur effet. Telle est l'idée fondamentale du livre, ou, si l'on veut, l'idée directrice. Tout s'y ramène à la question de formation intellectuelle. A défaut d'autre mérite, on lui reconnaîtra, j'espère, celui de n'avoir jamais perdu de vue le but.

Pourra-t-on ajouter qu'il y tend sans cesse, et par les bons chemins ? Je le désire de tout mon cœur. Que l'on dise après, si l'on veut, que ces chemins sont un peu raides, au moins pour le professeur. Si d'autres plus faciles menaient aussi bien et aussi vite, il faudrait les préférer. Mais s'il n'en est pas — et je ne sache pas qu'on en connaisse — un professeur ne doit pas craindre sa peine, un professeur chrétien ne la craint pas. Tout ce qu'il demande, c'est qu'on lui indique une bonne route, qu'on fasse le possible pour la lui rendre moins dure, et qu'on l'aide à y marcher.

Je n'ai pas tout dit, tant s'en faut. Mieux valait, semble-t-il, attirer l'attention sur les points les plus immédiatement pratiques. Quitte à discuter plus tard certaines questions plus générales de principes et de méthodes, qui ne pouvaient trouver place ici. Ce qui est dit forme un ensemble assez

complet sur les principaux objets de l'enseignement
secondaire.

Pour les spécialités, je me suis adressé à des
hommes de la partie : au P. Poulain pour les Mathématiques[1], au P. Lionnet pour l'Histoire. On m'a fort
aidé aussi pour les Langues vivantes[2]. Le lecteur
trouvera, j'en suis sûr, que j'ai bien choisi mes col-
laborateurs. Quant à moi, je ne saurais les remer-
cier assez de leur obligeance.

Plus d'un lecteur se dira peut-être que la
part faite à ces matières est bien petite et bien peu
en rapport avec leur importance. Mais il faut songer, d'abord, que beaucoup des choses dites dans
tout le cours de l'ouvrage s'appliquent aussi aux
spécialités. Pour une raison du même genre, nous
avons pu passer légèrement sur le français, dont
l'importance n'est contestée de personne. Si la part
du latin est si grande, c'est, en partie, qu'il vient le
premier. Il fallait donner une fois les explications
nécessaires et les exemples sans lesquels tout eût
été vague. Mais à quoi bon se répéter à chaque
objet nouveau ? — Ensuite, il ne s'agit pas ici de
discuter sur la valeur relative de tel ou tel enseigne-

---

1. L'article du P. Poulain est un résumé de ceux qui ont paru
dans l'*Enseignement chrétien* (janvier-mars 1897), et qui ont été
si goûtés même en dehors des écoles catholiques, même hors de
France.

2. L'article sur *les Académies* n'est pas de moi non plus. Je l'ai
demandé à un professeur de Rhétorique bientôt jubilaire, compétent
comme personne, obligeant comme bien peu,... mais trop modeste,
et qui ne me permet pas de le nommer.

ment [1]. Nous prenons les choses comme elles sont, et nous tâchons de faire pour le mieux ce que nous avons à faire.

Sur ce, chers lecteurs — pour finir comme nos bons ancêtres — je prie Dieu qu'il vous ait en sa garde. Puissent les enfants qu'il vous donnera à instruire et à former, 'vous rappeler sans cesse le divin Enfant de Nazareth, en vue duquel vous travaillez, et sur qui votre regard doit se fixer comme sur l'idéal que vous tâchez de reproduire en chacun de ses petits frères. Daigne la Vierge Marie, modèle admirable et secours toujours efficace du maître chrétien, vous aider dans votre tâche, en vous communiquant quelque chose de son dévouement et de son savoir-faire. Faites pour vos enfants comme elle faisait pour Jésus; et alors vous coopérerez, vous aussi, à une grande œuvre.

1. Peut-être toucherons-nous plus tard à cette grave question.

CAUSERIES PÉDAGOGIQUÉS

L'ART D'INTERROGER EN CLASSE

I

Cette question, comme presque toutes celles qui touchent à la manière d'enseigner dans les classes inférieures, est dominée par un grand principe : le professeur, en enseignant, fait une *classe* non un *cours*[1]. Comme ce principe est capital, il y faut insister quelque peu.

Quelle est donc la différence entre une classe et un cours ? Elle est profonde.

Pour un cours, le professeur arrive tout préparé : tout est dans ses notes ou dans sa mémoire ; il ne lui reste qu'à débiter, et il débite. Pendant ce temps, les auditeurs s'intéressent ou s'ennuient, écoutent ou se distraient, se préoccupent de ce qu'on dit, ou de la pose, du ton, de la voix ; quelques-uns prennent des notes,

---

1. Cf. *Theory and Practice of teaching*, by the Rev. Edw. Thring, part, 2, c. 3. Cambridge, University Press. 4ᵉ édit., 1889.

soucieux de ne pas perdre une idée utile ou intéressante, un texte qui leur plaît; d'autres dorment peut-être, ou se chauffent près du bon poêle installé fort à propos dans la salle. En somme, c'est le professeur qui agit; encore son principal travail est-il fait à l'avance. L'auditeur agit ou n'agit pas, comprend ou ne comprend pas, selon qu'il est plus ou moins attentif, plus ou moins préparé, selon aussi que la rédaction ou la parole du professeur est plus ou moins savante, claire, ordonnée.

Dans un cours, le professeur parle seul : il propose des notions et des idées; l'auditeur les reçoit ou les repousse : rien qui le force à l'action personnelle.

Dans un cours, le professeur a en vue l'auditoire en gros, dans l'ensemble; à chaque auditeur de profiter s'il veut ! Aussi, le nombre d'auditeurs n'y est-il limité que par l'étendue de la salle, ou par la portée de voix de celui qui parle.

Tout autre est une classe. Ici, le but principal est de faire travailler l'auditeur, d'éveiller son esprit, de lui donner un exercice normal. La classe est vraiment un *gymnase*, non un amphithéâtre; l'élève y vient, non pour voir des tours de passe intellectuelle, ni pour entendre une dissertation, ni même pour recueillir les trésors que le professeur lui jette et dont il fera plus tard l'inventaire et la classification; il vient pour apprendre *hic et nunc*, il vient pour s'exercer lui-même : il est de la pièce.

Aussi, le professeur, en préparant sa classe, n'a-t-il fait que la moindre partie de sa besogne. Il faut maintenant — et c'est proprement son rôle de professeur — qu'il fasse savoir aux autres, qu'il fasse travailler les autres, qu'il obtienne d'eux l'exercice de leurs facultés intellectuelles.

Pour profiter d'un cours, il faut une préparation préalable ; un professeur doit rendre sa classe profitable en préparant lui-même le sol où il doit semer. Dans un cours, c'est l'élève qui doit aller au professeur ; dans une classe, c'est le professeur qui doit aller à l'élève.

Ce principe — qui ne le voit ? — est gros de conséquences pratiques. L'une des principales est le grand rôle que doit jouer dans une classe bien faite la méthode d'interrogation.

II

Quand il ne faut que donner des notions et fournir une matière à l'activité personnelle, on parle beaucoup soi-même et l'on questionne peu ou point. Car on perd du temps à interroger ; la suite des choses se dégage moins nettement. Aussi, dans un cours, n'interroge-t-on pas. Mais, dans une classe, le but est différent : il ne suffit pas de donner à l'enfant des idées toutes faites, ni de lui fournir un aliment qu'il s'assimilera plus tard ; car, de cette façon, vous ne feriez travailler que sa mémoire. Il faut mettre en branle son intelligence, lui apprendre à voir, à s'appliquer, à réfléchir et à se rendre compte. En un mot, vous voulez que lui-même, par sa propre activité, fasse éclore la vérité dans son âme et sur ses lèvres. « L'enseignement, dit un professeur allemand, doit être de la vie qui pénètre dans l'enfant[1]. » Dès lors, la méthode d'interrogation se recommande d'elle-même : c'est elle qui éveille et soutient l'attention volage de l'enfant ; c'est elle qui stimule son esprit paresseux ; c'est elle qui établit la communication intime

---

1. « Der Unterricht soll Leben sein, was in die Kinder eingeht. » Bock, dans *Encycl. des ges. Erzieh.*, art. *Aufmerksamkeit*, t. I, p. 299.

et vivante entre l'esprit de l'élève et celui du maître. En interrogeant, le professeur voit s'il est compris, s'il ne va pas trop vite pour le petit pas de l'enfant; il voit où est le point obscur. En interrogeant, il va chercher lui-même l'esprit de l'élève, le mène par la main, le soutient et le provoque[1]. L'enfant, à son tour, est obligé de réfléchir et de se rendre compte ; il apprend à s'exprimer, à dire ce qu'il voit ; mieux encore, cet effort pour exprimer lui fait achever son idée en lui-même, et lui en fait prendre pleine possession. Tout cela, sans compter la satisfaction donnée par là au besoin d'agir et de parler si naturel à l'enfant, le stimulant puissant de l'émulation et du travail commun, le plaisir si légitime et si fortifiant d'une bonne réponse reçue comme elle le mérite. C'est plaisir de voir une classe où l'on sait interroger et répondre. Tout le monde est éveillé, attentif ; ils semblent former une seule chaîne pour recevoir ensemble la secousse intellectuelle qui met tous les esprits en branle et qui les emporte d'un même mouvement. La réponse est dans tous les yeux, sur toutes les lèvres ; parfois elle part de toutes les poitrines ensemble.

Ainsi donc interrogez beaucoup, si vous voulez que la classe soit vivante et animée, si vous voulez intéresser et faire travailler l'enfant. Ainsi agissait Socrate pour faire naître la vérité dans l'esprit de ses interlocuteurs; ainsi voyons-nous sans cesse, dans l'Évangile, agir Notre-Seigneur, le divin Maître.

1. C'est le cas de rappeler les procédés de Dieu dans sa conduite avec les Hébreux : *Invenit eum in terra deserta, in loco horroris et vastæ solitudinis, circumduxit eum et docuit; et custodivit quasi pupillam oculi sui. Sicut aquila provocans ad volandum pullos suos, et super eos volitans, expandit alas suas, et assumpsit eum atque portavit in humeris suis.* Deut., xxxii, 10, 11. Peut-on mieux peindre l'action du professeur ?

III

Mais c'est tout un art que de bien interroger : il y faut beaucoup de patience, de psychologie pratique et de savoir-faire, une pleine possession de son sujet. Tel interroge si brusquement, presse si vivement, que l'enfant, poussé à bout, perd la tête et ne dit que des sottises. Tel autre complique tellement ses questions qu'il semble n'avoir d'autre but que d'embarrasser et de prendre au piège..Un troisième pose une question si vague ou si vaste, que la réponse demanderait des heures de réflexion et de recherche, ou du moins un esprit d'analyse et des habitudes de logique qu'on ne peut raisonnablement exiger. Un autre est si impatient que la réponse tarde toujours trop à son gré ; sans attendre, il passe à un autre ou répond lui-même. Celui-ci est si ami de l'exactitude complète et de la perfection qu'il ne comprend pas une demi-réponse, et rejette tout ce qui ne rend pas son idéal. Celui-là se contente de tout ; ou bien il interroge de telle façon que la réponse est déjà transparente.

Le fait est que toutes ces manières d'interroger peuvent être bonnes en leurs temps ; car les questions et la façon de questionner diffèrent selon le but, selon l'objet, selon la nature et la force de l'élève, selon les circonstances, en un mot. Autre sera le procédé quand on veut repasser vivement la grammaire, autre quand il faut trouver la raison d'un fait ; autre quand on veut punir la présomption, la paresse ou la dissipation, autre quand on veut encourager la timidité et la défiance excessive ; autre dans une séance publique bien préparée[1], autre dans l'improvisation d'une classe.

1. Voir dans ROLLIN, *Traité des Études*, l. VI, 2ᵉ partie, c. II,

Car l'interrogation est de mise partout, surtout dans les basses classes. On peut, en variant la façon d'interroger, donner aux mêmes choses un aspect toujours nouveau : l'enfant s'aperçoit à peine qu'il répète. Ajoutons que cette répétition variée est précieuse pour faire voir et comprendre un objet sous toutes ses faces, et pour s'assurer que l'élève ne répond pas seulement de mémoire. L'interrogation est bonne aussi pour attirer l'attention sur un objet nouveau : un *pourquoi* fait désirer un *parce que*, et la réponse fait plus d'effet quand la question lui a comme préparé le terrain[1]; bonne enfin pour préparer un devoir en classe, en montrant les difficultés, mettant sur la voie, donnant toutes les indications nécessaires pour rendre le travail particulier faisable et fécond. Ainsi la classe devient une conversation presque continuelle entre élèves et professeurs. Interrogation d'autant meilleure quand elle est posée sous forme de petit problème, d'une sorte d'énigme à résoudre. Rien ne fait si bien trotter ces petites intelligences d'enfants, avides et curieuses.

IV

La question s'adressera rarement à toute la classe ; qu'elle aille plutôt à un tel, mais avec droit pour l'émule

art. 2, § 1, t. IV, p. 579, de l'édit. Estienne, 1770, de bons conseils sur ce point. — Sur la pratique des interrogations en Allemagne, il y a quelques remarques dans les *Excursions pédagogiques* de M. BRÉAL, p. 25, 57. La méthode, du reste, n'est pas particulière à l'Allemagne.

1. Je suppose que vous ayez à dire que les noms français sont formés de l'accusatif latin : prenez p. e., le mot *cercle* et faites écrire à côté *circulus*. Le latin a *s*, le français n'en a pas. Passons au pluriel : des *cercles, circuli;* le français a *s*, le latin n'en a pas. Voilà qui est étrange. D'où vient cela ? On préparera la réponse en faisant comparer ensuite *cercle* et *cercles* avec les accusatifs *circulum* et *circulos*.

ou pour tout autre de corriger ou de presser la réponse. D'autres fois elle sera comme une sorte de consultation : chacun dit son avis, motivé ou non ; le professeur donne enfin et explique la vraie solution. Parfois aussi, et c'est la manière la plus féconde, il faut prendre à part un élève, et, défendant à tous de rien dire, l'amener par degrés à comprendre, à voir par lui-même. Certains élèves ne font presque jamais un acte intellectuel en classe, faute d'être ainsi pris à part et forcés dans leur inertie.

Les procédés dans ce cas sont très simples. Si l'enfant ne peut répondre à votre première question, reprenez plus haut, et arrivez à une chose qu'il sache. Une fois faite la rencontre des esprits, menez-le à petits pas jusqu'au point de départ. Souvent il verra le but, encore à moitié chemin, et donnera à une question intermédiaire la réponse qu'il fallait donner au début. Vous avez demandé l'impératif aoriste de ᾅδω, pas de réponse. De λύω ? — Réponse : ᾆσον. Dans ce cas, faites toujours répondre à la question précédente : ainsi vous attirez l'attention sur la vraie réponse, vous habituez à lier les notions, et vous donnez, sans en dire mot, une leçon pratique de méthode. C'est là proprement le système de déduction.

Souvent sans recourir à aucune notion étrangère, à aucun moyen terme, il suffira de faire faire l'analyse. Soit encore un exemple grec. Un élève ne sait pas analyser λυθησοίμεθα. « Qu'est-ce que μεθα ? — Le signe de la première personne du pluriel passif ou moyen. — ι ? Le signe de l'optatif. — σ, suivi d'un ο ? — Un signe de futur. — θη ? — Un signe de passif. — λυθησοίμεθα est donc ? — La première personne du pluriel, optatif futur passif. »

Quelquefois enfin le professeur pourra se contenter

de marquer le point précis où doit porter l'attention, de mettre en relief la notion ou les notions qui éclairent tout le reste. — On n'en finirait pas à dire toutes les ressources qu'offre la méthode d'interrogation. Il est vrai qu'elle a ses lenteurs ; mais l'important n'est pas d'aller vite et de voir beaucoup, c'est d'aller sûrement, de faire agir et comprendre.

Quelques remarques en terminant : 1° Ne tolérez jamais une réponse jetée au hasard, un non-sens ; mais aussi jamais, sinon pour piquer la curiosité, et en montrant que vous n'attendez pas de réponse, ne faites une question à laquelle on ne puisse guère répondre qu'au hasard.

2° Selon le précepte de Rollin, « ayez pour règle de parler peu, mais de faire parler beaucoup le répondant ». Un auteur anglais[1] va jusqu'à juger de la valeur d'une question par le nombre relatif de mots employés par le maître et par l'élève, mais je ne sais si Messieurs de la Sorbonne admettraient ce criterium, au moins pour une soutenance de thèse.

3° En questionnant, effacez-vous le plus possible.

4° Ayez soin d'interroger tout le monde, mais interrogez avec choix. Ce point mérite quelques développements.

Il n'est pas si facile d'interroger tout le monde. Pour vingt raisons, trop longues à dire, certains élèves sont toujours présents aux yeux ou à la pensée du professeur, leur nom lui vient sans cesse sur les lèvres quand il interroge ; il est exposé à en oublier d'autres. Il y

---

1. J. G. Fichf, *Lectures on teaching.* Cambridge, University Press, 2 édit., 1881, p. 167 : « One of the best tests of a good question is the relation between the number of words employed by the teacher and the pupil respectively. »

faut faire attention et avoir des moyens de penser à tous ; des listes bien tenues vous avertiront.

L'interrogation par ordre de bancs n'est évidemment pas pratique, hors le cas d'une leçon de mémoire à réciter rapidement livres fermés. Il faut que tous puissent être appelés à tout propos, pour qu'ils se tiennent en garde. L'interrogation rapide et brusque ira surprendre un distrait ou un dissipé ; elle sera adroite pour humilier et punir, ou pour récompenser. On aidera la bonne volonté d'un élève en lui faisant décliner : ἡ ἁγία παρθένος. On fera traduire à celui-ci telle phrase qui est pour lui une leçon ou bien une amabilité ; à celui-là telle autre qui prête à une allusion innocente. Autant de moyens de soutenir l'attention, de mettre dans la classe joie et entrain, pourvu qu'on les emploie avec mesure et discrétion.

DE LA COOPÉRATION DES ÉLÈVES

I

On sait que les anciens Jésuites donnaient à la classe une organisation régulière. Le professeur était le chef d'une petite cité où chaque élève avait sa place hiérarchique, son rôle, sa part d'action et de responsabilité. Mais c'était une cité militaire, quelque chose comme Sparte. La classe est divisée en deux camps, en deux armées ennemies, ayant chacune sa bannière, sa devise, ses chefs de divers grades, ses soldats de divers rangs. L'autorité suprême du professeur est déléguée, dans une mesure notable, aux chefs de camp et aux officiers subordonnés. Enfin il y a solidarité étroite entre les élèves du même camp : les succès partiels profitent à tout le parti, et la victoire d'un parti profite à chaque élève.

On devine quelle devait être l'émulation. Ce n'était pas le seul avantage du système. Les élèves s'intéressaient davantage à la classe, ils acquéraient de l'initiative, du savoir-faire ; ils se formaient au maniement des hommes, la classe devenait une image et un premier essai de la vie. Il faut ajouter que cette responsabilité partagée avec le professeur rehausse l'enfant à ses propres yeux, et développe en lui la loyauté, le sérieux, la maturité. Ainsi se prépare l'homme d'action.

De nos jours encore, bien des professeurs tâchent d'imiter leurs devanciers. Ce n'est pas sans succès. Ils n'oseraient pourtant aller aussi loin dans la délégation de leur autorité. Avec nos petits Français, imbus dès le berceau de l'esprit voltairien et révolutionnaire, il est difficile, sinon impossible, de laisser tant de part à l'enfant dans le mouvement et la direction de la classe. En tout cas, le maître peut s'en faire, dans l'enseignement même, un collaborateur précieux. Le principal profit est pour le petit collaborateur, mais tous y peuvent gagner.

L'important est de faire agir ainsi tout le monde, de les jeter tous dans le mouvement de la classe. Quelques exemples, non pour tout dire, du reste, ni avec la prétention que tout puisse être pratique pour tous.

II

C'est surtout pour les répétitions que les professeurs utilisent l'action des condisciples. Ce travail nécessaire, mais souvent fastidieux, en devient plus profitable et plus intéressant, en même temps qu'il forme l'élève à parler, à résoudre les difficultés, à juger par lui-même.

Répétition par concertation[1]. — C'est plaisir de voir une

1. La *concertation*, le mot l'indique, est une bataille entre élèves. On donne parfois ce nom à tout exercice où celui qui parle est suivi et harcelé par l'émule ou par quelque autre, toujours prêt à le redresser quand il se trompe, à le prévenir quand il hésite. Une récitation de leçon, une explication d'auteur, une correction de devoir devient ainsi une *concertation*. Mais le mot a souvent un sens plus précis. Il désigne un exercice spécial, une sorte de répétition par questions courtes et vives. Dans les petites classes, on revient ainsi sans cesse sur les déclinaisons et les conjugaisons, sur les temps primitifs, l'analyse, etc. Pour la syntaxe, l'attaquant indique

classe où la concertation est en honneur. Quelle vie intense, quelle émulation, quelles luttes acharnées, quelles joies dans la victoire, quels désirs de revanche en cas d'échec! Comme le jouteur qui a fait triompher son parti est félicité, acclamé! Comme le vaincu est humilié, comme il est honni quand, en se laissant vaincre, il a causé la défaite des siens! Tout respire la lutte et l'ardeur guerrière. Tantôt la classe entière est aux prises, la mêlée est générale. Tantôt la bataille a lieu entre une élite. Parfois c'est un combat singulier entre deux chefs ou deux soldats. Parfois un soldat, qui veut se distinguer, provoque hardiment un chef dans l'espoir de prendre sa place. Parfois enfin un seul, presque toujours un chef, soutient le choc de toute l'armée ennemie. La concertation est de tous les jours; et toujours elle plaît à l'esprit batailleur des enfants. Mais l'intérêt est à son comble, et la bataille fait rage quand les deux camps d'une classe ou quand deux classes distinctes se donnent un défi public devant des spectateurs choisis. Plus d'un homme déjà mûr se sent rajeunir en se rappelant ces combats homériques, et pourrait vous réciter encore le verbe grec ou la règle de grammaire qui détermina la victoire. Je sais que des critiques chagrins ont blâmé ces exercices. Je veux croire pour eux qu'ils n'ont jamais vu de concertation bien faite.

Les exercices qui suivent sont d'un usage moins

l'exemple; il faut répondre en donnant la règle. On questionne aussi sur le sens des mots vus dans une explication, on fait traduire de petites phrases, le tout sous forme de thème ou de version. Parfois les questions sont posées par le professeur; souvent c'est un élève qui attaque. Il n'est pas de catéchiste qui n'ait eu recours à des exercices de ce genre. Le *Ratio studiorum* des Jésuites y attache une grande importance, et veut que la dernière demi-heure de la classe soit d'ordinaire réservée à la *concertation*. Cela sans parler des répétitions du samedi, ou autres, plus solennelles encore.

fréquent, mais certains professeurs y recourent parfois avec succès.

Répétition magistrale. — Un élève, averti d'avance et bien préparé, monte dans la chaire du professeur, et fait à sa manière une classe sur un point précis déjà expliqué : traduction, leçon d'histoire ou de grammaire, compte rendu d'un passage d'auteur, etc. Les autres l'interrogent, lui font des difficultés; lui-même leur pose quelques questions. D'autres fois, le professeur improvisé, au lieu de faire la répétition, est chargé de la diriger : il interroge et fait expliquer quelques lignes à un tel, passe à un autre, pousse la difficulté... tout comme ferait le professeur; à part la tenue de la classe, qui doit toujours rester à celui-ci.

En général, ces substitutions ne peuvent durer longtemps : elles intéressent, mais elles fatiguent vite, surtout si le professeur d'occasion hésite, tâtonne et s'embrouille.

Répétition glanée. — Dans le courant d'une classe un professeur laisse tomber nombre de remarques et d'explications détachées, à l'occasion d'une faute dans le devoir, d'une question, d'une lecture; mais éparses, sans ordre, elles restent à peine dans quelques mémoires. Certains maîtres chargent un élève de les recueillir et de les redonner le lendemain. Le samedi quelqu'un refait une répétition d'ensemble. Que de gerbes on glane ainsi à la longue ! Pour stimuler l'attention du glaneur, son émule tient la liste en double, et reçoit des bons points pour les remarques oubliées; seulement le professeur doit faire lui-même le travail dans les débuts pour indiquer exactement ce qu'il faut recueillir.

Répétition par groupes. — Au moment des examens, certains professeurs distribuent leurs élèves en petits groupes de deux, trois, quatre au plus : ainsi tout le monde travaille. La même chose a lieu aussi pendant l'année. On forme les groupes de différentes façons : élèves d'égale force, un élève fort avec un élève faible auquel on l'intéresse quand on le peut sans danger. Le contrôle n'est pas toujours facile, il est possible pourtant. Le professeur est toujours là pour surveiller, pour résoudre les difficultés, pour trancher les différends.

Au lieu de répétition, ce groupement des élèves se fait parfois pour préparer une explication, une traduction difficile. Dans ce cas, on met les plus forts ensemble ; le professeur prend les faibles soit pour le même travail, soit pour une répétition plus soignée. Le travail nouveau est produit immédiatement ; et un élève plus faible, stylé par le professeur, est chargé, à l'occasion, de redresser de plus forts.

III

Il est maint autre moyen d'utiliser l'action des élèves. Commençons par la correction des devoirs. Ici encore les systèmes sont nombreux.

Correction commune. — On lit un devoir ; l'émule, ou un autre, ou le camp ennemi, ou le camp de celui dont on lit le devoir, ou tous sans distinction relèvent sans pitié les fautes et les imperfections. Le professeur est là pour ne rien laisser passer.

Correction personnelle ou par émules. — Dans les devoirs où il n'y a qu'une manière de bien faire, le professeur rend son devoir à chacun, à charge de noter les fautes et de les réparer. L'émule contrôlera. Ou bien c'est l'inverse : l'émule corrige, l'intéressé contrôle. Quand il y a plusieurs façons de bien faire, l'enfant ne peut pas toujours juger. Dans ce cas, le professeur marque par un trait les fautes, ou tel genre de fautes ; l'élève dit ce qu'il faut mettre, ou complète la correction. Un contrôle est toujours nécessaire. Tantôt le professeur s'en acquitte lui-même, tantôt il le confie à un élève sûr, tantôt il appelle les élèves, qui se corrigent mutuellement, et les laisse débattre entre eux leurs intérêts.

IV

On peut aller plus loin : il est souvent utile de faire expliquer par un élève ; certains professeurs n'ont guère d'autre méthode.

Explication préparée. — Le maître donne rapidement les explications nécessaires ; souvent aussi, ce qui est plus long, mais plus utile, il les fait trouver par la classe ; le texte ainsi débrouillé, un élève est chargé de l'expliquer. La préparation peut se faire à l'étude. Dans ces cas, on s'adresse même aux moins forts.

Explication non préparée. — Elle se fait d'ordinaire par un des forts. Tous les autres sont attentifs pour le pousser s'il hésite, pour le redresser s'il s'égare. Cette explication par les élèves offre de grands avantages : avantages surtout pour celui qui explique, avantages aussi pour ceux qui écoutent : ils contrôlent, ils redressent, ils ont la joie de savoir telle chose que leur condisciple ignore. L'attention est donc plus éveillée, l'esprit plus actif. Pourvu cependant que la classe marche, et que le professeur entretienne la vie.

Autres points encore, où l'on peut donner aux élèves une part plus grande d'action. L'émule est d'ordinaire chargé de corriger son émule ; mais rien n'empêche de désigner parfois un correcteur général pour tout un camp ou pour toute la classe ; il signale et répare les bévues que l'émule autoriserait de son silence, il tranche les cas douteux, etc. Souvent aussi le professeur, au lieu de répondre lui-même aux questions, y fait répondre par un élève. Cela soutient l'attention et habitue à débrouiller les obscurités ; ainsi encore certains élèves, qui croyaient comprendre, sont convaincus d'ignorance ou de science insuffisante.

Je ne parle pas des questions faites par le professeur durant ses propres explications pour éveiller ou soutenir l'attention et pour voir s'il est compris, ni des appels fréquents à la compétence spéciale de tel ou tel, ce qui fait tant de plaisir et tant de bien à celui qu'on interroge, ni de mille autres industries semblables que chacun trouve par lui-même.

Ainsi le maître est dans sa classe comme un capitaine à bord : il anime et dirige tout de la voix et du geste ; il a l'œil à tout, il est l'âme de tout. Il agit par lui-même à l'occasion ; mais surtout il a le talent de faire agir les autres, soutenant l'attention, secouant la torpeur, provoquant l'action, aidant la timidité, guidant la marche incertaine, mettant et maintenant sur la voie, intéressant tout le monde à l'œuvre commune. Ainsi le Lion de La Fontaine

> De ses moindres sujets sait tirer quelque usage
> Et connaît les divers talents.

Mieux encore : ainsi Dieu sait faire agir les causes secondes et les mettre en évidence, tout en animant et dirigeant leur action. Quel meilleur modèle pour le professeur?

DES ACADÉMIES

(*Par un Professeur de Rhétorique.*)

Une Académie, bien constituée et bien maniée, peut être entre les mains du professeur un excellent moyen d'éducation morale et de formation intellectuelle.

On appelle Académie un groupe de bons élèves, choisis dans une classe, et se réunissant une ou deux fois par semaine sous la direction du professeur. Il peut y avoir des Académies dans les classes de grammaire, à partir de la cinquième, par exemple ; mais les Académies proprement dites sont celles des classes supérieures, Humanités, Rhétorique et Philosophie.

I

Il est très important de bien choisir les Académiciens ; de ce choix dépend en grande partie le succès qu'il est permis d'attendre de l'institution.

Les académiciens doivent être une élite. Élite morale : on n'y recevra donc pas d'élève laissant gravement à désirer sous le rapport de la conduite, de l'obéissance ou de la discipline, jamais par conséquent d'élève imbu de ce qu'on appelle le *mauvais esprit*, eût-il par ailleurs des qualités exceptionnelles. Si parfois un élève de cette sorte désire être reçu parmi les académiciens, qu'il se corrige d'abord des défauts graves qu'on peut lui reprocher. Une juste sévérité de la part du professeur relèvera le prestige de l'Académie, et souvent fera remporter de sérieuses victoires aux élèves intelligents, ambitieux d'être incorporés dans cette réunion choisie.

Élite morale, l'Académie doit être encore une élite intellectuelle. Par quels moyens pourra-t-on la recruter ? Les procédés varient selon les vues du professeur ou les traditions de l'établissement. Quelquefois on donne, au début de l'année scolaire, quelques compositions spéciales conformes au programme de la classe, et l'on choisit les académiciens parmi ceux qui ont le mieux réussi. Ce genre d'élection est surtout nécessaire au commencement des Humanités, quand se constitue pour la première fois l'Académie proprement dite. En rhétorique, le professeur n'aura qu'à confirmer ou modifier, selon les circonstances, les choix faits l'année précédente.

Quelle que soit la méthode employée, il doit demeurer bien établi que le nombre des académiciens ne peut pas être considérable. Une élite à la fois morale et intellectuelle ne s'étendra guère au delà du quart, tout au plus du tiers de la classe. Il ne faut pas perdre de vue que les académiciens seront d'autant plus fiers de leur titre que celui-ci sera moins prodigué. Il est même prudent de restreindre assez le choix primitif pour se réserver quelques places à distribuer dans le courant des trois premiers mois : car, dans cet intervalle, certains élèves peuvent manifester des qualités cachées au début par leur inexpérience ou leur timidité.

Nous supposons les académiciens choisis. C'est le moment de les constituer, d'en faire un corps organisé, ayant ses dignitaires et ses officiers. Le nombre des dignitaires, leurs noms, leurs fonctions respectives, au-

tant de points déterminés souvent par les usages locaux,
ou laissés à la libre initiative du professeur. Le plus
souvent on réduit à quatre le nombre des dignitaires :
un président, deux conseillers, un secrétaire. Le président, dont les conseillers sont les suppléants naturels,
aura ses fonctions précisées dans la pratique par le
professeur. Mais il faut s'arranger de manière à donner
quelque relief à cette première place. On peut confier,
par exemple, au président la récitation des prières au
commencement et à la fin des séances hebdomadaires ;
le professeur peut se servir utilement de son intermédiaire pour rappeler aux académiciens les jours de
réunion ; pour leur notifier les modifications imposées
par les circonstances au règlement habituel ; et même
(avec la discrétion voulue et selon les capacités cons-
tatées) pour faire parvenir à tel ou tel membre l'expression de son mécontentement.

Grâce à ces moyens ingénieusement mis en œuvre,
le titre et les fonctions de président d'Académie auront
aux yeux des enfants une valeur réelle qui les fera
estimer et désirer ; elles serviront aussi à développer
dans le titulaire une certaine initiative en même temps
que le sentiment de sa responsabilité ; elles lui confé-
reront aux yeux de ses camarades une autorité qui,
bien placée et bien dirigée, sera utile à celui qui l'exercera et à ceux qui la subiront, et pourra rendre parfois
de vrais services au professeur qui l'aura déléguée.

Les conseillers, nous l'avons déjà dit, sont les aides et
les suppléants du président. C'est assez caractériser
leurs fonctions et indiquer les qualités qu'ils doivent
posséder.

L'office du secrétaire est de tenir les registres de
l'Académie et de rédiger chaque semaine le procès-
verbal de la séance. Un compte rendu bien fait n'est

pas sans importance. Il rappelle les différents travaux déjà terminés, il met de la suite dans la série des réunions. Il faut donc habituer le secrétaire à bien rédiger et à bien lire son procès-verbal : ce sera pour lui-même un excellent exercice, et un bon exemple pour les autres.

Comment se fera le choix de ces dignitaires ?

Si le professeur le juge à propos, il peut les nommer lui-même et les installer de sa propre autorité. Cependant, ce procédé n'est pas le meilleur ; car les enfants, n'ayant aucune part à l'élection, s'y intéresseront moins et pourront même y soupçonner parfois de la faveur et du parti pris. Il semble donc préférable de leur accorder le droit de faire eux-mêmes les désignations, en réservant toujours l'approbation du professeur sans laquelle les choix ne sont pas définitifs. L'expérience a montré que rarement l'on est contraint de modifier des élections ainsi faites : les élèves se connaissent bien entre eux, et, quand aucune circonstance exceptionnelle ne vient influencer leur vote, ils choisissent généralement les plus capables et les plus dignes.

II

Une fois l'Académie constituée, il faut sans tarder la mettre à l'œuvre : car elle ne doit pas être un simple objet de parade, mais un véritable instrument de travail et de développement intellectuel. Pour parvenir à ce résultat, il y a trois moyens subordonnés les uns aux autres, et dont le judicieux emploi produira d'excellents fruits.

Le premier moyen, c'est la séance hebdomadaire, dont l'heure et la durée sont à fixer, soit pour toutes les Académies par le règlement général de la maison, soit pour chaque Académie par le professeur. Quelle excellente occasion pour celui-ci de pousser en avant la tête de sa classe! Dans l'enseignement ordinaire, force est de tenir compte de la valeur moyenne des élèves, de ne pas aller trop vite, de ne pas monter trop haut, pour être suivi par l'ensemble. Que de fois le professeur regrettera de ne pas donner telle explication, de ne pas insister sur telle règle, de ne pas développer telle considération dont les premiers de sa classe profiteraient si bien! Mais les autres ne comprendraient peut-être pas, il faudrait trop de temps pour se faire entendre, et les programmes sont là qui ne permettent pas de s'attarder. Quel est le maître, aimant son enseignement, qui n'ait pas éprouvé quelquefois ces regrets? Eh bien, l'Académie lui permettra de satisfaire son zèle à l'égard des meilleurs élèves, sans surcharger l'esprit ou la mémoire des autres d'un fardeau trop lourd pour leurs forces. En face de ses académiciens, élite de sa classe, enfants intelligents et laborieux, qu'il développe ce qu'il a dû sacrifier dans son enseignement commun, qu'il soulève des questions intéressantes, qu'il fasse des lectures bien choisies dont il demandera ensuite un compte rendu oral et improvisé, qu'il permette à chacun d'exposer brièvement ses difficultés et ses doutes, et il verra quelle vie, quelle animation, quel zèle il fera naître et se développer dans ces réunions hebdomadaires.

Veut-on quelques exemples pratiques? Une question d'histoire littéraire qu'on n'aura pu qu'effleurer en classe, comme celle du romantisme; un précepte sujet à controverse, comme la règle des trois unités au théâtre; la comparaison entre Corneille et Racine avec textes et citations à l'appui; l'existence d'Homère et la manière dont fut composée l'*Iliade*; la discussion de

nombreux passages de l'*Art poétique* de Boileau, ou de
la *Lettre à l'Académie* de Fénelon ; l'interprétation de
pensées obscures ou de maximes célèbres, comme il y
en a tant dans Pascal et La Rochefoucauld ; l'étude détaillée des *Oraisons funèbres* de Bossuet, ou de quelques
Lettres de Madame de Sévigné : quelle mine inépuisable
de sujets intéressants, capables d'exciter l'enthousiasme
des bons élèves, et que le temps ne permet pas toujours
d'étudier en classe avec les développements nécessaires !

Les exemples que nous venons de donner se rap-
portent surtout aux études littéraires. Mais n'est-il pas
évident qu'un professeur de philosophie pourra sans
difficulté proposer à son Académie des questions pleines
à la fois d'intérêt et d'utilité? Et les professeurs de
grammaire n'auront aussi que l'embarras du choix
pour occuper leur séance de la semaine : des auteurs à
expliquer plus à fond pour préparer des examens
d'honneur ; des exercices de traduction à faire essayer
à leurs élèves ; des questions de grammaire omises en
classe et qu'on peut discuter avec profit dans les Académies.

Voici un point spécial qui semble mériter l'attention
des professeurs chargés de la préparation aux épreuves
du baccalauréat. A plusieurs reprises, on a vu des
examinateurs, interrogeant les candidats sur les auteurs
grecs, s'arrêter avec surprise quand l'élève montrait
quelque connaissance des accents grecs. Laissant de
côté le pénible mot à mot et les analyses plus pénibles
encore, les interrogations se portaient sur quelques
règles très simples d'accentuation. Et si le candidat
possédait une légère teinture, oh ! très légère, de cette
partie de la grammaire grecque, il recevait des éloges
auxquels il ne s'attendait pas, et se voyait marquer une

note excellente, capable quelquefois de relever son examen oral et d'assurer son succès définitif. Or, les règles de l'accent grec ne sont pas inabordables, tant s'en faut ; avec un peu de bonne volonté, le professeur peut les enseigner à ses académiciens ; et en quelques séances, il les aura mis au fait des principaux préceptes, surtout par des exemples nombreux, et choisis dans leurs auteurs de classe. Peut-être, à la fin de l'année, sera-t-il récompensé de son travail par le succès de tel ou tel académicien, qui devra son salut à quelque règle d'accentuation insinuée à propos dans son examen.

III

On pourrait s'imaginer que les séances hebdomadaires dont nous avons parlé jusqu'à présent, n'ont d'utilité directe et pratique que pour les académiciens. Il n'en est rien cependant. Bien faites et bien suivies, elles peuvent être l'occasion et fournir la matière d'autres séances d'un genre un peu plus relevé, sans être encore solennelles et publiques. Qui empêche, une fois par mois, de réunir tous les élèves de la classe à laquelle appartient l'Académie, et d'y joindre même une ou deux autres classes à peu près du même ordre ; d'inviter le supérieur de la maison, le préfet des études, les professeurs et surveillants que leurs fonctions n'occupent pas à ce moment, et, si les circonstances s'y prêtent, quelques parents des académiciens ? Devant cet auditoire restreint, groupé dans un parloir ou dans une salle d'exercices, les membres de l'Académie liront des devoirs écrits, ou donneront des explications orales bien préparées, pour communiquer à leurs camarades les résultats de leurs études particulières. Qui empêcherait une dizaine d'académiciens d'exposer à tour de rôle, dans un ordre méthodique, les principales règles de l'accent grec, avec des exemples appropriés, écrits sur un tableau noir au fur et à mesure des besoins de la démonstration ? On dira peut-être : C'est là un sujet aride et peu réjouissant. D'accord ; mais les séances n'ont pas pour but principal d'amuser les élèves, elles doivent avant tout les instruire et leur donner des connaissances dont ils pourront profiter plus tard. Ensuite, intercalez entre les explications grammaticales quelques déclamations intéressantes, terminez par une petite scène comique qui puisse délasser les esprits et dérider les fronts: et, sans rien enlever au fond sérieux de la séance, vous laisserez à tous vos auditeurs une impression bonne et joyeuse.

Du reste, bien d'autres sujets s'offriront à l'envi au choix des académiciens. La synonymie, par exemple, et l'étude de quelques synonymes français ; les étymologies de certains mots de notre langue, dont quelques-unes sont si curieuses qu'elles constituent pour l'auditoire de vraies trouvailles et des nouveautés pleines d'intérêt.

Enfin, le seul fait de paraître devant leurs camarades et leurs maîtres, d'exposer en un langage correct et naturel leurs connaissances acquises, de donner avec simplicité et distinction une scène dramatique ou un monologue bien choisi, c'est déjà pour les académiciens un excellent exercice de formation intellectuelle et de bonne tenue; c'est aussi pour leurs camarades qui les écoutent un exemple plein de profit et d'émulation.

IV

Ainsi formés par des séances hebdomadaires et mensuelles, les membres des Académies seront facilement prêts à donner, devant un public nombreux, une séance annuelle dont la solennité présenterait plusieurs avantages. N'est-il pas bon d'abord qu'un établissement public d'instruction imprime à son enseignement un certain relief, capable de faire plaisir à ses amis et d'en imposer à ses ennemis ? N'est-il pas indispensable qu'il habitue ses élèves à paraître devant des juges extraordinaires, et à faire valoir, sans crainte comme sans forfanterie, l'instruction qu'ils reçoivent chaque jour ? Et la bonne tenue, les convenances, le goût n'auront-ils pas à gagner dans ces épreuves où l'honneur est en jeu, où les maladresses peuvent compromettre les plus sérieux efforts ? Les académiciens le sentiront bien, ils comprendront qu'ils doivent faire tout leur possible pour réussir. Sans doute, il ne faut risquer cette démonstration publique que lorsqu'on est bien préparé, lorsqu'on a mis toutes les chances de son côté ; mais, cette condition remplie, l'utilité de la séance publique et solennelle ne peut pas être contestée.

Dira-t-on qu'on s'expose à faire perdre aux élèves un temps précieux dans la préparation de ces séances ? On peut s'y exposer sans doute, si l'on manque d'expérience et d'adresse, mais le tort n'en est pas à l'exercice lui-même. D'ailleurs, si vous inspirez à vos enfants de hautes pensées de patriotisme et de religion, si vous les leur faites exprimer dans un langage élevé, devant un auditoire dont les sympathies vous sont acquises, pouvez-vous craindre de n'avoir pas bien employé votre temps ? Votre rôle est-il donc de faire expliquer en classe quelques pages de plus dans Tacite ou dans Cicéron ? N'est-il pas plutôt d'inspirer aux élèves qui vous sont confiés des idées qui soient pour leurs intelligences une lumière, des sentiments qui soient pour leurs volontés une force et une impulsion ?

Et c'est à quoi peuvent contribuer admirablement les exercices solennels et publics donnés par les Académies.

Si vous prétendez que du moins les élèves de rhétorique et de philosophie, talonnés par leurs examens, ne peuvent se livrer à ces passe-temps littéraires, il est facile de vous répondre que la séance académique peut devenir entre vos mains une excellente préparation à l'épreuve finale de leurs études. Laissez de côté, si vous le voulez, les sujets historiques et religieux, qui trouveront dans les Humanistes des interprètes plus libres dans l'emploi de leur temps et de leur activité ; choisissez des matières qui rentrent dans le cadre des programmes, et revêtez-les des diverses formes littéraires admises au baccalauréat : dissertations, lettres, dialogues ou conférences : vous donnerez à vos élèves une excellente préparation qui sortira de l'ornière, de ce qu'on est convenu d'appeler le chauffage des examens ; vous leur ouvrirez des horizons plus larges, vous imprimerez à leurs travaux cette initiative, cette personnalité, cette hauteur de vues que les correcteurs cherchent en vain dans les compositions soumises à leur jugement. Faites une Académie sur Corneille, son temps, son théâtre, sa moralité ; étudiez La Fontaine et ses fables ; discutez les conditions et les difficultés de l'histoire, prenez un des mille sujets qu'il serait trop long d'énumérer ; variez la forme des devoirs autant que vous le pourrez ; ne négligez pas même l'étude de l'antiquité, comparez le théâtre grec au théâtre moderne, le génie de Démosthène à celui de Cicéron ; empruntez à l'*Énéide* de Virgile ou aux satires d'Horace la matière de vos travaux ; arrangez-vous de manière à entremêler vos compositions de modèles empruntés à vos auteurs et bien déclamés : vous plairez à votre au-

ditoire en rendant service à vos élèves, et vous méri-
terez l'éloge bien connu :

Omne tulit punctum, qui miscuit utile dulci.

Il va sans dire que la préparation de cette séance ne
doit pas absorber un temps exagéré. Mais confiée à vos
meilleurs élèves que vous avez déjà formés dans vos
séances intimes, elle ne demandera qu'un effort mo-
déré et qu'un nombre de jours assez restreint. Vos
examens n'y perdront rien, d'autant plus que la meilleure manière de les préparer serait encore d'y penser
le moins possible, et de s'occuper surtout à faire de
bonnes et solides études. L'élève qui enlève d'emblée
le succès final, ce n'est pas celui qui a restreint son
activité à la préparation immédiate et exclusive d'un
programme; c'est celui dont l'intelligence ouverte et
bien développée s'adapte facilement à tout travail, et
comprend largement toutes les questions.

Il nous semble qu'un bon académicien, soumis pendant trois ou quatre ans à cette fortifiante discipline,
habitué par ses maîtres à pénétrer les questions au
lieu de s'arrêter à la surface, formé à réfléchir et à
écrire sur toute sorte de sujets, à s'exprimer en public
avec noblesse et correction, à ne pas se troubler devant
un auditoire nouveau pour lui, réunirait en sa personne
toutes les chances de succès. Et non content de con-
quérir des diplômes, dont l'unique valeur est d'ouvrir les
carrières, il serait apte à marcher sans défaillance dans
la voie que la volonté divine lui montrerait, il deviendrait dans l'Église un chrétien sérieux et fort; dans la
patrie, un citoyen sur qui l'on pourrait compter.

DU LIVRE ET DU TABLEAU NOIR

Parmi les auxiliaires du maître, il en est deux qui méritent une attention spéciale : l'un dont l'importance est parfois exagérée, le livre ; l'autre dont souvent on se sert trop peu, le tableau noir. Parlons d'abord du livre.

II

RÔLE DU LIVRE, RÔLE DU MAITRE.

Un récit de saint Luc, aux *Actes des Apôtres* (VIII, 27), montre bien l'insuffisance du livre pour la formation, et la nécessité de l'enseignement oral.

L'intendant de la reine des Éthiopiens s'en allait sur son char, lisant le prophète Isaïe ; le diacre Philippe arrive à lui, poussé par l'Esprit-Saint, et lui demande s'il comprend ce qu'il lit. — « Comment comprendrais-je, si personne ne m'explique ? » — Et il prie Philippe de monter avec lui. A mesure que Philippe parle, la lumière se fait, l'intendant est gagné à Jésus-Christ ; on rencontre de l'eau, on arrête le char, et le nouveau fidèle reçoit le baptême.

Sans doute, la Bible est dans des conditions particulières ; mais en général, surtout pour des enfants, le livre n'est pas un agent suffisant de formation ; c'est à

l'enseignement oral que revient la première part [1].
Contentons-nous d'en indiquer quelques raisons.

Le livre ne commande pas l'attention, comme la parole du professeur : il n'a ni l'intonation vibrante, ni le geste, ni le regard, qui éclairent le mot et qui parlent à tout l'homme, ni la volonté qui captive la volonté, ni le sentiment qui gagne le cœur, et par le cœur la volonté et l'intelligence.

Il ne se proportionne pas au lecteur, comme le maître à son élève. Combien de fois ne restons-nous pas devant un livre, butés sur un mot ou sur une ligne! La communication est rompue entre l'esprit de l'auteur et le nôtre; en vain nous interrogeons ces signes, ils sont muets. Pour renouer les fils, il faudrait ajouter telle idée intermédiaire, il faudrait accentuer tel mot, telle phrase; il faudrait dire : « Attention! là est le point. » D'autres fois, c'est un doute qui surgit, une objection qui vient à la traverse, et qui nous gâte le meilleur raisonnement; mais l'auteur n'est pas là pour lire la difficulté dans nos yeux ou pour la saisir sur nos lèvres, il n'est pas là pour donner à temps la réponse qui dissipe tous les nuages et qui pacifie l'intelligence.

Le livre ne provoque pas l'activité, comme le profes-

---

1. « The most valuable instruction in any art or science is to sit at the feet of a master, and the next best is to have contact with another who has himself been so instructed. No agency that I have ever seen at work can compare for efficiency with an intelligent teacher who has thoroughly made his subject his own. » Profess. Chrystal, cité par le P. Gerard, *Educ. and School*, p. 27. Le P. Gerard, un homme qui se connaît en enseignement, dit à son tour : « In all teaching, the most important factor is the living voice of the master, which nothing can replace. » *Stonyhurst Latin Grammar*, Pref. — Lhomond avait dit plus vivement encore dans la Préface de sa Grammaire : « Le meilleur livre élémentaire, c'est la voix du maître. Rien ne peut tenir lieu de ce secours. Prétendre qu'un livre muet puisse le remplacer, c'est pure charlatanerie. »

seur : le lecteur reçoit, il est presque passif [1] ; rien dans un livre de classe qui l'intéresse et qui l'éveille ; rien qui l'oblige à penser par lui-même, à se rendre compte de tout. Sa mémoire s'exercera peut-être ; son intelligence paresseuse restera presque inerte.

Il pourrait sembler superflu d'insister sur ces principes, si clairs en eux-mêmes, confirmés par la pratique générale et par l'expérience. Mais le livre prend tous les jours une importance croissante, quelques-uns finissent par croire que, pour se former, il suffit d'une bonne bibliothèque [2]. Surtout on oublie de faire passer ces principes dans la pratique.

Mgr Gaume, dans sa campagne contre les classiques païens, oubliait que le vrai maître n'est pas le livre ; c'est le professeur qui donne son caractère à la classe. Le B. Pierre Lefèvre le reconnaissait pour l'avoir éprouvé, quand il disait que son professeur « rendait tous les poètes évangéliques [3]. », Ils le reconnaissent aussi, ceux qui font à la Compagnie de Jésus un reproche dont elle est fière, celui de tourner les auteurs païens « en hérauts de Jésus-Christ [4] ». Oui, des maîtres chrétiens savent faire témoigner en faveur de Jésus-Christ les écrivains idolâtres, tout comme des maîtres incrédules peuvent trouver dans les saints Pères ou dans la Bible des armes contre lui. Là est peut-être la réponse la plus péremptoire aux excès des Gaumistes, et c'est

1. Cela est vrai surtout pour des enfants; un homme formé, qui sait lire et travailler, n'a besoin que d'être mis sur la voie, d'avoir des faits ; il sait interroger le livre, il sait en tirer tout ce qu'il contient; il peut donc se passer, à la rigueur, de l'enseignement oral, au moins pour bien des choses.

2. M. BERTRAND, *Discours de réception à l'Académie.*

3. Mot du Bienheureux P. Lefèvre, dans son *Mémorial.*

4. C'est la pensée du P. Jouvency, plusieurs fois relevée par M. Compayré et retournée contre les Jésuites. Pas une école catholique qui ne mérite ce glorieux reproche.

celle qu'a développée le P. Daniel dans son beau livre des *Études classiques*.

Beaucoup de professeurs aussi oublient ce grand principe, quand ils s'effacent derrière le livre, quand ils croient qu'un bon résumé aux mains de l'élève peut les dispenser d'étudier et d'approfondir une question ; quand ils indiquent simplement la leçon d'histoire, de grammaire ou de littérature dans un livre et se contentent d'en demander la récitation ; quand ils croient avoir assez fait, pour donner quelques notions, de lire ou de faire lire en classe des pages entières d'un historien ou d'un critique, au lieu de faire eux-mêmes l'analyse, l'exposition et le commentaire vivant ; quand ils se laissent conduire par le livre, au lieu de l'adapter aux besoins de leurs élèves. Rien n'est plus opposé au véritable esprit de l'enseignement, qui est la communication continuelle et vivante des esprits ; rien en particulier n'est plus contraire au *Ratio studiorum* des Jésuites, une autorité incontestée dès qu'il s'agit des moyens d'exercer et d'intéresser l'élève, de rendre une classe vivante et animée.

Alors que devient l'utilité du livre? Elle reste considérable. C'est celle d'un auxiliaire utile, indispensable même. Aux mains du professeur, il lui donnera des idées et des matériaux ; il lui épargnera de longues recherches parfois infructueuses en lui fournissant des exemples bien choisis et bien groupés, des explications sûres, des exercices bien préparés : il mettra à son service, en un mot, l'expérience, le travail, les connaissances de l'auteur. Aux mains de l'élève, les grammaires, les prosodies, les histoires, etc., serviront comme texte d'explication en classe, et comme *mementos* où se trouveront résumées, groupées, les explications du professeur. Bref le livre dispensera des longues et ennuyeuses dictées ; il fixera ce que la parole a de flottant et de fugitif; c'est là que l'élève repassera sa classe, apprendra sa leçon et s'adressera dans ses difficultés.

On voit l'usage que le professeur fera des livres de classe : il s'en servira comme d'un instrument utile, et il gardera pour lui-même la place qui lui revient, la première. Avant tout, il expliquera le livre, il le rendra vivant en y mettant sa vie à lui. Il le contrôlera, ici élargissant, là complétant, là rectifiant. Il saura, à l'occasion, passer ce qui lui semble moins utile ou moins important, pour y revenir plus tard s'il le faut; il groupera et ordonnera les matières selon ses vues spéciales ; il fera des rapprochements, il unira par un principe plus large des règles dispersées; il questionnera, il fera des applications nouvelles, il exercera de toutes les façons. Il pourra même, s'il est bien maître de son sujet, dicter à l'occasion quelques principes très courts, renvoyant au livre pour tout ce que le livre peut fournir [1].

Ainsi, en prenant partout le premier rang, le professeur donnera au livre toute sa valeur, celle d'un auxiliaire utile.

II

SCIENCE DU LIVRE ET SCIENCE DU MAITRE.

Il faut signaler un point spécial où le professeur doit dominer le livre, au lieu d'en être l'esclave. Je veux parler de la science. Le professeur doit en savoir plus que n'en dit son livre. Quand le livre serait savant, exact, sans défaut, le maître lui fera dire le faux et ne mettra pas en relief le vrai qui s'y trouve, s'il n'a pas

1. Mais ces dictées doivent être rares, sous peine de remédier au mal par un mal pire.

étudié les questions par lui-même, et s'il ne s'est fait une science à lui, moins complète peut-être, sur certains points, moins ordonnée que celle du livre, mais vivante, mais personnelle, mais indépendante. La science du livre doit, pour être féconde, être animée par la science du maître.

Et si cela est vrai dans le cas d'un livre idéal, combien plus avec ceux que les élèves ont eus jusqu'ici entre les mains ! Je ne veux pas en faire ici une critique en règle. Mais quelques observations peuvent être utiles, ne fût-ce que pour apprendre au professeur à se défier. Je ne parlerai que des traductions et des éditions annotées.

Depuis quelques années, il y a dans les livres de classe un progrès immense pour l'exactitude des notions et pour la justesse des explications. Mais combien encore où l'erreur et la puérilité s'étalent impudemment ! Je ne parle parle pas des notes grammaticales sur Homère, ou des explications étymologiques courantes jusqu'à ces derniers temps. Restons dans les éléments de la grammaire et dans la simple explication du sens, et ne tenons pas compte des difficultés escamotées par le silence, ou par une note qui ne dit rien : les erreurs positives et grossières fourniraient seules une matière infinie. Quelques exemples, au hasard du souvenir.

On sait le joli mot du jeune Cyrus dans la *Cyropédie*. Après avoir assisté à une scène d'ivresse chez son grand-père Astyage, il en montrait son étonnement et disait qu'on ne voyait rien de pareil à la cour de Cambyse. « Mais alors, lui demande-t-on, comment se trouve ton père, quand il boit ? *Il cesse d'avoir soif*, διψῶν παύεται, et c'est tout le mal qui lui arrive ». Un annotateur explique ainsi la réponse : « Il cesse, ayant encore soif, c'est-à-dire, il reste sur sa soif, il ne boit jamais à son envie ». C'est prêter à Cambyse de belles habitudes ascétiques. Mais, sans parler des droits de la vérité, où est le sel et surtout que devient la suite des idées? Et remarquez que l'annotateur connaît la règle du participe avec παύομαι, il y fait allusion. Mais il a si peu le sens du grec et de la situation, qu'il repousse sans hésiter la seule explication qui tienne.

Cicéron, en recommandant à César le jurisconsulte Trébatius, lui dit les mérites de son jeune protégé; entre autres, il y a la mémoire : « *Accedit, quod familiam ducit in jure civili, incredibilis memoria.* Ajoutez, mérite capital dans un jurisconsulte, une mémoire incroyable. » Dans une des traductions les plus répandues de Cicéron, ce mérite se divise en deux. « Ajoutez qu'il tient le premier rang dans la science du droit, et qu'il a une mémoire excellente. »

La dédicace de Catulle est un chef-d'œuvre de grâce piquante et naïve. L'auteur présente le joli petit volume, tout frais poli, tout élégant, et se demande à qui il pourrait bien en faire cadeau :

> Quoi dono lepidum novom libellum,
> Arida modo pumice expolitum?

Il n'est question, on le voit, que de rouleau matériel, et de cadeau à faire; et c'est une des grâces principales de ce gracieux début. Or, cela devient chez les traducteurs : « A qui dédierai-je le charmant petit ouvrage nouveau? » Qu'il y a loin de cet *ouvrage* qu'on *dédie*, à cet élégant petit volume que l'on offre à un ami ! — Et c'est presque toujours ainsi : en transvasant la liqueur on la laisse éventer; le parfum s'évapore, et avec lui le meilleur de la jouissance esthétique.

Là nous perdons, faute de science, le profit à tirer du

vrai, ici celui du beau. Ailleurs, c'est le profit de l'analyse psychologique : des mots comme *fides, pudor, modestia, officium, humanitas, dignitas*, et cent autres non moins délicats sont traduits au hasard, sans même laisser soupçonner le problème psychologique qu'ils recouvrent. Souvent, enfin, le génie de la langue est méconnu, soit dans la traduction, soit dans l'explication. On traduit : *De vita beata*, par : *De la vie bienheureuse*, sans soupçonner que l'équivalent est : *Du bonheur*. Quand Horace indique comme moyen de capter les riches vieillards l'appel par le petit nom :

« Quinte » puta aut « Publi » (gaudent præmomine molles
    Auriculæ),

on explique que le petit nom avait quelque chose de tendre et de familier qui ravissait ces vieux cœurs. C'est le contraire qui est vrai. L'emploi du *prænomen* avait quelque chose de cérémonieux qui chatouillait agréablement ces vieillards de Rome formalistes et délicats à l'endroit de l'étiquette et du respect. — On vous traduit l'imparfait épistolaire par l'imparfait français, sans soupçonner que le Romain, en écrivant, se mettait au point de vue du lecteur et mettait à l'imparfait le temps où il écrivait : *Litteras tuas exspectabam* : J'attends toujours une lettre de vous. — Quand les Latins mettent à l'indicatif les verbes ou les expressions comme *debuit, possum, longum est, oportuit*, là où nous mettons le conditionnel (*Volumnia debuit esse officiosior*, Volumnia aurait dû être plus obligeante, *Eum venire oportuit*, il aurait dû venir, *Longum est enumerare*, il serait trop long de passer en revue, *Possum nominare*, Je pourrais désigner par leur nom), que trouvait-on généralement en note? « *Debuit* pour *debuisset*, *possum* pour *possem*, *longum est* pour *longum esset*, *oportuit* pour *opor-*

tuisset », etc. Mais ces subjonctifs n'auraient aucun sens en latin, ou donneraient à la phrase un sens tout différent. C'était pourtant une excellente occasion de faire remarquer une importante différence entre le génie latin et le génie français. Pour nous, ces verbes sont comme des auxiliaires, ou, si j'ose dire, des *verbes adverbiaux*, qui suivent le mouvement de la pensée principale. Or, la pensée principale marque une condition non réalisée : *Si Volumnia eût été plus obligeante, elle n'eût fait que son devoir; s'il fût venu, c'eût été ce qu'il fallait...* Et cette idée de conditionnel pénètre aussi le verbe auxiliaire. Le Latin voit les choses autrement. C'était un *devoir positif* pour Volumnia d'être plus obligeante; l'orateur *peut*, s'il lui plaît, faire la longue énumération. C'est ce devoir positif, ce pouvoir réel et absolu qu'ils expriment par l'indicatif du verbe; que ce devoir n'ait pas été rempli, qu'on ne veuille pas user de ce pouvoir, on l'exprime par d'autres mots, ou on le laisse entendre à des esprits habitués à ce procédé. Expliquer et faire comprendre cela, c'eût été donner l'éveil à l'esprit, le lancer sur une bonne piste, le préparer à faire par lui-même d'autres observations du même genre. Faute de savoir, on donne une idée fausse, et l'on maintient l'esprit dans l'habitude funeste de ne voir le latin qu'à *travers* le français. Et notez que, même si le livre expliquait le tour latin en quelques mots, et indiquait quelques cas analogues en français (par exemple, ces paroles d'Agrippine, dans *Britannicus*, qui sont citées, si je ne me trompe, dans la Grammaire de Riemann : Vous dont *j'ai pu* laisser vieillir l'ambition...), explication et indication resteraient inutiles pour la plupart des élèves, si le professeur ne les relevait, ne les développait, n'en donnait le sens exact.

On pourrait multiplier les exemples presque à l'infini.

Un seul encore pour finir. Cicéron écrit à Tiron, malade au loin : *Nos ita te desideramus ut amemus : amor ut valentem videamus hortatur, desiderium ut quam primum : illud igitur potius.* Tout roule, on le voit, sur la lutte entre l'amour intéressé, qui ne peut se passer de Tiron (*desideramus, desiderium*), et l'amour désintéressé, qui veut à tout prix qu'il se rétablisse (*amemus, amor*). Impossible de comprendre cela, si l'on n'a pas la notion nette du sens des deux mots : *amo* et *desidero*. Qu nt à la lutte entre les deux sentiments, elle est annoncée par un tour délicat, d'une latinité exquise, dont nous aurons peut-être l'occasion, un jour, d'expliquer la genèse. En voici à peu près le sens : *Nos ita te desideramus ut amemus*, je vous voudrais ici (*desideramus*, je souffre de votre absence), *mais* je veux aussi (*ita... ut*) votre bien (*amemus*); ou bien, en serrant de plus près le sens de *ita ut* : Je souffre de votre absence, mais sans cesser de vouloir aussi votre bien (mais *non au point de ne plus* songer à votre propre bien). Ces explications données, toute la phrase devient claire; et il n'est guère d'élève qui n'arrive à en saisir le sens, et à en admirer la perfection; ce qui est mieux encore, ils comprendront ces sentiments d'une délicatesse exquise, presque raffinée, ils auront fait une découverte psychologique. Qu'après cela on réussisse ou non à leur donner une traduction française, je ne dis pas qui égale l'original, mais qui en rappelle le sens, la chose n'est pas de si grande conséquence. Je hasarde celle-ci : « On (c'est ici le meilleur équivalent du pluriel latin) sent votre absence, mais on vous aime aussi; l'amour dit : Qu'il revienne guéri; le sentiment de l'absence : Qu'il revienne au plus tôt. Eh bien ! votons pour *guéri*. » C'est loin d'être parfait; mais la vue même de la supériorité du latin n'est guère moins utile que si le français ne laissait rien à désirer.

Or, que devient cet effort, et cette analyse délicate, et tout ce profit enfin, avec une note comme celle-ci, que je trouve dans une édition : « Nous le regrettons, de telle sorte que nous t'aimons, » c'est-à-dire : « je le regrette, parce que je t'aime. » Quelle explication et quelle logique !

C'est peut-être trop insister. Mais la question est grave.

<h1 style="text-align:center">III</h1>

LE TABLEAU NOIR

On sait le mot d'Horace :

> Segnius irritant animos demissa per aurem
> Quam quæ sunt oculis subjecta fidelibus.
>
> *A. P.* 180.

Or le professeur veut produire sur l'enfant une impression nette, vive et durable. Qu'il parle donc aux yeux. Nulle description ne remplace la vue intuitive de l'objet ou de sa représentation. Rien ne fournit à l'imagination ou à l'esprit une image ou une idée si exacte et si claire. Rien n'éveille et ne soutient si bien l'intérêt. Le tableau peut suppléer de longues et pénibles explications, qui laisseraient l'enfant inactif, et ne lui donneraient que des impressions confuses : tout s'éclaire quand, selon l'énergie de l'expression populaire, la vérité « saute aux yeux ». Voulez-vous montrer la symétrie des phrases ou des membres ? Disposez-les symétriquement. Voulez-vous montrer leur dépendance ? Disposez-les en les subordonnant, en les numérotant. C'est la meilleure et la plus rapide des analyses logiques. Voulez-vous expliquer un procédé de développement ? Figurez-le par des droites, des courbes, des parallèles, des transversales, etc. Voulez-vous, dans un morceau littéraire, dégager l'idée dominante, dans une phrase, le mot accentué? Écrivez-les et soulignez-les. Voulez-vous faire comprendre la position de deux armées, la disposition d'un camp, d'une maison, etc.? Donnez-en une image rudimentaire. Heureux donc le professeur qui a la main légère et adroite du dessinateur! S'il ne l'a pas, il peut toujours dessiner grossièrement les lignes caractéristiques de l'objet.

Pour répondre à cette disposition naturelle des enfants, qui s'intéressent plus à ce qu'ils voient et le comprennent mieux, on tapisse souvent les classes de cartes, de tableaux, de tout un mobilier dont le professeur peut tirer grand parti. Mais rien n'égale en ce genre l'utilité du tableau noir, qui à lui seul peut remplacer tout le reste. C'est là que le professeur fera la carte d'un pays dont il va être question; là qu'il esquissera un objet qu'il s'agit de faire connaître. C'est là qu'il rendra visible l'analyse logique ou littéraire dont nous parlions tout à l'heure; c'est là qu'il écrira l'exemple, la phrase qu'il veut expliquer, les mots qu'il veut décomposer, dont il veut montrer les affinités, les transformations, ou simplement l'orthographe.

Secours précieux pour les explications à donner, le tableau n'est pas moins utile pour les exercices de classe. L'exercice au tableau est d'ordinaire un peu lent; mais il est très fructueux. Certains élèves, surtout les plus forts, arrivent, sous l'influence du professeur, et sous le stimulant de l'action commune, à donner là toute leur mesure; ils y font un grand effort, mais un effort dirigé, soutenu, toujours heureux, grâce au secours offert à propos. Là, mieux peut-être que partout ailleurs, se développe, au contact de l'esprit du maître, le sentiment net de ce qui est bien dans le genre où l'on s'exerce, je dirais, si le mot n'était par trop ambitieux, le sens de l'idéal. Là l'enfant saisit sur le vif la différence entre le vrai latin et le latin médiocre, entre une bonne traduction et une traduction à peu près ou en français douteux; là il pénètre dans l'intime de la composition et de l'expression poétique, il acquiert le sens vif d'un beau vers, d'une belle image, d'une épithète choisie et mise en relief. Enfin il y a là la meilleure leçon de méthode, une leçon toute pratique et appliquée. On y apprend à travailler, à diriger son effort; on s'habitue à compter sur soi-même et sur la réflexion personnelle plus que sur les dictionnaires. Quelques-uns peut-être prendront peu de part à l'exercice; mais la plupart s'y intéresseront, plus d'un y révélera des qualités inconnues de lui même et des autres, enfouies jusque-là et comme engourdies.

Quels exercices fera-t-on au tableau? D'abord ceux dont l'élève n'a pas l'idée encore ou qui lui sont peu familiers. Ensuite des corrigés. On a bien travaillé un thème difficile, on s'est escrimé sans grand succès à rendre exactement un texte latin en bon français, on a fait une imitation de période, des vers latins, etc., reprenons le travail au tableau, pour en faire au moins une partie.

L'esprit de l'enfant s'illumine en comparant la façon dont il s'y est pris, et celle dont on s'y prend en classe, en voyant la différence entre ce qu'il a produit, et ce qui se fait maintenant au tableau sous ses yeux et avec son concours. Nulle part, l'idéal n'exerce si puissamment sa bienfaisante influence; nulle part, l'esprit de l'enfant ne s'unit plus intimement à celui du professeur pour se fortifier, pour prendre des allures et des habitudes d'homme.

Enfin, on pourra faire ainsi des exercices nouveaux

et difficiles : une version, un thème, des vers latins, etc.

Pour que l'exercice produise tous ses fruits, il doit être bien mené, et il faut qu'il réussisse. Pour être sûr qu'il réussira, le professeur doit l'avoir préparé; pour le bien mener, il doit faire comme si tout était improvisé, recevoir de tout côté toutes les bonnes suggestions, diriger l'effort tout en ayant l'air de suivre le mouvement.

Pour épargner le temps, il vaut mieux ne pas écrire au tableau les tout premiers essais : on fait remarquer ce qui est défectueux et l'on se met en quête de mieux, jusqu'à ce qu'on ait quelque chose de bien.

On peut partir aussi d'un devoir fait par un élève de la moyenne : c'est ce texte que l'on écrit, que l'on critique, que l'on corrige, et que l'on améliore jusqu'à en faire un chef-d'œuvre en son genre.

Grâce à ces exercices, et à d'autres du même genre, on voit que le recours au tableau est continuel. Aussi sans aller jusqu'à crier avec un auteur : « Le tableau noir, c'est la vie de l'enseignement; » on peut dire au professeur : « Usez-en, usez-en beaucoup. » La poussière de craie sur les mains et sur les habits du professeur est comme la poudre sur la figure du soldat, un signe qu'il a bien fait son métier.

L'EXERCICE

I

LA CLASSE ET L'ÉTUDE.

L'exercice est le complément naturel de l'enseignement, ou plutôt il en est partie intégrante, au moins avec les enfants. La classe, comme distincte du cours, nous est apparue avant tout comme une salle d'exercice. De là, même dans l'enseignement, ce procédé par interrogations, cette méthode de recherche et de découverte, toutes ces industries pour mettre en branle l'esprit de l'enfant et le faire coopérer activement à l'acquisition des connaissances nouvelles; mais cette coopération elle-même serait insuffisante sans des exercices spéciaux.

Voulez-vous que l'élève prenne vraiment possession des notions que vous lui avez données? Exercez-le : exercice de pure répétition, exercice d'application à des cas nouveaux; toujours exercice. Voilà qui démasque l'ignorance, et la pousse dans ses derniers retranchements; voilà qui dissipe l'illusion si naturelle à l'enfant, qui croit avoir compris et appris, quand il n'a vu que des lueurs et ne sait qu'à peu près; voilà qui force à sortir de cette passive et somnolente réception d'aliments tout préparés. — Voulez-vous qu'il s'habitue à faire valoir sa science ? Exercez-le. Autrement elle reste enfouie dans les profondeurs de son âme. Trésor inutile, qu'il perdra bientôt. — En un mot, voulez-vous qu'il se forme par l'activité personnelle ? Exercez-le.

Jusqu'ici tout le monde est d'accord. Mais où se fait surtout l'exercice personnel, en classe ou en étude ? Question importante et délicate, sur laquelle il faut insister quelque peu.

Autrefois, la chose allait de soi. On comptait peu sur le travail de l'élève hors de la classe, et l'on s'organisait en conséquence : les devoirs étaient très courts, et se bornaient à répéter ou à appliquer les leçons de la classe. De nos jours, on a changé les rôles, au moins en pratique[1]. C'est à l'étude que l'élève travaille ; la classe consiste à vérifier, à dicter, à corriger le travail d'étude : l'étude devient le principal. Quelques professeurs vont jusqu'à ériger cette pratique en principe. Ce sont généralement ceux qui donnent une importance prépondérante au livre et mettent le professeur en seconde ligne ; car les deux questions sont connexes. Ils ont une haute idée du travail personnel, et ils croient que ce travail se fait surtout à l'étude. « En classe, disent-ils, c'est le professeur qui s'escrime ; l'élève ne fait guère que recevoir, il est presque passif. Parlez-moi de l'étude ; là il est obligé de faire effort, de chercher, de s'ingénier ; c'est là qu'il agit et qu'il se forme. » Cette manière de voir serait bonne peut-être avec ceux qui savent travailler. Mais on oublie que l'élève n'en est pas là. Quand on peut marcher et courir, on n'a que faire d'être soutenu ; mais combien la main de la mère facilite les premiers essais et assure les pre-

1. Cf. *Quelques mots sur l'Instr. publ.*, par M. Bréal, p. 187 et suiv.

miers pas! Ainsi dans l'ordre intellectuel. L'enfant ne sait guère ni diriger tout seul son action, ni réfléchir, ni profiter des connaissances acquises. Il faut quelqu'un pour le faire travailler, pour lui apprendre à travailler. Or c'est en classe seulement qu'il trouve ce stimulant du concours de tous, cette activité commune qui le prend et l'entraîne dans le mouvement, ce tempérament d'effort personnel et de secours extérieur pour soutenir et diriger, cette inspiration, pour ainsi dire, d'une âme supérieure, sous l'influence de laquelle il agit plus et mieux, et se prépare à agir seul. En un mot, si l'action du professeur est utile pour former l'enfant, c'est en classe qu'elle peut avoir toute son utilité; car c'est là qu'elle est le plus puissante et le plus vivante, là que se fait le contact entre l'esprit du maître et celui de l'élève.

Il faut que le professeur prenne conscience de cette supériorité de l'action en classe, et que dans la mesure de sa liberté il donne à la classe son vrai caractère, celui d'un lieu d'exercice, son vrai rôle, le premier, auquel tout le reste est subordonné.

Quelques conséquences immédiates de ce grand principe.

Avant tout, profitez du temps de la classe pour faire le plus d'exercices possible : ne le passez pas tout entier, ou presque tout entier, à faire réciter les leçons, à corriger des devoirs, à en préparer de nouveaux. Ou bien alors, faites de la récitation une concertation, de la correction un travail nouveau où tous concourent, de la préparation un exercice que le travail d'étude ne fera que répéter ou continuer. Bref, soyez ménager, soyez avare du temps de la classe. Rejetez en étude tout travail qui peut se faire aussi bien en particulier.

Ainsi la classe ne sera plus la répétition ou la préparation du travail d'étude ; c'est l'étude qui sera la répétition ou la préparation du travail de classe. Toutes les occupations de classe deviendront une œuvre commune où les élèves travaillent avec le maître.

Ensuite, unissez le plus possible le travail de classe au travail d'étude, mais en subordonnant celui-ci à celui-là. Unissez : car si le travail de classe est bon, il faut que le travail personnel en soit comme une continuation et un complément : que l'enfant marche dans le chemin tracé par la classe. Il faut étendre l'influence bienfaisante du professeur jusque sur le travail particulier de l'élève : ainsi son jeune esprit vivra comme dans une atmosphère de lumière ; son activité continuera d'être soutenue et dirigée comme en classe. Mais en unissant, subordonnez l'étude à la classe : la classe est le principal.

On ne saurait donner trop d'attention au judicieux emploi du temps, et au partage convenable à faire entre les exercices de classe et les exercices d'étude. Ne trouvez-vous pas qu'il y aurait, sur tout ce terrain des relations entre la classe et l'étude et de l'entente vraie de la classe, d'importantes réformes à faire dans la conduite de bien des professeurs ?

II

L'EXERCICE EN CLASSE

Dans une classe bien faite, l'exercice est partout : exercice oral, exercice écrit. On a beaucoup parlé, dans les derniers temps, de l'exercice oral. C'est à faire croire qu'il était inconnu chez nous, et qu'il a fallu l'aller chercher en Allemagne, où nos pédagogues l'ont trouvé avec étonnement et ne se lassent pas de l'admirer [1]. Il suffisait de lire le *Ratio studiorum* des Jésuites, ou d'entrer dans une de leurs classes pour le trouver en pleine vigueur [2].

Nous avons déjà fait connaître le genre des exercices oraux, en parlant de la coopération des élèves et du procédé d'interrogation.

Leur place principale est dans les répétitions et dans les applications nouvelles pour faire comprendre et apprendre les explications données; mais ils peuvent être aussi un excellent moyen de faire le premier débrouillement d'un texte, de mettre sur la voie d'un développement, d'une idée littéraire à expliquer, etc. Indiquons quelques exemples.

On vient d'expliquer un texte latin. Que tout le monde travaille à le mettre en français [3]. Ou bien faites retrouver le latin sur le français ou de mémoire. Faites résumer un passage qu'on vient de lire, raconter une historiette déjà faite en thème ou en version. Faites refaire un thème ou une version après quelques jours. Posez des questions sur un passage expliqué. Faites traduire telle phrase, etc. Vous venez d'expliquer une question

---

1. Cf. *Excursions pédag.*, par M. BRÉAL, p 24, sq.

2. M. Bréal, du reste, revendique ces exercices comme français; mais il en fait honneur à Port-Royal, comme de tout ce qui est bien, tandis qu'il rejette sur les Jésuites tout ce qui est mal dans l'Université (*Quelques mots sur l'Instr. publique*, p. 196). On souffre de voir des hommes si sérieux et si compétents perdre leur lumineux bon sens et leur droiture naturelle dès qu'il s'agit des Jésuites.

3. Ce travail ne sera guère fructueux en général que si le professeur l'a déjà fait; et c'est sa traduction qu'il saura généralement *faire trouver...* sauf quelques modifications heureuses suggérées par les élèves, ou rencontrées par le professeur dans la chaleur de l'action commune. La remarque, du reste, est générale : sans préparation, rien ne marchera. Il faudra pourtant que le professeur ait l'allure simple et spontanée, pour profiter de tout, pour donner les choses comme s'il venait de les trouver sur place.

de grammaire : ayez sous la main une série d'exemples faciles que vous fassiez traduire, ou bien où vous laissiez faire seulement l'application de la règle. Les exemples seront d'autant meilleurs s'ils sont pris dans des passages déjà connus. D'autres fois, chacun devra trouver sur place, autant que possible, un ou plusieurs exemples d'une règle ou d'un fait qu'on vient de constater. Rien n'éveille davantage l'esprit d'observation attentive, rien n'apprend mieux à profiter de son savoir et à l'avoir toujours sous la main [1].

Non moins importants sont les exercices de récapitulation, soit par concertation, soit autrement: récapitulation d'un auteur, récapitulation de grammaire, récapitulation d'histoire, etc.

Enfin soit une préparation de devoir. Je suppose qu'on donne à faire une petite composition française : . *Les allures du cheval.* Le travail commun de la classe va mettre sur la voie et donner les indications requises.

1. Exemples. Trouver des mots ou des phrases répondant à telle condition : Verbes formés comme λα-μ-β-άν-ω. Après quelques exercices, on trouvera peu à peu : λα-ν-θ-άν-ω, ἁ-ν-δ-άν-ω, μα-ν-θ-άν-ω, πυ-ν-θ-άν-ο-μαι, λα-γ-χ-άν-ω, etc. Mots de telle famille dans une ou plusieurs langues (*prendre, prise, surprendre, comprendre,* etc.); formés avec tel suffixe (*cavalerie, gendarmerie, prairie, boucherie,* etc.). Exemples de *qui* avec le subjonctif, de *cum* avec le plus-que-parfait de l'indicatif, etc.

Trouver un mot français analogue à l'anglais *mistake* (*méprise*), à *forgive* (*pardonner*): un mot français formé comme l'allemand *Zukunft* (*avenir*), etc.; comme *Umstand* (*circonstance*), comme *Gegend* (*contrée*), comme *unterhalten* (*entretenir*); un mot latin, français ou autre, composé comme συνίημι (*cogito,* cf. *cum* et *agito, comprendre*), comme ὑπακούειν (*obœdire,* cf. *ob* et *audire, gehorchen,* cf. *hœren,* entendre). — Trouver des cas où le latin et le français répondent au composé grec ou anglais (ou allemand) par un dérivé (εὐγενής *generosus,* φίλοινος *vinosus,* πολυτελής *pretiosus,* εὔπορος *parabilis,* πολύδακρυς *lacrimabilis; watchmaker horloger,* et autres composés avec *maker; inkhorn encrier, apple-tree pommier,* et nos autres dérivés en *ier; carman charretier,* et autres composés avec *man; sleeping-room dortoir,* et autres composés avec *room*), etc.

Qu'entendons-nous par *les allures?* — C'est la manière d'*aller*, de se comporter.

Occupons-nous d'abord de la marche. Quelles sont les allures du cheval dans la marche? Il y a le *pas* (et ses variétés), le *trot* (et ses variétés), le *galop* (et ses variétés).

Quelques détails sur le pas. Dans quelles situations voit-on généralement le cheval au pas? — Quand il laboure un champ, quand il traîne une lourde charrette, quand il marche dans un escadron, quand il erre au hasard, ou quand son maître oublie de le stimuler. Quel est, dans ces différents cas, le caractère du pas? Alerte au travail, ferme et fort à la charrette, etc.

Détails analogues sur le trot et sur le galop, sans oublier le galop du cheval emporté ou bondissant librement dans une prairie.

Toutes ces allures n'ont-elles pas quelque chose de différent selon la différence du cheval? — Oui, il y a celle du poulain, du cheval de parade, du cheval de trait, du cheval de bataille, de la rosse...

Cela nous mène au second sens du mot *allure*, à ce qu'on peut appeler l'attitude, le port, le maintien du cheval. Ici encore l'allure diffère:

1° Avec les chevaux; 2° avec les circonstances (une course, une revue ou une parade, une bataille, en distinguant l'attitude avant et pendant); 3° avec la manière de guider (le cheval libre, le cheval indompté, le cheval assoupli, le cheval emporté); 4° avec les impressions qu'il paraît avoir selon nos pensées (triste, fier, regrettant son passé, etc.), ou qu'il prend d'après la manière dont il est paré, et d'après les sentiments de son maître ou des spectateurs.

Nous avons le fond. Reste à trouver le cadre, à disposer. Nous pouvons procéder d'une manière, pour ainsi dire, technique, définissant, décrivant, expliquant. Nous pouvons procéder par tableaux rapides, reliant le tout par l'association d'images qui se suivent et s'appellent, par un sentiment général qui anime la description (*J'aime le cheval quand... quand..., soit..., soit*), ou bien enfin par une idée dominante (p. e. *les rapports du cheval avec l'homme*).

Nous pouvons aussi mettre le tout en action ou en plaidoyer, soit en faisant comparaître les différentes espèces de chevaux devant l'homme pour dire ce qu'ils sont, ce qu'ils font, et pour donner un spécimen de leur savoir ; soit en les faisant disputer entre eux de beauté, d'utilité, de force, etc. ; soit en supposant une dispute entre la race des chiens et celle des chevaux, prétendant toutes les deux à la première place auprès de l'homme, etc., etc.

Enfin le professeur pourra lire quelques passages célèbres sur le cheval : dans le Livre de Job, dans Virgile, dans Buffon, dans Bossuet, dans Racine (le récit de Théramène), dans les poètes modernes, faisant rendre compte du procédé employé par le poète, et faisant remarquer l'usage qu'on peut faire de tel trait pour le devoir proposé.

Ce qu'on a fait pour la préparation, on peut le faire pour la correction, en variant les procédés à l'infini. Tout exercice déjà fait et corrigé, devenu facile par conséquent, peut être matière à l'exercice oral.

Tous ces exercices oraux doivent être menés avec promptitude et entrain. Aussi doivent-ils être faciles et utiliser ou affermir les connaissances déjà acquises plutôt que viser à en donner de nouvelles. Qu'ils soient courts aussi, du moins en général, mais fréquents.

Ainsi la classe devient une suite continuelle, une

succession variée d'exercices et d'efforts personnels demandés à l'enfant.

Mais, si utiles qu'ils soient, les exercices oraux seraient insuffisants : ils donnent à l'esprit promptitude et prestesse, mais ils ne forment pas toujours assez à l'application suivie, à l'achèvement de la pensée et de l'expression, à la précision et à la profondeur [1].

Il y aura donc, même en classe, des exercices écrits soit par chacun en particulier, soit au tableau sous les yeux de tous.

Quelquefois c'est une leçon ou une répétition de grammaire qu'on fait ainsi réciter. Le professeur dit en français ou en latin soit les exemples mêmes de la grammaire, soit des phrases d'auteur, surtout des phrases déjà vues, ou calquées sur des phrases vues, avec des mots déjà connus ; l'élève les écrit immédiatement en latin ou en grec. On peut donner quelques minutes pour relire. La correction peut se faire immédiatement, ou bien le professeur emporte les copies des élèves pour les examiner à loisir et pour donner des notes [2].

1. C'est le cas particulièrement pour le thème et la version orale, ainsi que pour les petits récits. Sur la nécessité des exercices écrits comme moyen de formation et pour apprendre une langue étrangère, voir *Latein. und Griech. Unterr.*, par ECKSTEIN, p. 304. Nous pourrons en parler plus tard.

2. C'est là un spécimen du fameux *extemporale* allemand. Il consiste essentiellement à faire, sur place et sans autre secours que les indications du professeur et le souvenir des choses vues, un exercice de traduction, de réponse à des questions faciles. Son but principal est de vérifier les connaissances de l'élève et de l'habituer à en faire usage. Le professeur y doit grouper et condenser les choses déjà vues ; il ne peut donc l'improviser, ni en général le trouver tout fait dans un livre. Cf. *L'enseign. du latin*, par l'abbé FÉRON, p. 94, et *Excurs. pédag.*, par M. BRÉAL, p. 28. M. l'abbé CONONET, dans son excellent *Plan d'études grecques*, donne une grande place à ces thèmes improvisés avec les éléments empruntés aux explications précédentes.

Souvent le principal profit de ces petits devoirs est dans la correction ; il faudra donc bien expliquer le corrigé ; le plus souvent on le fera redonner une seconde fois, en finissant, par un ou plusieurs élèves, ou bien refaire oralement, sans le secours des notes.

L'exercice écrit en classe peut encore se faire dans d'autres cas analogues, en général quand on veut fixer l'esprit et attirer l'attention sur un point plus important ou plus difficile ; mais il ne faut pas le prolonger, ni le rendre trop fréquent. Mieux vaut réserver le temps pour le travail commun, oral ou écrit au tableau.

MÉMOIRE ET EXERCICES DE MÉMOIRE

La mémoire est le meilleur des auxiliaires de l'intelligence; elle lui donne en grande partie son aliment, et fournit matière à son activité [1].

Comment se fait-il, alors, que l'on soit porté à voir en elles des sœurs ennemies? Comment se fait-il que, surtout chez les enfants, mais aussi chez les hommes, la mémoire nuise souvent au jugement, devienne un obstacle à la pensée personnelle, au lieu de lui être un secours? Parce que la culture lui imprime ou lui laisse prendre une fausse direction. Comme elle fournit vite ce qu'on lui demande; comme elle travaille toute seule sans être sans cesse soutenue et provoquée par le professeur; comme elle agit sous le mouvement de l'impression et de la sensibilité, tandis que l'esprit ne s'applique généralement à son objet, au moins dans les matières de classe, que sous l'impulsion de la volonté; comme elle est, chez l'enfant, prompte et maniable, tandis que l'esprit est lent, paresseux, difficile à mettre en branle et à diriger; comme, d'autre part, dans les choses de classe elle fait le travail aussi bien que l'intelligence, parfois mieux, toujours plus vite et plus facilement, on finit par donner toute l'activité à une servante si précieuse, par ne faire attention qu'à elle, par ne

1. Cf. Thring, *Theory and Practice of teaching*, part. II, c. vi.

s'adresser qu'à elle. Elle devient la maîtresse, tandis que la maîtresse vraie reste dans un coin de la maison, endormie ou occupée à des bagatelles : nul ne pense à elle, nul ne compte sur elle [1].

Voilà comment tant d'hommes passent leur vie à répéter ce qu'ils ont lu ou entendu, sans se donner la peine de contrôler, de voir, de juger par eux-mêmes ; voilà comment la mémoire prend pour toujours le pas sur le jugement. Le mal est grave, on le voit, le désordre immense. De là l'importance d'une bonne culture pour tirer de la mémoire tout le parti possible, mais en vue et au service de l'intelligence.

I

DONNER UN ALIMENT A LA MÉMOIRE

Avant tout, occupons-la. L'enfance est l'âge de la mémoire. Quand les sens sont bien ouverts à toutes les impressions du dehors, au spectacle des choses, à la parole humaine prononcée ou écrite, voilà que la mémoire s'éveille, et enregistre en caractères nets et profonds, avec une rapidité et un ordre merveilleux, tout ce qui vient les frapper. Ainsi l'enfant apprend une langue en se jouant ; sans effort, il prend connaissance du monde qui l'entoure ; il ne perd rien, ou presque

1. La tentation est d'autant plus grande, pour le professeur aussi bien que pour l'élève, quand on a un grand programme et peu de temps, comme pour le baccalauréat ; l'intelligence de l'enfant, souvent mal préparée par les basses classes, serait peut-être incapable d'arriver ; en tout cas, le professeur n'a pas en elle la confiance qu'il faudrait pour en attendre le succès ; on s'adresse donc à la mémoire, on entasse, on entasse, on entasse dans ce réceptacle si accommodant ; dans trois semaines, la marchandise sera perdue, mais l'examen sera passé.

rien, de tout ce qui a été une fois consigné dans ce vivant registre.

Cependant il reste toujours de la place, la mémoire demeure aussi libre et prompte que si elle ne portait rien encore. D'autre part, à côté de ce petit monde qui touche immédiatement l'enfant, il en est un autre, immense dans le temps et dans l'espace; sous ce monde extérieur qu'il voit, il en est un plus intime, celui des âmes, celui de la science. Autant de matériaux qu'il faut accumuler.

Donnez donc à la mémoire des mots, des faits, des dates [1] : un jour la lumière intellectuelle y tombera, il faut qu'elle éclaire des trésors. Donnez à l'imagination et à la sensibilité de quoi les féconder, les nourrir, les occuper : faites apprendre de beaux vers, faites connaître de belles scènes, de beaux faits et des héros sympathiques. Enfin donnez à la curiosité avide et insatiable de l'enfant, à ce grand auxiliaire de la mémoire devenant déjà intelligente, des histoires, des récits de voyages et d'aventures, tout ce qui la charme. La mémoire reçoit et retient tout, elle se développe à mesure qu'on la nourrit et qu'on l'exerce. En même temps, l'intelligence commence à poindre, elle éclaire déjà ce monde inférieur et le rend tout lumineux.

Dès lors aussi, et ce moment arrive très tôt, tout en continuant de faire apprendre, il faut provoquer la

1. Cependant, gardons-nous d'un excès possible. Certains professeurs sont éblouis par les singularités et les tours de force; ils dépensent leur temps et leurs efforts à faire apprendre des exceptions, des curiosités, qu'on oubliera presque infailliblement. En grammaire, par exemple, ou en orthographe, au lieu des listes interminables de mots ou d'exceptions bizarres, qui ne font qu'encombrer, que n'insiste-t-on sur les connaissances fondamentales et d'application usuelle? Pour les singularités, c'est déjà beaucoup de savoir douter, pour consulter, à l'occasion, sa grammaire ou son dictionnaire. La remarque vaut pour l'histoire, la géographie, etc.

réflexion sur les connaissances acquises. Ainsi on en prend pleine possession, et dans ce travail l'esprit lui-même se fortifie et se développe.

C'est là, je ne dirai pas une seconde phase, car tout cela est presque simultané, mais un second degré dans la culture de la mémoire. Il s'agit de l'unir plus étroitement à l'intelligence, au grand profit de l'une et de l'autre.

II

EXERCICES DE MÉMOIRE

Au premier degré dans la culture de la mémoire, le rôle du professeur est facile, il n'a qu'à proposer l'objet, à éveiller l'intérêt, à mettre de l'entrain.

Au second degré, sa tâche se complique : l'enfant ne fait pas facilement agir de concert la mémoire et l'intelligence ; au professeur de provoquer cette double action, de faire qu'elles s'entr'aident et concourent au même but, la valeur complète de l'homme par la puissance de l'esprit et par l'étendue du savoir. Le grand moyen, ce sont les leçons, les exercices de mémoire.

Les leçons ont donc un double but : augmenter le trésor des connaissances, en vue de l'usage pour l'avenir, habituer à mener de concert le travail de mémoire et le travail d'intelligence ; elles sont un exercice d'érudition et un exercice de formation.

Les leçons doivent donner des connaissances ; elles doivent donc être très bien sues : ce qui suppose exactitude rigoureuse, sans laquelle nulle connaissance ne vaut, et fermeté tenace, sans laquelle nulle connaissance n'est durable [1].

1. « Le danger pour l'esprit, dit très bien M. Gréard, n'est pas

Le critérium est la récitation, qui doit être parfaite, assurée, sans effort.

Mais ici, une distinction est nécessaire. Si la leçon est un passage d'un modèle, l'exactitude doit aller jusqu'aux mots et aux syllabes : à cette condition seule, vous vous assimilez le modèle, et vous prenez peu à peu ses allures, ses idées, ses expressions. Si la leçon est une règle de grammaire ou une page d'histoire, faut-il exiger aussi le mot à mot? Certains professeurs répondent oui; autrement, disent-ils, l'enfant brouille tout et ne retient rien. D'autres répondent : non. Car ici, ce qui importe, c'est la chose, non l'expression. Que si l'expression peut aider à fixer la chose dans l'esprit, il faut aussi prendre garde que l'enfant est facilement dupe des mots, il s'y attache et ne va pas jusqu'aux choses [1].

Le mieux est peut-être de mêler les deux méthodes : ayez des formules, et faites-les apprendre et répéter mot à mot, c'est le moyen d'obtenir l'exactitude et la ténacité; mais forcez l'enfant, par des questions bien posées, à dégager l'idée de la formule, à voir les choses sous les mots. Ainsi, nous avons à la fois, comme nous le demandions au début, travail de mémoire et travail d'intelligence.

Comment faire pour unir de même ce double travail

de ne savoir que la moitié des choses qu'il y aurait profit à apprendre; c'est de ne savoir qu'à moitié ce que l'on a appris. » Mme de Staël fait à ce propos une remarque fine et profonde : « Savoir parfaitement ce qu'on sait donne un repos à l'esprit qui ressemble à la satisfaction de la conscience. »

1. C'est ce qui arrive surtout dans ces récitations d'ensemble, chantées ou rythmées, employées souvent, non seulement dans les salles d'asile, mais encore pour le catéchisme. Cela aide la mémoire, dit-on; c'est vrai, mais prenez garde de tuer ainsi l'intelligence, sans laquelle il vaut autant ne rien savoir.

dans les leçons qu'on apprend mot à mot? C'est demander, en autres termes, comment l'enfant doit étudier sa leçon.

Le texte aura d'abord été soigneusement expliqué en classe. Si c'est un texte latin, il aura été traduit et travaillé.

A l'enfant de refaire ou de compléter le travail en étudiant sa leçon. Qu'il voie bien l'idée générale; qu'il se rende compte de l'ordre et du lien des choses : rapport entre les pensées et les phrases; dans une même phrase, lien et rapport des pensées particulières, des propositions différentes; dans chaque proposition, pensée, choix et ordre des mots, leurs rapports, soit entre eux, soit avec ceux d'une autre proposition et d'une autre phrase. On voit les avantages de cette observation détaillée, tant pour l'intelligence que pour la mémoire : une leçon bien étudiée et bien apprise est une excellente analyse littéraire [1].

Rien n'empêche, du reste, de s'aider aussi des moyens sensibles, mémoire locale, rapport des sons, etc.

Nous sommes loin de cette lecture machinalement répétée; il faut apprendre *activement*, en s'interrogeant soi-même, en essayant, après cette analyse sérieuse, et, s'il le faut, après une ou deux lectures, de reconstituer le texte par ses propres efforts; si la chaîne se rompt, faites-y une soudure par une attention plus grande, par une vue plus nette des rapports, et, s'il le faut, par un moyen mnémonique. Si vous avez fait une faute, rendez-vous compte des raisons en faveur du texte vrai, et cherchez un moyen de ne plus vous tromper.

Au début, il faudra peut-être plus de temps pour

---

1. Il suit de là qu'il ne faut donner en leçon que des passages exquis, des passages dignes du travail.

apprendre ainsi ; mais la mémoire se développera, l'esprit se formera ; après quelques essais, on apprendra plus vite et pour plus longtemps.

Le même procédé s'appliquera avec quelques modifications, qui vont de soi, même aux leçons qui ne sont pas pour être apprises mot à mot.

Le difficile sera d'obtenir de l'enfant cet effort réfléchi. Les conseils n'y suffisent pas. Il faudra des exercices en classe. Le professeur ne craindra pas de donner lui-même l'exemple, et de réciter ou de reconstituer au tableau un texte étudié tout haut devant les élèves.

De même que l'étude de la leçon est devenue, par ces procédés, un exercice de formation intellectuelle, de même il faudra faire de la récitation une leçon de débit et de formation extérieure : tenue, prononciation, ton naturel, parole intelligente et intelligible. Il faut donc veiller à tous ces points, là comme ailleurs, là plus qu'ailleurs ; tenez-y dès les débuts, vous réussirez sans peine ; plus tard, il ne serait plus temps [1].

Mais, si la récitation est importante comme exercice de débit, si elle est nécessaire comme moyen de contrôle, n'oublions pas, comme font souvent les élèves et comme semblent le faire bien des professeurs, que la récitation n'est pas le but suprême de la leçon. Le savoir est inutile, qui reste sans emploi. Il faut donc former l'enfant à faire usage de ses connaissances, à les appliquer : que le professeur y fasse appel par des

1. Inutile d'insister ici sur la nécessité de marquer l'accent latin. Mais obtenez à tout prix l'*articulation*. Voir les pages de Thring sur ce sujet (*Theory and Practice of teaching*, p. 192, 193, 194). De l'articulation dépendent, en grande partie, des habitudes de soin, de précision et d'exactitude dont l'importance ne saurait être exagérée. Que le professeur donne l'exemple, en articulant très bien ; mais *articuler* n'est pas *crier*.

rapprochements, par des questions, par mille genres d'exercices et de répétitions.

III

L'USAGE INTELLIGENT DE LA MÉMOIRE

Tout n'est pas dit encore. Il y a comme un troisième degré dans cette culture, dont le second n'est guère que la préparation.

Il s'agit d'amener l'enfant à faire spontanément, à toute occasion, ce que la leçon lui apprend à faire méthodiquement, à force de volonté, je veux dire, à unir étroitement, toujours et partout la mémoire et l'intelligence, l'une toujours prompte et souple à servir, l'autre toujours prête à consulter ou à diriger.

Ainsi, l'exercice de mémoire est partout dans la classe et dans le travail de l'enfant. Il suffira d'indiquer quelques cas.

Parmi les exercices de grammaire, c'est, à tout propos, l'appel à des exemples analogues déjà vus; ce sont les collections de faits et de cas particuliers à trouver, à grouper autour d'une règle ou d'un principe général.

Pour les lectures et les devoirs, ce sont les résumés et les récapitulations en particulier, en classe; les récits écrits ou oraux, la reproduction écrite ou orale d'un texte qu'on vient de lire ou d'expliquer; les mêmes devoirs redonnés après quelque temps : tout cela avive et excite la mémoire.

Même chose encore, quand on lit à l'avance le corrigé d'un thème qu'on vient de dicter pour le soir, ou du devoir de vers latins, ou d'une page de latin ou de grec que l'on donne à préparer. Cette première vue de l'idéal, ces esquisses de souvenir aiguisent l'intelligence et pro-

voquent un effort plein d'entrain, parce qu'il est plein
d'espoir : cela, sans parler du travail de mémoire déjà
obtenu en classe pendant cette première lecture, si
avidement écoutée.

Dirai-je un dernier moyen? Les citations que le professeur saura faire à propos. L'élève y verra comme on
profite de son savoir; il goûtera le charme d'une explication qui vient assaisonner et égayer un texte piquant;
voyant les auteurs anciens paraître à point et dire leur
mot dans la conversation, le mot le plus charmant, le
mot du bon sens et du bon ton, de l'esprit le plus
naturel et le plus exquis, il se familiarisera avec eux,
il les verra plus près de nous, mêlés à nous, vivant de
notre vie; il finira par les consulter à son tour et par
apporter leur témoignage à l'occasion.

En d'autres temps, il eût fallu ajouter ici un : « Gare
au pédantisme! » Mais ce danger n'est plus à craindre.
Autrefois la conversation, comme le style, était semée
ainsi de citations charmantes; quelques vieillards en
gardent encore le secret; mais il se perd avec eux et
avec le commerce familier des auteurs. Le retrouvera
t-on jamais?

IV

LES MOYENS MNÉMOTECHNIQUES

Un mot des moyens mnémotechniques. Jadis on en
faisait grand usage. L'utilité en est évidente pour les
cas où la mémoire seule peut agir. Je sais encore les
traités de François Ier, grâce à la phrase : *Noyons
Madame Nicrépy*, et ceux de Louis XIV me reviennent
avec l'image du vénéré professeur qui créa pour nous
le personnage inoubliable de *William Panru*. La loi de

Grimm, si difficile à énoncer et si embrouillée pour les débutants, est tout entière dans *tam;* tous les enfants ont appris sur leurs doigts quels mois ont trente et un jours. Ces industries sont bonnes, elles soulagent la mémoire et lui laissent de la place et du loisir pour des acquisitions nouvelles. Mais c'est affaire personnelle.

Quant aux systèmes de mnémotechnie, ceux-là, mais ceux-là seuls seront utiles qui développeront normalement la mémoire sans nuire à l'intelligence, et qui déchargeront au lieu d'encombrer. Le plus sûr et le plus simple est encore, si je ne me trompe, l'emploi des trois moyens naturels que l'on sait : *attention, retour, rapprochement.*

Attention, mais attention *réfléchie,* qui regarde et qui se dit : « Voilà ce que j'ai vu; » attention *de détail,* qui ne se contente pas d'une vue confuse; attention *à un point,* qui isole dans ce qui se présente ce qu'il faut voir et ce que l'on veut retenir. C'est l'esprit d'obser vation à développer.

Retour sur les mêmes objets. Je ne dis pas *répétition,* car il ne s'agit pas uniquement de leçons; puis ce mot emporte souvent quelque chose de machinal. Je parle de cette espèce de réflexion qui revient sur une lecture, sur une conversation, sur un spectacle, sur ce qu'on a fait ou entendu, qui se les *représente* pour les regarder à loisir, et en dégager ce qui mérite d'être retenu. Pour s'y habituer, rien ne sert comme de prendre quelques notes. On peut le conseiller aux enfants, les y encourager, les aider par des indications données à propos, par des questions, par un contrôle discret et amical.

Rapprochement, qui groupe les faits et les idées, qui rattache tout ensemble. L'important en ce point est un fond solide et sûr de connaissances et d'idées nettes, précises, bien assimilées ; les idées nouvelles et les faits nouveaux viendront se ranger autour, ils feront grappe ; sans ce point d'appui et d'attache, ils s'égarent et se perdent. Ce système de rapprochement est également précieux pour rendre les souvenirs toujours présents, à l'appel de l'intelligence et de la volonté.

Ainsi l'on apprend et l'on retient, tout en développant la mémoire, et la rendant, pour l'avenir, plus apte à faire son œuvre. C'est déjà beaucoup. Mais il y a mieux encore : attention consciente et précise, retour réfléchi sur le passé, rapprochement qui fait l'unité dans les idées et dans les connaissances, sont d'excellents moyens de formation intellectuelle.

CE QUE DOIT ÊTRE AUJOURD'HUI L'ÉTUDE DU LATIN

Tout n'est pas fait quand on a tranché par un *oui* la *question du latin*, pas plus que tout n'est fait pour l'éducation de l'enfant quand les parents se sont décidés à le mettre dans tel collège. Admis dans les classes, destiné à y jouer un grand rôle, voici le latin entre les mains des professeurs, dans les livres et les programmes, dans le règlement. La tâche administrative est finie, et Dieu veuille que la besogne ait été bien faite! La tâche pédagogique commence. Parlons donc pour les professeurs qui ont à enseigner le latin.

I

BUT ET CARACTÈRE DE CETTE ÉTUDE

Quels moyens prendre? Quel caractère aura l'enseignement? Quelle sera la méthode? Tout cela dépend du but où l'on vise. Or que voulons-nous [1], en gardant le latin à la base des études classiques? Si nous cherchons ce qu'on cherchait au moyen âge, ce qu'on cherchait au xvie et au xviie siècle, nous n'avons guère

1. J'entends par *nous* à peu près tous ceux qui tiennent à maintenir les langues anciennes dans l'enseignement secondaire.

qu'à suivre nos devanciers, en profitant toutefois des secours nouveaux que nous offre le progrès de la science. Mais notre but est différent, ou du moins le point de vue d'où nous l'envisageons. Jadis on étudiait le latin comme nous étudions aujourd'hui l'anglais ou l'allemand, en vue de l'usage et du maniement pratique, pour l'écrire et le parler. Tel n'est pas le cas aujourd'hui. Il suffit à la plupart de comprendre le latin, de le lire facilement. Différence importante, destinée à changer du tout au tout le caractère de l'étude. Bornons-nous nos visées à l'intelligence du latin? A ce compte, l'organisation de notre enseignement secondaire serait bien défectueuse, et nous n'aurions qu'à nous lancer, à la suite des Universitaires, dans la voie des réformes et des bouleversements.

Notre ambition va plus haut et plus loin. Je n'ai pas l'intention d'établir ici les principes généraux de la question. Je les suppose établis, et je me contente de les rappeler. Notre but est la culture intellectuelle et la formation humaine. Pour arriver là, nous savons que l'enseignement du latin doit être *pratique* et *appliqué* (connaissance et maniement facile de la langue pour elle-même et en vue du français); nous savons qu'il doit être *scientifique* et *littéraire* (familiarité avec les auteurs, sens vif et profond de leurs beautés, intelligence des lois générales de l'expression) ; nous savons qu'il doit être, pour parler comme les Allemands, *formel* et *gymnastique* (développement des facultés par l'exercice, par l'étude et l'imitation des modèles). Nous visons donc à lui donner ce triple caractère, mais autant seulement que la formation totale en doit profiter. Ainsi notre but n'est pas proprement le thème, ni le manie-ment pratique. Et voilà pourquoi nous ne tenons pas, comme le voudraient quelques-uns, à ce qu'on apprenne le latin par pure routine, comme on apprend sa langue maternelle, si l'étude ainsi entendue doit nuire à la réflexion, à la gymnastique intellectuelle, au profit général de l'esprit.

Ce n'est pas non plus la version, ni la connaissance étendue des auteurs. Nous ne craindrons donc pas de sacrifier, du moins en apparence, la lecture et les auteurs, en réservant du temps pour les devoirs écrits, qui exercent davantage l'esprit, et finalement profitent plus à la formation, en visant plus à l'intelligence sérieuse et profonde d'un petit nombre d'auteurs ou d'ouvrages qu'à une vue superficielle de l'ensemble.

Aussi bien, cette manière large et grande du tout ramener à la formation intellectuelle est aussi celle qui mène le mieux à tous les buts particuliers que cherche tel ou tel. Nous ne visons pas proprement à écrire ni à parler latin, mais nous y arrivons ; nous ne visons pas proprement à lire beaucoup d'auteurs, ni à connaître la littérature latine et l'esprit de l'antiquité, mais nous y arrivons, et mieux que ceux-là qui font profession d'y viser, et qui sacrifient le reste à cette vue.

Éclairés par cette idée directrice de culture intellectuelle et de formation, examinons d'abord les qualités générales que doit avoir l'étude du latin.

II

QUALITÉS GÉNÉRALES

On peut ramener à trois les qualités que doit avoir l'étude du latin. Qu'elle soit étendue, réfléchie, comparée.

Étude étendue. — Est-ce à dire qu'il faille avoir lu

tous les auteurs latins ou à peu près ; qu'il soit nécessaire de connaître les variations de la syntaxe depuis
Plaute jusqu'à Claudien, ou depuis Caton jusqu'à saint
Grégoire le Grand? Non, sans doute. Tout sera bien,
si l'enfant, en sortant du collège, est familier avec les
classiques, s'il a le sens du latin, et le maniement
facile.

Familier avec ses auteurs, il connaîtra, au moins par
portions considérables, les principaux d'entre eux, il
distinguera leur physionomie, il se rendra compte par
lui-même des richesses littéraires de la langue et du
développement de la littérature; il sera comme chez
lui en pays latin; il ne répugnera pas à une lecture
latine ; ce sera même plaisir pour lui de compléter ces
lectures à l'occasion, et de tomber sur quelque bon
passage.

Avoir le sens du latin, ce n'est pas savoir tous les
détails de lexigraphie ou de syntaxe, avoir dans sa
tête tout Neue, tout Dräger, tout Nägelsbach, tout l'*Antibarbarus* de Krebs, tout le dictionnaire de Freund, de
Forcellini, de Merguet, etc.; il suffit de connaître avec
exactitude et précision les règles générales de la grammaire, les tendances et les procédés principaux de la
langue et de l'expression, de distinguer dans les grandes
lignes la langue classique de celle qui ne l'est pas, la
langue poétique de la langue courante.

Enfin, le maniement facile est acquis dès qu'on lit
sans peine, et qu'on peut s'exprimer avec correction [1].

1. Est-il besoin d'avertir que l'accent et la quantité font partie du
fonds latin que l'enfant doit posséder? Il faut, par conséquent, l'habituer, dès les débuts, à bien les marquer. En revanche, il ne
semble pas utile de l'introduire dans les questions non résolues encore de l'orthographe latine. S'il a des habitudes prises, respectez-
les, vous contentant de corriger les fautes manifestes ; s'il n'en a

On voit qu'il ne suffit pas de faire un thème ou une version à coups de dictionnaire. Nous ne demandons du reste rien que de praticable ; et, sans doute, le lecteur a vu même de nos jours des jeunes gens sortir du collège avec cette connaissance *étendue*, au sens que nous venons de l'expliquer.

Étude réfléchie. — Mais l'étude du latin, pour produire ses fruits pédagogiques, doit être encore *réfléchie*. Je ne dis pas qu'il faille être en état de tout expliquer, de rendre compte de tout ; mais il ne suffit pas d'être simplement maître de la langue, comme pouvait l'être un Latin, sans avoir jamais pensé aux raisons de l'usage. Le grand avantage de l'étude consiste précisément à éveiller l'esprit sur les rapports de la pensée et de l'expression, à faire voir l'âme dans le mot, à débrouiller ainsi l'écheveau mêlé des idées et des sentiments. D'ailleurs, la connaissance du latin ne sera jamais étendue, exacte et précise, si elle n'est réfléchie ; c'est un des grands avantages de cette langue : on ne peut l'apprendre sans faire un cours de logique pratique et de psychologie appliquée ; on n'y peut manier les mots sans toucher l'âme. Donnez donc, à l'occasion, quelques explications soit pour le sens des mots, soit pour la syntaxe, soit pour les tours.

L'enfant s'étonne d'entendre qu'il faut dire : *Romæ est*, mais *rure* (ou *ruri*) *est, Babylone mortuus est.* Expliquez lui que *Romæ* est un locatif (*Romă-Ï*) comme *rure* (pour *rurĬ, i* bref final devient *e* en latin), comme *Babylone* (les noms de villes, et quelques autres ont souvent la forme *i* dans ce cas : *Carthagini, temperi, vesperi*, mais cet *i* était, par erreur, regardé comme long).

pas, vous avez plus de liberté ; encore faut-il cependant tenir compte des circonstances, et de ce qui se fait autour de vous.

L'enfant ne comprend guère comment *dare pœnas* veut dire : *être puni*, il aurait attendu le sens de *punir*. Dites-lui que *pœna* veut dire proprement *paiement, amende*, comme le grec πανή (cf. τείω, payer). *Dare pœnas* veut donc dire *donner paiement*, comparez l'expression française : « *Vous me le paierez.* » Comment *timeo ut sustineas* (labores), veut-il dire : *je crains que vous n'y teniez pas ?* D'où vient le sens négatif ? *Ut* signifie *comment : Ut vales ? comment vous portez-vous ? sustineas* est au subjonctif à cause de l'interrogation indirecte (cf. *dic mihi ut valeas*) ; l'ensemble de la phrase amène dans *timeo* une idée interrogative, et le sens exact est : *Je me demande avec crainte* (cf. *miror quid sit* : *Je me demande avec étonnement ce que c'est*) *comment vous pourriez y tenir.*

Rien qu'en posant la question, vous mettez en éveil l'esprit de l'enfant, la réponse le satisfait et lui fait mieux retenir la règle ; en même temps, il voit que les faits du langage ont leur raison comme le reste. — Expliquez donc, mais que vos explications soient exactes, fondées sur les faits, non sur je ne sais quelles raisons *a priori* de sagesse et de logique étroite, prêtées gratuitement au langage, et fort opposées à la nature de ceux qui le font et qui le parlent. Enfin soyez sobre d'explications : ne les prodiguez pas, mais qu'elles soient choisies, bien présentées, utiles à quelque chose.

Étude comparée. — On sait les avantages de la méthode de comparaison. C'est en rapprochant, en passant du connu à l'inconnu, en comparant, que l'homme exerce le mieux son activité, et réussit le mieux. Comparez donc le latin avec lui-même, rapprochez les faits, rattachez-les ensemble, éclairez-les les uns par les autres, cela va de soi. Mais il y a plus, comparez sans cesse le latin avec une autre langue connue, avec le français surtout.

Est-ce à dire qu'il ne faille voir le latin qu'à travers le français, et que tout consiste à tourner du français en latin, d'après les procédés vulgarisés par Lhomond, comme si le latin n'avait d'existence que pour le français et dépendamment du français ? Non, sans doute, et tous les professeurs sérieux ont fait justice aujourd'hui de cette méthode qui ramène tout à un thème machinal et qui ne montre dans le latin qu'un travestissement bizarre du français [1]. Nous croyons que la règle du *que retranché*, et autres belles recettes ont fait leur temps. On ne transporte pas ainsi la phrase toute moulée dans une phrase, toute moulée aussi, d'une langue différente, sans torturer la pensée ou sans la laisser dehors. Quand cela serait possible, encore est-il que ce travail purement machinal est funeste à l'intelligence. L'un des grands avantages qu'offre l'étude d'une langue étrangère est de forcer à séparer la pensée de l'expression et de la phrase toute faite, de l'arracher aux mots pour la faire voir comme en elle-même.

Mais, sans tomber dans ces excès, ne peut-on pas tirer parti du français pour rendre l'étude du latin à la fois plus intéressante et plus facile, plus profonde, plus précise, plus réfléchie, plus fructueuse en un mot ? Un jeune Français se trouve, en abordant le latin, dans une situation autre qu'un Anglais, un Allemand, un Chinois. Il faudra naturellement tenir compte de ces différences et mettre à profit nos avantages de nation latine [2]. « En

----

1. Voir surtout : *Quelques mots sur l'instruction publique*, par M. BRÉAL, p. 164, seq.

2. Ainsi un Français peut tirer grand parti des lois de la formation populaire du français pour apprendre la quantité latine. La science des mots nous est relativement facile, et nous n'avons pas besoin, comme les Allemands, d'exercices de vocabulaire. En re-

latin le sujet se met au nominatif. » Voilà une règle devant laquelle l'enfant s'incline, et qu'il finit par apprendre et par appliquer ; mais elle ne l'intéresse pas, et ne parle guère à son esprit. Comparons avec le français, écrivons au tableau : *Pierre* bat *Paul*, *Pierre* est le sujet, *Paul* est le complément; mettons *Paul* bat *Pierre*, c'est tout différent. Voyons le latin : *Petrus verberat Paulum*, *Paulum verberat Petrus* ; j'ai beau changer les mots de place : c'est toujours Pierre qui bat, et Paul qui est battu ; mais que j'écrive *Petrum verberat Paulus*, les rôles changent, où que se placent les personnages. C'est que le rôle en latin est marqué par la forme du mot, non par sa place comme en français ; le nominatif est la marque qui me fait reconnaître un sujet où qu'il soit ; c'est comme son uniforme et le numéro de son régiment ; voilà, si je ne me trompe, qui intéresse, qui apprend à observer et à réfléchir. En même temps j'ai fait comprendre l'une des grandes différences entre le latin et le français et attiré l'attention sur deux des ressources principales (flexion, ordre des mots) que l'âme possède pour montrer à l'extérieur ce qu'elle voit des rapports entre les objets.

Même chose si, au lieu de dire à l'enfant que le nom du possesseur se met au génitif en latin, et le nom de la ville où l'on va à l'accusatif, tandis que celui de la ville d'où l'on vient est à l'ablatif, je lui demande : « Comment montrerez-vous dans cette phrase : *Le livre est beau*, que le livre dont vous parlez appartient à Pierre ? — Je dirai : *le livre de Pierre est beau*. — Ainsi vous désignez le possesseur en mettant *de* devant. Eh bien ! en latin on ne met rien entre les mots, mais le possesseur est au génitif, « *liber Petri* ».

vanche, habitués à une langue très rapprochée du latin populaire, nous nous faisons plus difficilement au latin classique.

En français, nous employons une préposition différente selon que nous venons *de* Rome ou que nous allons *à* Rome ; en latin nous disons : *venio Roma, eo Romam.* Pas de préposition, mais le cas change [1]. De même pour des différences plus délicates. En français nous demandons *à* quelqu'un, c'est faire entendre que nous nous adressons à lui ; en latin, on dit, *petere ab aliquo,* l'idée est que nous voulons *recevoir de lui* quelque chose.

Ce que nous disons pour les différences, vaut aussi pour les ressemblances. Une métaphore latine qui étonne, un changement bizarre de sens paraîtront naturels dès qu'on les retrouvera en français. *Illico (in* et *locus)* s'éclaire par *sur place, sur-le-champ; homo* IMPORTUNUS *(portus)* par *homme* INABORDABLE ; *res est* MANIFESTA, (*manus* et le participe de *fendere,* pousser) par *cela se* TOUCHE DU DOIGT. *Quia* se met avec l'indicatif, mais *non quia* avec le subjonctif ; de même en français : *parce que je crains,* et NON PAS *que je* CRAIGNE. La construction française *il* ME *semble qu'il* A *tort,* rapprochée de : *il semble qu'il* AIT *tort,* peut aider à se rendre compte de nuances analogues entre certains indicatifs et certains subjonctifs latins.

Partout il faudra comparer ainsi les caractères respectifs des deux langues, leurs procédés et leurs ressources. Le latin est riche en verbes, le français en

1. D'après ce principe, on peut très bien légitimer certains moyens, parfois décriés à tort par haine de Lhomond : « *Si,* quand il veut dire *s'il est vrai que,* se met avec l'indicatif ; *cum* au sens de *quoique,* de *puisque,* avec le subjonctif, etc. » Il y a là un appel direct à l'intelligence, et un véritable effort d'analyse logique. Je ne blâmerais même pas certaines recettes rapides et commodes pour la mémoire : *Je crains que... ne...* se dit *vereor ne; je crains que... ne... pas...,* vereor ut, *ou ne non.* Il faut, du reste, que la raison contrôle ; aussi bien, sans cela, on se tromperait souvent : *Je crains que vous n'y puissiez tenir, timeo ut sustineas.*

substantifs; le latin unit les pensées, le français les
détache. Les pronoms latins *hic, iste, ille, is,* ont des
nuances que nous ne saurions rendre : *hic* suggère que
l'objet montré m'appartient, *iste* qu'il est à vous, etc.
Une phrase comme celle-ci, *César m'a beaucoup parlé
de Pompée et m'a prié d'être son lieutenant,* est amphibo-
logique; en latin la distinction entre *ejus* et *suus*
éclaire tout : (*Cæsar multa ad me scripsit de Pompeio roga-
vitque* sibi *ut essem legatus* (à César, *ei* indiquerait Pompée).

Ainsi la comparaison devient le moyen le plus clair
et le plus expéditif d'explication, celui qui répond le
mieux à la nature de l'esprit, qui donne les aperçus les
plus lumineux sur le génie des deux langues, soit en
elles-mêmes, soit dans leurs rapports, et sur les procédés généraux du langage. Rien ne fait apprendre
mieux et plus vite; rien ne fait si bien réfléchir; rien
ne répond si bien au principe pédagogique, qu'il faut
partir du connu, et en profiter, ni à l'état de l'enfant
qui aborde une langue étrangère avec la connaissance
de sa langue maternelle. Et cette méthode ne sert pas
seulement pour le latin, elle éclaire le français, elle en
fait prendre conscience et possession.

On dira : « Ce n'était pas la méthode au XVI° et au
XVII° siècle. » Au XVI°, c'est possible : le but alors était
surtout pratique ; on jetait donc le plus possible en
pays latin. L'idéal eût été une ville latine pour les
enfants. Le père de Montaigne fit apprendre le latin à
son fils « en nourrice et avant le premier desnouement
de sa langue ». « J'avois, dit celui-ci, plus de six ans avant
que j'entendisse non plus de français ou de périgordin
que d'arabesque; et sans art, sans livre, sans grammaire ou précepte, sans fouet et sans larmes, j'avois
appris du latin tout aussi pur que mon maistre d'eschole

le sçavoit [1]. » On dit que dans la maison des Estienne tout le monde parlait uniquement latin ou grec, depuis le père jusqu'au moindre des marmots, depuis la maîtresse de maison jusqu'à la dernière des servantes.

Mais dès le XVII° siècle on sentit la nécessité de comparer; tout en étant en pays latin, on se rappelait qu'on avait affaire à de jeunes Français, et l'on savait tirer parti de leur langue maternelle pour étudier et traduire [2].

Quoi qu'il en soit, nous devons profiter d'une méthode si naturelle et si avantageuse : comparons sans cesse, comparons sérieusement, entrons ainsi dans les profondeurs du génie latin et du génie français [3].

La traduction étant le meilleur moyen de comparaison, on entrevoit déjà la place qu'elle mérite dans l'étude du latin.

1. *Essais*, I, 25.
2. Voir p. e. les *Commissuræ gallico-latinæ* du P. DELBRUS, 1656.
3. Ceci ne va pas à exclure tout exercice non comparatif (composition latine, vers latins, etc.); nous voulons seulement insister sur les avantages de la méthode comparative.

S'IL EST BON D'ÉCRIRE ET DE PARLER EN LATIN

On pourrait être tenté de croire que les deux questions n'en font qu'une. En effet, elles sont connexes. D'ordinaire, pourtant, on les a séparées; nous verrons même qu'on leur a souvent donné des solutions différentes. Ajoutons qu'elles n'ont pas même importance. L'enseignement du latin sera tout autre selon que l'on s'exercera à l'écrire ou qu'on se contentera de lire et de comprendre les auteurs. Au contraire, la question de le parler ou non serait secondaire pour nous, si elle ne se reliait à d'autres plus importantes. Traitons-les donc séparément [1].

I

Les exercices de style latin, thèmes, compositions, vers, etc., ont été violemment attaqués bien des fois,

1. Travaux sur la question : Tendance contraire aux exercices écrits en latin : ARNAULD, *Règlement des études;* TANNEGUY-LE-FÈVRE (père de Mme Dacier), *Méthode pour commencer les humanités grecques et latines;* FLEURY, *Traité du choix et de la méthode des études;* presque tout le XVIII° siècle; M. BENOIST, *Virgile,* t. III, préf. ; M BRÉAL, *Quelques mots...;* M. J. SIMON, *La Réforme de l'Enseignement.*

Tendance conciliatrice : ROLLIN, *Traité des études;* M. BENOIST, *Observations sur les Exercices de traduction,* préf.

Tendance favorable : Les Jésuites ; NÆGELSBACH, *Lateinische Stilistik, Vorrede* (raisons sérieuses et faits concluants) ; SEYFFERT et autres supposent admis le principe qu'il faut écrire en latin. Cf. *Palæstra* et *Scholæ latinæ,* de SEYFFERT.

ils l'ont été particulièrement de nos jours par MM. Benoist, Bréal et autres réformateurs. Les critiques auraient raison, si les faits qu'ils allèguent étaient vrais, si le thème latin, le discours latin, etc., étaient devenus — comme ils le disent — la fin suprême des professeurs de l'Université, le point où tout converge.

Mais de ce qu'un exercice est mal fait, il ne faut pas conclure à sa suppression. En ce sens, tous les amis de l'enseignement classique reconnaissent maintenant que le *Plan d'études* de 1880 est allé trop loin, et que M. J. Ferry a rendu un mauvais service au latin en proclamant que le discours latin avait vécu. Dès 1880, M. Boissier [1] sentait le danger du fameux axiome de M. J. Simon, qu' « on apprend les langues vivantes pour les parler, et les langues mortes pour les lire », et mettait en relief la nécessité d'écrire dans une langue pour la savoir et pour la comprendre, en même temps que les avantages de la composition dans une langue étrangère pour forcer à travailler l'idée en travaillant l'expression.

Ce sont là, du reste, des faits d'expérience cent fois constatés. Aussi le paradoxal Diderot, sage à ses heures, montrait-il aux réformateurs de son temps l'insuffisance de la version seule : M. Le Beau, disait-il, avait passé soixante ans sur les auteurs grecs sans jamais les comprendre à fond, ni se rendre compte des beautés et des délicatesses de la langue, parce qu'il n'avait jamais écrit en grec [2]. L'abbé Auger, traducteur éminent de plusieurs écrivains grecs, faisait le même aveu pour lui-même : « J'ai senti, dit-il, par ma propre

1. *Rev. des Deux Mondes*, 1880, t. XLI : *Le nouveau Plan d'études.*

2. On peut voir le passage de Diderot dans la *Rev. intern. de l'Enseign.*, 1881, t. I, p. 188-189.

expérience que traduire une langue pendant plusieurs années la fait moins connaître que si l'on composait dans cette même langue pendant une seule année, surtout lorsqu'on est encore jeune [1]. » Inutile de multiplier les citations et les exemples. Aussi bien, ni M. Jules Simon, ni M. Benoist, ni M. Bréal, ni même le *Plan d'études* de 1880 ne voulaient supprimer les exercices écrits en latin ; ils ont simplement protesté, un peu vivement peut-être, contre les abus et les mauvaises méthodes, contre l'erreur qui du moyen faisait la fin. Les réformateurs de cette catégorie ont trouvé après coup qu'ils avaient été trop pris au mot, et qu'ils avaient, en somme, fait les affaires des ennemis du latin. Aussi sont-ils généralement revenus sur leurs pas, de façon ou d'autre [2]. Somme toute, il y a, surtout depuis 1884, un retour vers les exercices latins, et l'on a pu, en 1890, espérer un moment voir le thème latin prendre place aux épreuves du baccalauréat réformé.

Aujourd'hui, les exercices latins n'ont plus guère d'ennemis que les ennemis mêmes des études latines. Il est donc inutile d'insister sur leurs avantages positifs. Les détails sur ce point seront mieux à leur place quand nous parlerons de chaque exercice en particulier. Nous pourrons voir alors que, si l'étude du latin est si utile pour la formation, le profit est attaché en grande partie aux exercices où l'on écrit en cette langue. Du reste, pour s'en convaincre, il suffit de con-

1. Cité par l'abbé Coxonet, *Chrestomathie*, p. 13 ; par Courtaud-Diverneresse, *Dictionnaire français-grec*, préface, etc.

2. Voir les préfaces de M. Benoist aux *Observations sur les Exercices de traduction*, par M. Antoine (Klincksieck, 1880), et à la *Métrique* de Luc. Mueller (Klincksieck, 1882). M. Bréal, qui a tant décrié les recueils d'expressions, recommande aussi les *Observations*, qui ne sont pourtant guère autre chose. Voir ses *Excurs. pédag.*, p. 35, et son article sur l'opuscule de M. Antoine dans la *Rev. critique*, 1880, t. I, p. 497.

sulter l'expérience de ces dix ou quinze années : la version n'a pas appris le latin à nos jeunes bacheliers, et n'a pas produit les fruits qu'on s'en promettait. Encore une fois, pour apprendre une langue, il faut écrire dans cette langue : *Stilus optimus dicendi effector et magister.* Faisons donc écrire en latin, non pas uniquement pour vérifier les connaissances, ni même uniquement pour les appliquer et les affermir; mais pour pénétrer dans le fond du génie latin, pour mieux comprendre et goûter les auteurs. Faisons écrire aussi parce que l'exercice latin, quand il est bien fait, est la meilleure gymnastique intellectuelle.

II

Chose curieuse, pendant que le *Plan d'études* de 1880 supprimait, ou à peu près, les exercices écrits en latin, il prônait les thèmes et les exercices oraux, qui pourtant ne font pour ainsi dire qu'un avec les exercices écrits. Ce n'est pas nous, on le devine, qui nous en plaindrions. Mais ceci nous amène à une autre question, celle du parler latin. Est-ce utile dans les temps actuels, et dans quelle mesure?

Comme la plupart des questions pédagogiques, celle-ci est vieille comme l'organisation des études clasques[1]; et ce qui étonne d'abord, ce sont les latinistes les plus distingués qui s'opposent à cette coutume : Bembo, Sacchini et vingt autres se refusaient net à converser en latin, pour ne pas gâter leur beau style. C'est dans cette vue que Sanchez, célèbre grammairien espagnol, s'éleva avec sa virulence ordinaire contre l'habitude, générale alors, de parler latin : « *Si latine*

1. On connaît les plaisanteries de Rabelais. Comparez le dialogue de Boileau sur les modernes qui font des vers latins.

loqui non esset laudabile, lui dit-on, *non ita passim ab omnibus commendaretur.* » Et il répond : « *Quasi vero quidquam tam sit valde, quam nihil sapere, vulgare, ut præclare scripsit Cicero* [1] ». Pour Sanchez, comme pour tous les latinistes, le grand moyen était d'écrire, non de parler.

Pour nous, la question est différente : il s'agit simplement du parler latin, dans les classes. Cet usage est-il admissible ou non ?

Quand le latin était encore langue vivante, la réponse s'imposait, comme elle s'impose aujourd'hui pour l'anglais et pour l'allemand [2]. Mais, s'il peut toujours être utile de savoir parler latin, comme de savoir l'écrire, si pour quelques-uns cela peut être nécessaire, ce n'est pas là cependant qu'il faut chercher les raisons décisives pour ou contre ; nous devons nous en tenir aux raisons pédagogiques. Ceux qui, avec Port-Royal, sont pour la négative, font valoir les intérêts du latin, qu'on s'habitue à mal parler et à mal écrire; les intérêts de la pensée — l'esprit est gêné dans sa libre activité par les entraves d'une langue inconnue; les intérêts de l'enseignement, qui peut devenir obscur, vague et ennuyeux, dans une langue étrangère. Inconvénients graves, mais non inévitables. Ici comme partout,

> D'abord on s'y *prend* mal, puis un peu mieux, puis bien,
>   Puis enfin il n'y *manque* rien.

Si le professeur y tient, il peut vite obtenir un latin correct; mais il faut redresser les fautes, et ne pas

---

1. *Sanctii Minerva*, p. 858, édit. d'Amsterdam, 1754. La première édition parut à Salamanque, en 1587.

2. C'est encore le cas, dans une certaine mesure, pour tous les ecclésiastiques : leurs études mêmes se font généralement en cette langue, qui doit être pour eux comme une seconde langue maternelle.

laisser prendre de mauvaises habitudes : l'émule sera généralement le correcteur, on l'intéressera sans peine à son œuvre.

Pour ne pas gêner la pensée ni l'activité de l'élève, on permettra, surtout aux timides, de dire d'abord en français ; les idées une fois débrouillées, il sera facile de les faire mettre en latin. Quant à l'ennui et aux difficultés de l'enseignement, le professeur y saura remédier. Tout au plus, la marche sera-t-elle plus lente. Mais le but n'est pas d'aller vite, c'est d'amasser beaucoup dans sa marche. Or on peut amasser beaucoup à parler latin.

L'enfant, jeté en monde latin, s'y familiarise vite ; il se met à l'aise, il est chez lui. Alors on lit ses auteurs, comme on lit du français, sans effort, avec plaisir : ce sont des amis. On en a vu, et cela jusque dans ces dernières années, qui se prenaient ainsi d'affection pour le latin ; ils étaient tout heureux et tout fiers de le parler, ils écrivaient, pendant les vacances, de jolies lettres à leur professeur dans la langue de Cicéron. Ainsi l'on apprend le latin, et l'on se forme en l'apprenant. Mais il y a des profits plus immédiats. Parler latin, c'est une manière de répéter sans cesse et d'appliquer sa grammaire ; on se familiarise avec les règles comme en se jouant, plus de grossiers solécismes ou barbarismes ; on apprend à se servir de ses auteurs et de son petit savoir en faisant revenir à l'occasion une expression vue en classe, un mot, une phrase. Bientôt même on apportera du nouveau, on fera soi-même de petites collections.

En somme, cet usage touche de plus près qu'il ne semblerait d'abord au fond de l'enseignement ; c'est un moyen indirect, mais — je dirais — infaillible, d'assurer la connaissance du latin et le bénéfice de la formation par le latin. Aussi est-il encore vivant dans bien des gymnases allemands[1]; en France on l'a même introduit quelquefois avec succès, et je sais des professeurs qui, dans ces derniers temps, jetaient encore leurs petits élèves en pays latin, comme aux plus beaux jours de la Renaissance et du xviie siècle.

Quelques moyens. Il faut procéder avec mesure; en voulant trop faire dans les commencements, on gâterait tout. Le professeur commencera, par exemple, par « donner des ordres » en latin (mouvements généraux, dispositions matérielles, rôle de chacun, etc.). Bientôt tous seront familiers avec les formules usitées pour dire : « Lisez, reprenez, fermez la porte, ouvrez la fenêtre, prenez votre livre, venez au tableau, demain apportez Virgile, etc.[2] » Puis on amènera peu à peu l'enfant à dire lui-même en langage de Cicéron les petites phrases qui reviennent sans cesse (réponse aux questions du professeur, permissions ordinaires, questions et réponses à l'émule, etc.). Comme transition à des choses un peu plus difficiles, on encourage et l'on récompense les billets en latin pour s'excuser, pour s'expliquer, pour demander quelque chose.

Vient le moment de passer à des applications moins routinières et moins prévues. Un jour, le professeur glissera dans une explication de Cicéron quelques mots équivalents, quelques expressions simples et claires. Le lendemain il racontera dans la langue originale une

1. *Rev. de l'enseign. secondaire*, 1885, t. II, p. 922 : article de M. G. DUMESNIL. Voir le livre du même auteur sur *l'Enseignement dans l'Allemagne du Nord;* surtout *l'Enseignement du latin*, par le chan. FÉRON, p. 102 ; *Lateinischer und Griech. Unterricht*, par ECKSTEIN, p. 335. Cf. ROLLIN, *Traité des Études*, édit. Estienne, 1765. t. I, p. 228.

2. Le français devra rester la langue des réprimandes, des punitions, de tout ce qui pourrait rendre le latin odieux, de tout ce qui intéresse l'*autorité* du maître.

historiette qu'on vient de traduire, ou bien une autre, intéressante et facile à comprendre ; il la fera répéter soit immédiatement, soit après un travail écrit préliminaire ; on commencera par les plus forts, que tous auront le droit de corriger — à moins qu'on ne trouve mieux de ne faire remarquer les fautes qu'après —; un plus faible pourra la reprendre. On fera redire ainsi une historiette faite en thème, ou raconter une histoire préparée d'avance. Ou bien ce sera le compte rendu oral d'un paragraphe, la reproduction d'un petit récit qu'on vient d'expliquer. D'autres fois, le professeur questionnera sur l'auteur déjà vu, de manière que, pour répondre, il suffise presque de reproduire les mots et les phrases du texte. De même les questions de grammaire et les réponses pourront être en latin. Dans les concertations ordinaires, et surtout dans les préparations des concertations plus solennelles, on peut beaucoup obtenir à cet égard. Du reste, tous les genres de répétition prêtent à des essais fréquents, ainsi que les thèmes oraux, les exercices de grammaire. Rien n'empêche de recourir parfois à des moyens moins ordinaires. Un jour, par exemple, on pourra permettre à deux bavards de s'entretenir tout haut en latin ; ou bien on établira une petite conversation entre deux élèves prévenus d'avance, sur un sujet indiqué ; généralement ils procéderont par questions et par réponses. On peut aussi expliquer et faire expliquer du grec en latin. Les élèves s'intéressent facilement à ces exercices, et on peut arriver à les leur faire regarder comme une récompense [1].

Mais, avant tout, que le professeur donne l'exemple

1. Mathurin Cordier disait sagement dès 1532 : *Ad latine loquendum pueri magis adducendi quam cogendi sunt.*

et paie de sa personne; qu'il aime seulement le latin, et qu'il le manie facilement, tout ira bien. Il va sans dire, du reste, que cet usage du latin ne sera pas exclusif. Rien ne gâterait les choses comme la contrainte. Toute explication un peu difficile devra se donner en français. Si l'on veut, on pourra la dire d'abord en latin, puis en français, ou *vice versa*.

Si un élève ne peut ou n'ose s'exprimer en latin, permettez-lui de parler français, vous répondrez en latin, ou même, avant de répondre, vous lui ferez mettre sa pensée en latin.

Avec de la discrétion, de l'entrain et du savoir-faire, vous serez surpris vous-même de ce que peuvent en ceci des élèves bien guidés et bien lancés dès les débuts.

DES MODELES DANS L'ÉTUDE DU LATIN

I

L'imitation comme procédé littéraire a été beaucoup louée et beaucoup blâmée. Louanges et blâmes également mérités, selon que l'imitateur sait s'inspirer librement d'un modèle pour lui emprunter un trait, une pensée, un mouvement, ou qu'il abdique son indépendance et renonce, pour ainsi dire, à sa personnalité, pour se faire l'esclave ou le singe d'autrui. Au contraire, l'imitation comme procédé pédagogique n'offre guère que des avantages. S'agit-il d'apprendre une langue, c'est en l'imitant qu'on l'apprend vite et bien. S'agit-il de développer une pensée, on peut, en imitant, éviter les tâtonnements et les essais stériles, arriver du premier coup à quelque chose de bien, et s'y fixer pour toujours, en prenant dès les débuts de bonnes habitudes. Dans l'étude d'une langue morte, comme le latin, les travaux d'imitation s'imposent. Comment en acquérir le sens, comment la faire revivre, pour ainsi dire, dans notre esprit, sinon par le contact intime et le commerce continuel avec ceux qui l'ont bien sue et bien parlée? Or la simple lecture ne suffit pas; il faut l'exercice; partant il faut l'imitation.

Sur ce point, la controverse n'est guère possible, dès que l'on admet la nécessité de savoir le latin et de se former en l'apprenant. On s'entend moins, quand on arrive à la pratique. Quels modèles choisir? Sur quels textes étudier le latin? Pour dire du premier coup toute ma pensée sur ce point, j'emprunterai les mots d'un ancien jésuite, le Père Perpinien: *Scriptores novi et recentes omnino rejiciantur. Antiqui tantum, ac ne hi quidem omnes, sed optimi quique pueris exponantur* [1]. — Je n'aurai qu'à expliquer et à développer ces paroles.

Quand nous apprenons une langue moderne, nous visons à reproduire la prononciation, le langage, le style des contemporains, sauf les défauts particuliers à tel ou tel. Un Anglais qui veut bien écrire et bien parler le français ne se mettra pas à l'école de Montaigne ou de Ronsard, il ne prendra pas la grammaire de Palsgrave ou les *Remarques* de Vaugelas. Il tâchera de constater et d'imiter l'usage des Français qui parlent et qui écrivent bien en l'an de grâce 1897. Que cette langue soit ou non plus belle aujourd'hui qu'elle ne l'était au XVIᵉ ou au XVIIᵉ siècle, ce n'est pas la question pour lui. Il vise au pratique, et le pratique est d'apprendre la langue qui se parle et qui s'écrit de son temps.

Autre est le cas pour une langue morte, que l'on étudie surtout en vue des avantages pédagogiques de l'étude. Libres d'imiter saint Grégoire ou Jornandès, Cicéron ou César, Caton ou Lucilius, il va sans dire que nous choisirons les auteurs de la belle époque, ceux de l'âge d'or. C'est même à eux que nous devrons nous attacher presque exclusivement. Autrement nous mêlerons les époques et les styles, nous coudrons ensemble les lambeaux les plus disparates, comme qui dirait du Bossuet et du Zola, du Racine et du Victor Hugo. Jamais nous n'aurons le sens de la langue, jamais nous ne pénétrerons dans l'intime de son génie. Aussi, depuis

____

1. P. J. Perpiniani *Aliquot epistolæ.* Paris, 1683, p. 114.

Lancelot jusqu'à MM. Benoist et Riemann, s'est-on plaint bien des fois du style bigarré des écoliers, que l'on laisse mêler ensemble les mots ou les tours de Cicéron ou d'Apulée, de Virgile ou de Claudien. Avec ce système on apprendra machinalement quelques règles de grammaire, on saura peut-être beaucoup de mots, on comprendra vaille que vaille un auteur. Mais l'étude n'aura jamais tous ses avantages pédagogiques : ils sont pour qui cherchera à goûter les délicatesses des modèles, à se faire une idée exacte des différences entre le bon français et le bon latin.

II

Si le choix est nécessaire même parmi les auteurs latins, comment admettre des textes arrangés ou composés par les modernes ? Je sais que plusieurs n'y voient pas d'inconvénient. Lhomond, Heuzet, etc., leur semblent aussi bons que Cicéron. Après tout, dit on, on apprend aussi bien ses règles avec le *De viris* qu'avec le *Songe de Scipion*. Quand ce serait vrai, il ne faut pas oublier que les règles de grammaire sont la moindre partie d'une langue ; il y a le tour, le style, le fond même du langage, qui échappent à nos grammaires classiques. Pourtant c'est là le capital dans l'étude d'une langue, et non la connaissance de quelques recettes qu'on applique machinalement. Il y a plus, des règles importantes sont à chaque instant violées dans ces morceaux préparés par les modernes. Le *De viris* est si incorrect qu'on a dû en faire de nos jours des éditions plus grammaticales (sinon plus latines). Le *Selectæ e profanis scriptoribus historiæ* de Heuzet, l'un des plus célèbres recueils de ce genre, est plein de fautes. On y trouve même des passages de Cicéron corrigés, je ne sais pourquoi, et corrigés de façon à rendre la phrase, je ne dis pas moins belle, mais fautive, et cela sans le moindre profit pour la clarté. Voyons, par exemple, le joli récit du livre V, ch. 26, II, p. 273 (édit. Hachette). En quatre lignes, nous trouverons deux tours non classiques (*quia legati essent*, pour *erant*, *sedem seni inter ipsos dederunt, ipsos* rapporté au sujet). Voici les deux textes : ils prêteront à d'autres remarques.

TEXTE DE CICÉRON.

Quin etiam memoriæ proditum est, cum Athenis, ludis [1], quidam in theatrum grandis natu venisset, in magno consessu locum nusquam [2] ei datum a suis civibus [3]; cum autem ad Lacedæmonios accessisset, qui, legati cum [4] essent [5], certo in loco consederant [6], consurrexisse omnes et senem illum [7] sessum recepisse [8]. Quibus [9] cum [10] a cuncto consessu plausus esset multiplex datus, dixisse ex iis [11] quemdam [12] Athenienses scire quæ recta essent, sed facere nolle.

TEXTE ARRANGÉ PAR HEUZET.

Cum Athenis quidam in theatrum grandis natu venisset ad spectandos ludos [1], in magno consessu locus ei a suis civibus non [2] est datus [3]; cum autem ad Lacedæmonios accessisset, qui certo in loco, quia [4] legati essent [5], consederant [6], consurrexere omnes, et sedem seni [7] inter ipsos dederunt [8]. Quod ubi fieri populus aspexit [9], multiplici plausu comprobavit. Tunc [10] quidam ex illis legatis [11] dixit [12], Athenienses scire quæ recta essent, sed facere nolle.

Que de différences en quelques lignes! On voit sans peine qu'elles ne sont pas en faveur du texte retouché. On pourrait chicaner sur la suppression gratuite du discours indirect, qui donne le ton à toutes ces petites anecdotes de Cicéron, qui détermine le caractère du récit et qui en fait un des charmes. Mais passons aux détails.

1) *Ludis*. Ce petit mot jeté en avant, à côté de *Athenis*, détermine dès l'abord les circonstances, et prépare *theatrum* qui va finir de nous rendre présents : la scène n'aura plus qu'à se dérouler, nous la verrons [1]. L'ordre

1. On ne saurait trop insister sur cet art heureux de présenter

est éminemment psychologique et pittoresque ; le correcteur a tout brouillé, *ad spectandos ludos* est lourd et vient trop tard, chaque trait ne se dégage plus.

2) *Nusquam*. Comme c'est plus expressif que *non !* C'est le mot précis, concret.

3) La place de *suis ciuibus* n'est pas indifférente. Devant, ces mots ne ressortent pas ; à la fin, ils se détachent. Puis c'est l'ordre des impressions : on voit le vieillard qui cherche partout une place et qui n'en trouve pas parmi ses concitoyens. Enfin ces mots font transition à la seconde partie du récit. C'est après avoir été repoussé par les siens que le vieillard cherche ailleurs.

4 et 5) Qui ne voit la différence entre *cum*, le circonstanciel de narration, qui fait entrer l'explication dans le mouvement de l'action et *quia*, la lourde particule causale, qui interrompt le spectacle pour expliquer gauchement le jeu des acteurs ? Il y a plus, avec *quia* la phrase n'est plus latine ; l'effet est à peu près le même que si vous disiez en français « *puisqu'ils* étaient ».

Relèverai-je l'ordre des mots ? *Qui legati cum essent* est à la fois plus vif, grâce au relief donné à *legati*, et plus harmonieux, grâce, au moins en partie, à la distribution heureuse des mots atones et des mots accentués. Au contraire, où est le charme de *quia legati essent ?*

6) Ici encore Cicéron a placé les mots d'après le génie latin ; le correcteur paraît les avoir jetés au hasard.

7) *Illum* est fort joli et montre, à sa manière, le respect et la déférence des envoyés lacédémoniens.

chaque circonstance à son tour, comme dans la réalité, et selon l'ordre des impressions, en allant toujours du vague au précis. Nous sommes à Athènes, aux jeux ; voici quelqu'un qui entre au théâtre, c'est un vieillard ; mais il y a foule, pas de place pour lui, et nul ne veut se déranger. Tout cela est rendu par l'ordre même des mots.

8) *Sessum recepisse*. Nous les voyons qui vont au vieillard, et le font asseoir au milieu d'eux. *Sedem dederunt* est-il latin? Je ne sais. En tout cas, l'expression éveille une idée fausse, celle d'un siège mobile qu'on présente, et non celle des gradins où les spectateurs sont assis. — J'ai déjà dit que *inter ipsos* est mauvais comme syntaxe; *inter se* ne serait guère meilleur, le sens demande autre chose.

9) *Quibus*. Ce petit mot en dit autant que l'incidente *quod ubi fieri populus aspexit*. Celle-ci contient de plus au moins deux mots impropres, *fieri* et *aspexit*.

10) Cicéron dit *tum* en pareil cas. Mais il faut noter surtout la coupe de la phrase. Cicéron a distribué les choses suivant leur importance: les applaudissements ne sont qu'une circonstance du récit, celle qui amène la réflexion finale. C'est ce qu'indique l'incidente avec *cum*. En coupant la phrase, on détruit ces effets de perspective; en outre, le mot *tunc* (pour *tum*), qui ne montre qu'un rapport de temps, ne rend pas le lien des idées.

11) Tout le monde sent comme cette phrase, *tunc quidam ex illis legalis dixit*, est lourde et gauche à côté de *dixisse ex iis quemdam*. Sans compter que *iis* est le mot propre, et non *illis*.

On voit combien ces textes arrangés laissent à désirer. Que serait-ce si, au lieu de prendre un passage où la présence de Cicéron se fait encore remarquer, nous en avions choisi un où l'auteur fût laissé à lui-même?

On dira peut-être que ce sont là des délicatesses et des subtilités au-dessus de la portée des enfants. C'est une question que je ne veux pas examiner pour le moment. Il reste au moins cette observation qu'il n'est pas d'une bonne méthode, pour apprendre une langue, de se mettre à l'école d'un étranger qui la sait fort imparfaitement, quand on a sous la main un homme du pays, qui la parle d'une manière exquise [1]. L'argument prend une force nouvelle quand on se place au point de vue pédagogique. Ce qui donne au latin sa supériorité à cet égard, c'est, en grande partie, sa perfection d'expression psychologique; c'est encore la différence, facile à constater et à réduire en formules générales, entre ses procédés ordinaires et les procédés du français [2]. En renonçant à ces deux avantages, vous n'avez plus guère de raison *pédagogique* pour préférer l'étude du latin à celle de l'anglais ou de l'allemand.

III

Voilà donc qui est acquis : c'est sur des textes latins, et sur les meilleurs, qu'il faut étudier le latin. Faisons un pas de plus. Quand on veut bien écrire en cette langue, ne faut-il pas s'attacher spécialement à un auteur? A la question ainsi posée les meilleurs pédagogues, depuis le vieux Roger Ascham, le professeur de Marie Tudor et d'Élisabeth, jusqu'à Seyffert, l'un des maîtres qui, dans notre siècle, ont le plus réfléchi sur ces problèmes délicats, répondent : « Il le faut. » Comme dit très bien Sénèque, *certis ingeniis immorari et innutriri oportet, si velis aliquid trahere quod in animo fideliter sedeat.* Ad Lucil., 2. « Ce n'est, dit Seyffert, que par l'attache étroite et ferme à un modèle unique, que l'on

1. C'est le cas de rappeler les sages prescriptions de Quintilien : *Ante omnia, ne sit vitiosus sermo nutricibus... Has primum audiet puer, harum verba effingere imitando conabitur. Et natura tenacissimi sumus eorum quæ rudibus annis percepimus... Et hæc ipsa magis hærent quo deteriora sunt. Nam bona facile mutantur in pejus; num quando in bonum vertis vitia? Non assuescat ergo, ne dum infans quidem est, sermoni qui dediscendus sit* (Instit. orat., 4, 5.).

2. J'ai insisté sur ces points dans un article des *Études religieuses.* Mai 1891, t. LIII, p. 100-119.

peut se faire un jugement net, et acquérir la sûreté du savoir et de la pratique [1] ». Concluons avec le B. Edmond Campian, grand humaniste avant de devenir un grand martyr : « *Illud est expeditissimum ut unus ponatur ob oculos, unus ad imitandum constituatur* [2]. » Il faut ajouter avec lui : *Quod si unus, quis nisi M. Tullius ?*

La chose va de soi ; car nul, je suppose, ne songerait à prendre pour modèle unique, en vue de sa formation générale et humaine, Tacite ni Tite-Live, Salluste ni César. Cicéron seul semble avoir été préparé par la Providence pour ce rôle de maître et de modèle dans le champ de la formation classique. La culture classique doit avant tout, selon le mot de Seyffert, « habituer l'esprit aux formes communes de la pensée simple et régulière [3] », elle doit s'occuper de former l'*homme*, non *tel* homme. Or qui est plus *humain*, en ce sens, que Cicéron ? Quel prosateur a dans sa prose une part si riche de fonds commun ? Qui a mieux employé ces procédés généraux et réguliers de la pensée ? Si nul n'a plus souvent écrit les mots *humanus* et *humanitas*, nul non plus n'a pu répéter avec plus de vérité le mot de Térence, qui marque si bien l'idéal où doit viser la culture humaine :

Homo sum, humani nihil a me alienum puto.

1. *Palæstra Ciceroniana*, Vorwort zu ersten Auflage, 8ᵉ édit., p. ix, Leipzig, 1883. — Toute cette préface est remarquable. Dans ce qui suit, je lui ai fait quelques emprunts, que j'aurais voulu déguiser davantage en rendant le style plus français.

2. *Tractatus de imitatione*, c. ii. — Ce petit traité est excellent. Voir aussi, dans la *Bibliotheca* du P. Ant. Possevin, la partie intitulée *De imitatione Ciceroniana*, et la belle *Rhétorique* du P. Caussin.

3. « Le singulier, le maniéré, la recherche, le bizarre, dit encore Seyffert, ne peuvent servir de fond au développement harmonieux de l'esprit, mais bien ce qui est de tous les jours, ordinaire. »

En lui la culture grecque a développé et assoupli le Romain, l'homme d'action a perfectionné le littérateur. En lui, pas de ces manières tout individuelles de voir et de dire : sa voie est la voie du sens commun, large et droite ; partout la proportion de la parole à la pensée, et de la pensée aux choses. Nul ne préserve mieux de la singularité et de la bizarrerie, nul n'enseigne mieux la manière naturelle de concevoir et d'exprimer ; nul n'est plus simple et plus réglé dans ses allures. Il n'est donc pas de meilleur exemple pour la jeunesse inégale, incohérente, affectée. En lui, pas de prétentions au-dessus des forces, jamais il ne vise plus haut qu'il ne peut atteindre. Or viser trop haut et se perdre dans les nues, n'est-ce pas le défaut ordinaire des jeunes gens ? Ils se laissent prendre aux apparences éblouissantes, et croient avoir tout fait quand ils ont déguisé la confusion et l'obscurité de la pensée sous le vain phébus et le clinquant des phrases vides.

Enfin qui mieux que lui sait développer avec plénitude et s'exprimer avec perfection ? A sa suite, le jeune homme ira jusqu'au bout de sa pensée : il saura regarder l'objet sous toutes ses faces et dire ce qu'il aura vu. Toute son âme passera dans son expression.

Concluons qu'on ne peut que gagner, dans les classes de latin, à prendre Cicéron pour principal objet d'étude, pour modèle unique de langue et de style. Pour finir par un mot du B. Campian : « Lisons les autres, imitons Cicéron [1]. »

---

1. Ma pensée n'est pas qu'on ne puisse rien emprunter aux autres (mots, expressions, procédés), ni les imiter une fois en passant. Je veux dire seulement que la langue et la grammaire de Cicéron doivent faire loi et que, dans les divers exercices d'imitation (thèmes, phrases, etc.), on doit d'ordinaire s'attacher à Cicéron ; en autres termes, Cicéron doit être l'auteur de fond, dans le cours des classes, et le type du bon latin.

LA GRAMMAIRE LATINE

Nous n'avons pas à prouver ici les avantages de l'enseignement grammatical pour la formation de l'esprit, et pour la connaissance sérieuse des langues, ni à revenir, à propos de grammaire, sur les qualités générales que doit avoir l'enseignement du latin. Il suffira de donner quelques détails sur le livre de grammaire à mettre aux mains des élèves, et sur la manière d'enseigner la grammaire.

I

UN ENSEIGNEMENT SYSTÉMATIQUE NÉCESSAIRE.

C'est une question souvent agitée, s'il faut mettre une grammaire aux mains des enfants, et si l'enseignement grammatical doit être systématique, méthodique.

1. Sur ces questions, on peut voir M. BRÉAL, *Quelques Mots sur l'Instruction publique* ; le chanoine FÉRON. *l. c.*, p. 2-60 ; ECKSTEIN *l. c.*, p. 136-172. Voir aussi les préfaces de grammaires soit latines, soit grecques. Dans beaucoup d'entre elles il y a des idées pédagogiques intéressantes. Citons celles de la *Grammaire de Port-Royal*, de M. WANDELAINCOURT, de LHOMOND, de RUDDIMAN, de MATTHIÆ, de VILLEMEUREUX, de BURNOUF, de DUTREY, de CURTIUS, de DUEBNER, de BAILLY et de CHASSANG, de KENNEDY, de SENGLER, de GUARDIA, de HAVET, de REINACH, de GÉRARD, de RIEMANN (et de l'abbé LE JAY), sans compter celle de M. Bréal à sa traduction de Bopp, celles de Chaignet à ses livres de la *déclinaison* et de la *formation des mots*.

A la Renaissance, le latin redevint comme une langue vivante, et plusieurs voulaient l'apprendre comme une langue vivante, par l'usage seul. Henri Estienne et Montaigne furent élevés de la sorte ; et l'expérience fut faite en Allemagne plus en grand.

Cependant, il y eut, dès lors, de vives réclamations. Mélanchton, en particulier, se prononça avec force, et revint avec insistance sur la nécessité d'une grammaire [1] : *Hoc te rogo per nostram amicitiam perque omnia sacra*, écrivait-il, *ut... pueros adigas ad grammaticam*. Il dit ailleurs : *Pessime de pueris merentur qui aut regulas nullas tradunt, aut certe statim abjiciunt et magnifice promittunt fore ut usu loquendi discantur constructiones. Nam illi qui non norunt regulam, etiamsi legunt exempla in auctoribus linguæ, tamen loqui non satis audent, quia non habent certam rationem ad quam dirigant compositionem verborum* [2].

Les Jésuites tranchèrent tacitement la question en enseignant la grammaire dans tous leurs collèges. A Port-Royal, on entendait les choses de la même façon : « La pensée de ceux qui ne veulent pas du tout de grammaire, disait Nicole, n'est qu'une pensée de gens paresseux... et bien loin de soulager les enfants, elle les charge infiniment plus que les règles, puisqu'elle leur ôte une lumière qui leur facilitait l'intelligence des livres, et qu'elle les oblige d'apprendre cent fois ce qu'il suffirait d'apprendre une seule [3]. » On voit qu'il faut la bonne volonté de M. Compayré pour mettre Port-Royal à l'école de Coménius [4].

1. Voir Eckstein, p. 138.

2. Ces paroles ont été prises par Ruddiman comme épigraphe de sa Grammaire latine.

3. *De l'éducat. d'un prince*, cité par M. Compayré, t. I. p. 256.

4. Jean Amos Coménius, auteur du *Janua linguarum*, refit à sa façon le *Janua linguarum* employé par les Jésuites Irlandais dans leur collège de Salamanque, et poussa jusqu'à l'excès, en rejetant

Le xviii° siècle, en France, voulut revenir à la méthode purement pratique d'apprendre par l'usage ; et cette manière de voir avait déjà ou a depuis trouvé, en Italie, en Angleterre et en Allemagne des avocats célèbres, comme Gravina, Locke, Gesner, et à sa suite Gœthe et Herder. Encore Gesner n'est-il pas si absolu qu'on l'a cru : « *Non damno grammaticam*, dit-il, *nisi in parvis qui illa non tam ornantur quam onerantur* ». Herder aussi, devenu plus mûr, retira ses anathèmes. « Comme éphore du gymnase de Weimar, dit Eckstein, p. 146, il insiste sur l'idée que l'étude sérieuse de la grammaire est de la dernière nécessité, indispensable, si l'on veut arriver à une vue claire du système de la langue, et à la facilité dans l'expression écrite. Sa pensée se résume dans le principe : Un homme qui dans sa vie n'a pas appris de grammaire n'apprend, sa vie durant, ni à parler, ni à écrire exactement, ou du moins avec sûreté ; il erre çà et là dans l'incertitude, sans fil conducteur dans le grand labyrinthe des langues et des mots. »

Chez nous, depuis la réorganisation des études classiques, au commencement du siècle, on a enseigné paisiblement la grammaire. Mais peut-être est-on retombé dans l'erreur ancienne de trop s'attacher aux règles ; car les réclamations périodiques contre la grammaire ont recommencé, et le *Plan d'études* de 1880 pousse à la réaction en adoptant le mot de Gesner, repris par Herder, encore dans sa première phase : « Il faut apprendre la grammaire par la langue et non la langue par la grammaire. »

les grammaires et les auteurs, l'idée banale que la science des mots n'est rien sans celle des choses. Comme Descartes, il a fait sa réputation en disant du mal de ses devanciers, et en exagérant une idée juste.

Pour plus de clarté, il ajoute : « On ira des textes aux règles, de l'exemple à la formule, du concret à l'abstrait » (3°), et plus loin : « On fera sortir successivement les règles des textes classiques, au lieu d'aborder ces textes après avoir presque épuisé le formulaire des règles abstraites » (6°).

Il ne restait plus qu'à supprimer les livres. Mais n'est-ce pas tomber d'un excès dans l'autre, de l'abus des règles dans ce dédain des règles, grâce auquel on n'apprend plus rien?

« Entre ces deux excès, la route est difficile. » On peut crier avec Ramus : Peu de préceptes et beaucoup d'usage, ou avec le jésuite Balbinus : *Naturam ducem sequendam esse. Modicum aliquid studii dandum est præceptis, liberandum est ingenium ab innumerabilibus scholarum legibus ; velificandum naturæ, vivendum ingenio* [1]. Encore, surtout en grammaire, faut-il des règles pour diriger la pratique.

Mais si les règles sont nécessaires pour ouvrir l'esprit et pour éveiller l'attention sur l'usage; si le commerce des auteurs ne donne que des connaissances partielles, vagues, sans ordre, passagères; il faut songer, d'autre part, que la grammaire et les règles sont pour la langue et pour les auteurs. En pratique, unissez donc la théorie et la pratique : que le précepte et l'usage, que l'explication et l'application marchent toujours la main dans la main; et rappelez-vous le mot de Quintilien : *Non obstant hæ disciplinæ per illas euntibus, sed circa illas hærentibus.*

Nous ferons donc voir aux enfants et la grammaire et les auteurs — les auteurs, mais aussi la grammaire; et cet enseignement grammatical sera méthodique, systé-

1. *Verisimilia*, c. I, p. 2.

matique: c'est le seul moyen de le rendre court et sûr, et de donner dès les débuts ce fondement solide, ces notions assurées sans lesquelles on ne peut pousser les études [1]. Ainsi nous mettrons une grammaire aux mains de nos élèves.

II

COMMENT SERA FAITE LA GRAMMAIRE?

Nouvelle matière à discussion sans fin.

Pour nous, la question est secondaire. Car c'est le professeur, non la grammaire, qui donne à la classe son caractère et sa valeur.

Certains points cependant méritent un examen spécial.

1° Est-il si absurde de donner aux enfants une grammaire latine en latin?

On sait, sur ce point, les vicissitudes de la pratique. Même après que le P. de Condren eut fait, pour les écoles de l'Oratoire, une grammaire latine en français, même après Port-Royal et tous les essais qui suivirent, les grammaires en latin gardèrent des partisans, et jusqu'en 1880, époque de leur expulsion, les Jésuites firent apprendre, dans plusieurs de leurs collèges, un Alvarez

1. Sur cette question d'un enseignement méthodique de la grammaire ainsi que sur celle des grammaires en latin, et en général sur les prétentions des novateurs du xviii° siècle reprises par les novateurs du xix°, voir un joli discours du savant jésuite Lagomarsini, qui a tant travaillé sur Cicéron, et que les malheurs des temps ont seuls empêché d'en donner une sérieuse édition critique. *Hier. Lagomarsinii s. j. Orationes septem*, editio 6°, Romæ 1753. Oratio II. *Pro grammaticis Italiæ scholis*. Habita Florentiæ IV Idus Januarias, 1735.

latin remanié pour les enfants. La *Revue critique*, il est
vrai, les accusa d'archaïsme, modérément du reste, et
comme il convenait à Thurot [1]; on leur jeta à la face le
mot de Sainte-Beuve qu'ils faisaient « passer l'enfant
par l'inintelligible pour le conduire à l'inconnu [2] ». Aujourd'hui, la cause des grammaires en latin paraît
définitivement perdue. Après tout, on ne voit pas que
les études latines y soient si fort intéressés.

Il faut dire pourtant que les raisons d'obscurité et de
difficulté sont peu solides. On oublie toujours que le
professeur est là pour expliquer, pour éclairer ; de plus
la traduction française était souvent mise au bas des
pages, pour les commençants. Ainsi les inconvénients
disparaissaient. Les avantages n'étaient pas à dédaigner. D'abord, comme le réclament si vivement les
novateurs, on avait là un premier exercice immédiat
d'application et d'usage, pas plus ennuyeux, après tout,
que ces phrases détachées et si souvent insipides, sur
lesquelles on arrête à présent les élèves. Ensuite, l'effort
même pour apprendre et pour comprendre fait mieux
entrer la règle dans la mémoire et dans l'intelligence ;
ajoutez que la phrase latine a généralement une forme
plus définie, plus moulée, grâce à laquelle elle se fixe
mieux. Enfin la grammaire en latin amène l'usage du
latin en classe, comme la grammaire en français amène,
presque sans faute, l'usage du français. Or, nous
l'avons vu, il y a de sérieux avantages à parler latin en
classe.

Aussi bien, il suffirait d'interroger les faits. Sait-on

1. *Rev. crit.*, 1872, p. 16.
2. Port-Royal, t. III, p. 517. Le fameux Gravina avait dit dans le
même sens : *ila obscura per obscuriora panduntur... quid absurdius quam petere lucem a tenebris,* etc. *Oratio I de Instaur. studiorum,* cité par le P. Lacordaire, *Orat. II,* p. 30.

mieux sa grammaire, depuis qu'elle est en français?
Les enfants gardent-ils de leur Lhomond ou de leur
Sengler français le souvenir affectueux que plus d'un,
je le sais, a gardé de son Alvarez latin [1]?

2° La question des exemples.

Et d'abord, vaut-il mieux les prendre dans les auteurs, ou les forger exprès, courts et faciles, comme a
fait le jésuite chez qui Lhomond a puisé les siens [2]?

Aujourd'hui, on revient généralement aux exemples
pris dans les auteurs; et cela semble mieux. Ainsi
l'exemple est latin, il a de l'autorité, il met quelque
peu en contact avec les auteurs.

Je voudrais, pour les mêmes raisons, que l'on donnât
le nom de l'auteur, et, qu'après la règle, on citât in
extenso, ou à peu près, la phrase qui fournit l'exemple [3].
Ainsi a fait Alvarez, et il a raison. Cela met en pays latin,
cela donne de bonnes tournures : l'enfant s'intéresse à
l'exemple, surtout si, à l'occasion, on lui indique le contexte; il est tout heureux de le retrouver, à l'improviste,
comme une vieille connaissance dans un pays étranger.
Enfin, on pourra montrer ou faire trouver, dans un
exemple connu, l'application d'une règle nouvelle que
l'on vient d'exposer [4], ce qui habitue à grouper ses connaissances et à en tirer parti.

On ne ferait pas, du reste, apprendre toute la phrase,
mais seulement la partie qui convient à la règle; cette

---

1. Les Anglais ont conservé jusqu'à ces derniers temps dans
plusieurs de leurs collèges, et notamment à Eton, la grammaire
grecque en latin du Bishop Wordsworth.

2. Voir Le collège Henri IV, par le P. DE ROCHEMONTEIX, t. III,
p. 174, et aussi la Grammaire latine du P. SENGLER, Préface.

3. J'irais même jusqu'à indiquer les références.

4. Il ne faudra pas cependant prendre le même exemple typique
pour plusieurs règles : il y aurait confusion.

partie seule serait mise en titre, des italiques la feraient ressortir dans la phrase *in extenso*.

A ce compte, on comprend qu'un seul exemple suffira pour chaque règle, au moins dans le texte.

Il serait à désirer qu'il offrît un beau sens, digne d'occuper la mémoire, et facile à y graver. Les vers sont particulièrement favorables à cet effet; mais, comme il vaut mieux, dans les débuts, ne prendre que Cicéron pour modèle, il semblerait préférable de choisir chez lui, au moins d'ordinaire; il est riche, du reste, en pensées saillantes.

On a vivement attaqué l'habitude générale de rappeler brièvement la règle par l'exemple, et d'insister sur l'exemple [1]. Mais je ne vois pas de mal dans un moyen si rapide et si commode.

3° Les règles et les exceptions, les explications et les applications.

Avant tout, il ne faut pas regarder la grammaire de collège comme un recueil de tous les phénomènes: il suffit de marquer les tendances générales de l'expression latine. Si vous croyez utile d'indiquer les exceptions, donnez-les comme à lire ou à consulter, non comme à apprendre par cœur. Sans doute, le professeur seul peut faire parfaitement le départ du nécessaire et de l'accessoire. Mais on peut l'aider.

Il y aura donc, dans la grammaire deux parties : le texte et les notes; et il faut, autant que possible, les distinguer aux yeux par l'impression, par la disposition, tout au moins par un signe [2].

---

1. *Quelques Mots...*, par M. BRÉAL, p. 168. M. Bréal, si sympathique aux méthodes allemandes, oublie ici que les Allemands font comme nous.

2. Le R. P. GERARD, dans sa *Stonyhurst latin grammar*, dispose la

Le texte sera court, comme il doit l'être, s'il ne contient que les paradigmes réguliers, les règles générales de la syntaxe cicéronienne, et peut-être quelques exceptions d'usage continuel. A quoi bon surcharger la mémoire d'un tas de mots qui ne se présentent presque jamais ou qu'il faut éviter, de règles particulières sans application? En un mot, ne faites apprendre que le nécessaire, n'imposez comme loi que le parfait. Ainsi la grammaire sera courte et vous pourrez la faire apprendre.

Il suffira de faire remarquer les exceptions et les particularités quand elles se présenteront dans les auteurs. Rien n'empêche même de les consigner dans la grammaire, mais en note. Peut-être serait-il encore meilleur de grouper en quelques pages les principales différences entre la langue et la syntaxe de Cicéron et de César, et celle des autres auteurs, prosateurs ou poètes. Il faut, en général, laisser aux dictionnaires ce qui est propre à tel ou tel terme particulier.

Peu de règles, mais précises et d'application visible. Défiez-vous de ces grammairiens qui ramènent tout à trois ou quatre règles générales, lesquelles, comme dit Ruddiman, conviennent presque aussi bien à toute autre langue. *Has quidem regulas*, ajoute le grammairien écossais, *discentibus proponi haud reprehendo, sed iis perpetuo atque unice inhærere, ceterasque quæ linguæ Latinæ propriæ sunt eamque ab aliis linguis distinguunt plane omittere nihil propemodum aliud est quam linguam quamdam imaginariam, et quæ nusquam gentium est, pro Latina nobis procudere.* Præf., XXII.

syntaxe de façon que le texte soit sur une page, les notes sur la page en face. Il y a en anglais d'excellents résumés de grammaire latine ou grecque sous forme de tableaux synoptiques. Mais, comme le remarque Lancelot, les tableaux sont utiles quand on sait, non pour apprendre.

Ne l'oublions pas : l'enfant comprend un principe général, quand on le lui montre dans un fait; mais espérer qu'il saura se diriger dans les cas particuliers à la lumière de ces grands principes généraux, chimère.

Donnez-lui donc, faites-lui voir la raison des choses, mais en la montrant transparente dans un fait visible et concret.

Ces principes et ces explications seront mieux en note. Au professeur de les signaler à l'occasion.

Ne surchargeons pas non plus la grammaire d'applications à faire, ni d'exercices. Ils ont au moins le tort grave de faire supposer au professeur que ces applications et ces exercices suffisent, et que lui n'a plus rien à faire. Si vous voulez que l'élève ait un recueil d'exercices, donnez-lui un livre spécial. Je ne sais rien de mieux en ce genre que les *Exercices sur la grammaire* du P. Janssens, par le P. E. Bauwens[1].

Un mot enfin de la rédaction. Autrefois, on la faisait en vers, ou bien en vers d'abord et en prose ensuite. Ainsi, dit Ruddiman, qui emploie le second système, on parle à la fois à la mémoire, qui retient mieux le vers, et à l'esprit, qui comprend mieux la prose. Eckstein ne rejette pas les vers, pourvu, dit-il, qu'ils ne soient pas purement mécaniques.

Chez nous, les rédactions en vers semblent décidément abandonnées : le français s'y prête mal, et elles ont je ne sais quoi de convenu qui empêche l'enfant de voir le sens. Tout au plus, pourraient-elles servir pour les listes d'exceptions; mais on peut contester l'utilit

---

1. Les *Premiers Exercices latins* de M. Ragon n'avaient pas paru quand j'écrivais ces lignes. Ils sont pour les commençants. L'auteur a voulu être facile et obvier aux pertes de temps en mettant sous la main tous les secours nécessaires. Je crois qu'il a réussi.

d'apprendre par cœur ces kyrielles de mots, souvent baroques [1].

4° *Une grammaire ou plusieurs ?*

Vaut-il mieux avoir une seule grammaire pour tout le temps du collège, ou deux grammaires, l'une plus élémentaire pour les petites classes, l'autre plus développée et plus approfondie?

Les avis sont partagés, mais il y a, ce me semble, de sérieux avantages à n'avoir qu'une grammaire. L'enfant se familiarise avec son livre, il le connaît à fond, il le consulte à coup sûr et sans perte de temps; en voyant du nouveau, il revoit l'ancien avec plaisir, et affermit ses notions. En un mot, l'unité de livre garantit mieux l'unité et la gradation de l'étude et de l'enseignement.

On peut du reste assurer au livre composé en vue de toutes les classes les avantages d'un livre élémentaire en distinguant nettement les parties fondamentales. L'enfant, il est vrai, est d'abord effrayé par un gros livre; mais vite il prend plaisir aux grandes enjambées qu'on lui fait faire par-dessus les pages ou les demi-pages dont il n'a pas à s'occuper [2].

1. M. S. REINACH, dans sa *Grammaire latine*, voudrait revenir aux moyens mnémotechniques et aux rédactions versifiées. Mais il n'a pas eu la main heureuse en prenant tels quels les vers allemands de Zumpt sur le genre des noms, vers qu'Eckstein juge fort mauvais. *Lat. und Gr. Unt.*, p. 165.

2. M. Reinach a trouvé plus à propos de mettre, comme il dit, plusieurs livres sous une couverture, et donne, à la suite, comme deux ou trois cours de degré différent. Mais cet arrangement amène des redites, des renvois sans fin, une certaine confusion; il ne laisse pas non plus au professeur assez de latitude dans la distribution des leçons. Les cours de grec publiés chez M. A. Colin sont en plusieurs volumes, mais le plus élémentaire est reproduit intégralement dans le suivant.

5° *Les données linguistiques.*

On a beaucoup discuté jusqu'à ces dernières années sur la part à faire aux données linguistiques dans une grammaire de classe. Le mieux serait une solution pratique, tranchant la question par un chef-d'œuvre qui emportât tous les suffrages. Jusqu'ici nous avons de bons essais, mais pas le chef-d'œuvre.

Sans entrer dans le vif du débat, quelques remarques suffiront à notre but.

Autre chose est de donner des notions linguistiques dans l'enseignement, autre chose de les faire apprendre dans un livre. Autre chose encore est de profiter des données linguistiques pour éviter l'inexactitude et l'erreur, autre chose de donner des notions positives sur ce sujet.

Pour ne parler ici que du livre de classe, le mieux est peut-être de donner en note ou en appendice quelques notions exactes, courtes et claires sur la phonétique, sur la flexion et sur la formation des mots. Le reste serait laissé à l'enseignement oral, et au tact du professeur. En tout cas, il ne convient pas d'accumuler dans un livre de classe les hypothèses et les discussions, qu'on ne peut guère éviter dès qu'on entre dans les détails ; la linguistique, dans une grammaire de classe, doit avoir un rôle surtout négatif, ou plutôt, pour employer le mot heureux de M. Bréal, elle doit être surtout *latente*. Son influence doit se faire sentir partout dans les classifications, dans la disposition matérielle des éléments formatifs et dans la manière de les dégager, enfin dans toutes les explications nécessaires sur la formation des mots, sur les suffixes de déclinaison et de conjugaison, etc. ; mais qu'elle soit discrète et toute en vue du but pratique. Bref, que la linguistique intervienne pour substituer aux explications fausses et aux procédés artificiels des vieilles grammaires des remarques justes et des secours fournis par l'étude exacte des faits. Ce sera déjà un service immense.

6° *Les notions de style.*

Reste une dernière question : jusqu'où est-il bon de donner des notions de style dans une grammaire de classe?

D'abord, il est certain que le professeur doit attirer l'attention sur le style latin, sur les ressources comparées des deux langues, sur les différences de génie et de procédés, sur tout cet ensemble de caractères qui distingue le latin du français, et sur les moyens de faire l'équivalence.

Mais ce but ne s'atteint pas par quelques notes ou par quelque recueil de Gallicismes, qu'on trouve, aussi bien dans Quicherat.

D'autre part il ne me semble guère utile de mettre des *Stylistiques* [1], comme on dit, aux mains des enfants, à

---

1. Les Allemands ont de bons livres en ce genre. La *stylistique* de NÆGELSBACH, en particulier, et les traités de SEYFFERT (*Palæstra ciceroniana, Scholæ latinæ*) sont excellents pour les professeurs. Pour les élèves, on recommande surtout F. A. HEINICHEN, *Lehrbuch der Theorie des lateinischen Stils*, et BERGER, dont le livre, un peu remanié, a été traduit en français (*Stylistique latine*, Klincksieck).

Les Anglais sont moins riches. Cependant ils ont utilisé les Allemands avec le talent pratique et l'art d'adaptation qui leur sont ordinaires. Ainsi sur le modèle surtout de Heinichen, A. W. Potts a donné, en 1869, un excellent petit volume de 126 p. in-12. (London, Macmillan, 2ᵉ édit., 1878). Je ne dis rien de E. A. ABBOTT, *Latin Prose*, qui me semble par trop élémentaire, ni des *Elegantiæ latinæ linguæ* de VALPY (1837), ouvrage encore intéressant, quoique vieilli. Mais il faut indiquer les introductions à leurs cours de thèmes : elles contiennent souvent d'excellentes indications de syntaxe et de style, p. e. celle de BRADLEY, *Aids to writing Latin Prose* (Rivingtons, London, edited by Papillon, 1884); et celle de H. MUSGRAVE WILKINS, *A manual of Latin Prose Composition* (11ᵗʰ edit. 1877, Longmans, London), pour le grec, celles de SIDGWICK : *A first greek writer,*

moins que ce ne fût pour le travail particulier.

Ici, c'est-à-dire dans ce que l'étude du latin a de plus intime et de plus profond, et par conséquent de plus profitable, c'est le professeur seul qui peut enseigner et diriger; tout y dépend de son savoir.

Aussi bien, même dans le domaine de la stricte grammaire, c'est encore à lui que revient le principal rôle. Car si c'est quelque chose d'avoir un bon livre, il importe surtout d'avoir un bon enseignement [1].

Introduction to Greek composition, et *Lectures on Greek Exercises* (Rivingtons, London).

En France, on avait aussi autrefois des traités de style et *d'élégance* comme on disait. Ils sont en général bien pratiques et bien entendus. Je connais: *Elegantia latinæ linguæ*, ab uno e Soc. Jesu, in-18 de 145 p., Schelestad, 1754. Ce petit volume a sans doute servi de modèle au *Traité de l'élégance et de la versification latine* (Lyon, Rusand, 1816, in-18 de viii-134 p.: l'auteur doit être le P. Loriquet), qui n'est pas sans mérite non plus. *La Prose latine* de M. l'abbé Reniez (Belin) est bonne aussi, mais on y voudrait plus d'exemples latins, surtout de Cicéron. Les *Observations sur les exercices de traduction*, adaptées de l'allemand par M. Antoine (Klincksieck), 36 p. in-12, peuvent être utiles, malgré leurs défauts.

Ce serait peut-être le lieu de signaler les divers traités sur certains points de style, par exemple, sur les *Particules* (Tursellini *Particulæ*, Hand *Tursellinus*, Seyffert *Scholæ latinæ* I, etc.) et les grammaires spéciales de tel auteur (de Tite-Live par Riemann, de Tacite par Gantrelle, etc.), ainsi que les dictionnaires de Cicéron, de César, etc., l'*Antibarbarus* de Krebs (6ᵉ édit. par Schmalz, Bâle, 1887-1888, 2 vol. in-8°.) Mais tous ces livres sont pour le professeur, qui apprendra par expérience à les connaître et à en tirer parti.

1. On connaît les principales grammaires latines en français qui peuvent aider le professeur. Celles de Burnouf et de Dutrey seront utiles encore; celle de Madvig (Didot) est sérieuse et pénétrante, pas toujours claire; celle de M. Ferdinand Antoine est plus complète et d'usage commode; celle de Riemann (Klincksieck) est particulièrement exacte et précise; celle de Guardia est une forêt touffue et désordonnée, mais qui sait s'y diriger y fait bonne prise; celle de Reinach est riche en indications bibliographiques; celles de Janssens et de Gantrelle sont très bonnes, mais un peu hautes pour des élèves sans être *savantes*.

III

L'ENSEIGNEMENT GRAMMATICAL.

Il faut distinguer l'enseignement systématique, qui se fait surtout d'après le livre, et l'enseignement d'occasion qui se fait sur les devoirs, sur les explications, etc.

Entendons-nous d'abord sur cet enseignement systématique.

Il va sans dire que le professeur garde ses droits sur le livre pour redresser, pour ajouter, pour omettre, pour expliquer, etc. Mais il y a plus. Le livre dispose ordinairement les notions d'après les rapports des choses, d'après un certain ordre logique ou scientifique. Et c'est ce qu'il y a de mieux à faire en général. Les déclinaisons viennent d'abord, puis les conjugaisons, puis la syntaxe d'accord, la syntaxe des cas, la syntaxe du verbe, etc. L'exception se place naturellement à côté de la règle, le cas particulier à côté du principe général.

Le professeur procède autrement. Il vise à mettre au plus tôt l'élève en état de manier le latin, de faire un thème, une version. Il fera donc voir au plus vite l'indispensable sur la déclinaison, la conjugaison, les temps, les modes. Dès la première année de latin, l'enfant doit avoir vu la grammaire dans ses grandes lignes. La *matière générale* ne sera pas notablement différente en seconde année, mais on reverra, on expliquera, on donnera des détails, des exceptions, c'est le *degré* qui change [1].

Chaque année on apprend quelque chose à fond et méthodiquement ; mais on touche déjà, soit méthodi-

1. On appelle cette méthode la méthode *concentrique.*

quement, soit d'occasion, à des sujets qui seront approfondis plus tard.

Quand donc nous parlons d'enseignement systématique d'après le livre, il s'agit simplement du travail suivi d'après le programme de l'année ou d'après le plan du professeur, en un mot, de la leçon de grammaire.

1. — *Préparation et récitation.*

La leçon de grammaire doit d'abord être préparée. Il faut que l'enfant ait *vu* et *compris* en classe ce qu'il doit apprendre à l'étude.

Le mode de préparation peut varier beaucoup dans les limites de la saine méthode. L'important est qu'il y ait préparation.

La récitation sera généralement courte, sauf les cas de répétition ou d'application écrite. Il faut toujours s'assurer que l'enfant a compris; d'autre part, la récitation mot à mot des règles principales a de grands avantages, surtout dans les basses classes. Rien n'empêche de faire donner la règle sur l'exemple écrit au tableau. Pour les déclinaisons et les conjugaisons, les procédés de récitation peuvent varier beaucoup.

2. — *Répétition.*

Il va sans dire que les répétitions sont nécessaires si l'on veut que les notions entrent et restent : répétitions de semaine, répétitions du mois, répétitions du trimestre, du semestre et même de l'année; répétitions annoncées et préparées, soit en classe, soit à l'étude, répétitions à l'improviste.

C'est ici surtout que le professeur aura soin de varier et de faire appel à toutes ses ressources, et à tous les ressorts de l'émulation, de l'entrain, de l'intérêt: Il faut — on me pardonnera le cliquetis des mots — qu'en répétant sans cesse, il ne se répète jamais.

On connaît les différents moyens de faire la répétition que j'appellerai de mémoire [1]; mais il y a une répétition de réflexion et d'intelligence dont on pourrait, ce me semble, tirer grand parti. Elle consiste à montrer les mêmes choses sous un jour nouveau, soit en les groupant, soit en les éclairant par des explications appropriées. Voilà qui rend la répétition nouvelle et intéressante, voilà qui éveille l'esprit et qui aide puissamment la mémoire, voilà qui apprend à grouper les notions et à regarder. Quelques exemples.

Je suppose qu'on ait étudié en syntaxe latine les questions de lieu, et qu'on ait vu d'abord la question *ubi*, puis la question *quo*, puis la question *unde*, puis la question *qua*. En répétant, nous suivrons une autre marche : on construira le même mot ou la même série de mots à toutes les questions : *Egnatius Romæ est, Romam venit, Roma egressus est*, etc. : puis *in urbe est, in urbem venit*, etc. ; ou bien encore on rapprochera la construction des substantifs de celle des adverbes de lieu : *Hinc egredere, egredere ex urbe, egredere Roma ; eo te confer, confer te Syracusas, in Siciliam, ad Masinissam*, etc.

Ainsi encore, après avoir vu l'emploi des modes selon la nature des propositions, vous étudierez le mode avec telle particule et telle autre : *ut, cum, qui*, etc. ; vous grouperez tous les emplois d'une particule, montrant, si c'est possible, comment ils se rattachent au sens fondamental, et dégageant la raison du mode employé. Quelquefois même, on pourra charger les élèves de faire le groupement ou de classer les exemples dans des cadres bien tracés.

1. Voir les *Causeries* sur l'*Art d'interroger*, sur la *Coopération des élèves*, sur l'*Exercice*.

Ou bien encore, la répétition se fera par comparaison avec le français ou avec le grec, ou avec l'un et l'autre. Je ne sache pas de moyen plus efficace pour entrer dans le fond des choses grammaticales, et pour familiariser avec les ressources et le génie de la langue. Ainsi l'enfant devient vraiment maître de son sujet.

On voit du même coup le profit qu'on peut tirer des notions de linguistique et de grammaire comparée, et le rôle qui leur convient. Elles ne font pas apprendre, mais elles expliquent, elles aident à retenir, elles forment à observer, à réfléchir, à se rendre compte ; elles donnent à l'esprit quelque chose de la rigueur et de l'exactitude mathématiques [1]. Mais il ne faut pas qu'elles prennent trop de place dans l'enseignement, ni une place indépendante de la grammaire pratique. Elles ne sont nulle part aussi bien que dans les répétitions [2].

1. A une condition pourtant, c'est que le professeur soit prudent et soit lui-même très au courant. S'il ne sait qu'à moitié ou s'il manque de prudence et de mesure, il mettra les enfants sur une pente mauvaise et fort glissante.

2. Sur la part à faire aux données linguistiques dans l'enseignement secondaire, M. V. Henry fait quelques sages réflexions en ce sens dans la Préface de son beau *Précis de grammaire comparée de l'anglais et de l'allemand*, p. VII sqq : « On n'apprend point la grammaire usuelle par la méthode comparée, mais par les procédés empiriques du bon vieux temps, en retenant des règles, en récitant des paradigmes, en analysant des propositions. » Mais ne peut-on pas s'aider de la linguistique? Et dans quelle mesure le professeur peut-il en faire usage? « Je l'en laisse volontiers juge, répond l'auteur ; car j'aurais mauvaise grâce à m'immiscer dans une question de pédagogie aussi délicate. Mais autant il va de soi que l'enseignement d'une classe... proscrira toujours les spéculations de la science pure, aussi peu s'ensuit-il, ce me semble, que quelques digressions courtes et simples d'histoire et de méthode comparative ne doivent de temps à autre l'éclairer et le vivifier. » Aux élèves « qui savent ou apprennent à la fois l'anglais et l'allemand... un rapprochement discret et sûr, — une de ces étymologies qui laissent entrevoir l'étonnant mystère de la vie des mots, la constatation d'une concordance cons-

3. — *Application.*

Si la répétition est importante, l'application ne l'est pas moins, ou plutôt l'application n'est qu'une sorte de répétition complétant le savoir, fixant les notions et habituant à s'en servir.

L'un des grands torts de l'enseignement grammatical chez nous est d'être trop peu appliqué ; cependant pas de vrai savoir sans cela. Les moyens, ici encore, sont des plus variés [1].

Ce sont d'abord les exercices sur des règles données : exercices oraux ou écrits, exercices de classe ou d'étude. Pour cela, il convient que le professeur ait sous la main des séries d'exemples, généralement choisis des auteurs [2]. Il pourra d'abord y faire reconnaître l'appli-

tante comme celle de *th* anglais et *d* allemand à l'initiale, l'esquisse de l'expansion anglaise de l'indice du génitif, la collation littérale de tel verbe fort dans les deux langues — peut faciliter même la mnémo-technie usuelle et vulgaire, tout en ouvrant à leur jeune curiosité des horizons encore inconnus. »

« L'esprit réfléchi, dit l'auteur en finissant, trouve satisfaction à pouvoir s'expliquer à tout moment, par l'histoire suivie et l'évolution naturelle d'un langage, ses préceptes les plus minutieux et, en apparence, les plus contradictoires. » Je n'ajoute qu'un mot. C'est un puissant appel non seulement à la curiosité, mais aussi à l'esprit de recherche et de réflexion, que ces remarques discrètes éclairant comme d'une traînée lumineuse les mouvements les plus bizarres et les plus capricieux de l'usage pour y montrer un ordre caché, des lois délicates.

1. On trouvera plus loin (*Divers exercices de latin*) des indica-tions et des exemples qui ont trait au même sujet.

2. J'ai déjà indiqué les *Premiers Exercices latins* de M. Ragon (Poussielgue) et la collection du P. Ev. Bauwens : *Exercices sur la Grammaire latine du P. Janssens*, 3 vol. Bruxelles, Polleunis. On peut se servir également de ceux de Dutrey (Hachette), ou de Pessonneaux. Un auteur anglais, Bradley, a aussi recueilli des exemples (*Latin Prose Exercises*, London, Rivingstons), mais sans dire l'auteur ; tous les verbes sont à la première personne du singulier, tous les noms au nomin. sing., mais la traduction anglaise est en face ; l'ordre des mots est gardé. Il existe bien d'autres recueils de ce genre.

cation de la règle, les faire traduire en français, puis
remettre en latin — un exercice servant ainsi de préparation à l'autre, la version au thème, le travail oral
de la classe, au travail écrit de l'étude. Rien ne vaut
pour cet exercice les exemples déjà vus dans les auteurs
ou dans la grammaire.

D'autres fois, au lieu d'exemples multiples, on prendra une petite phrase qu'il faudra varier de façon à y
appliquer plusieurs règles, ou bien ce seront de petites
phrases à faire sur le modèle d'une phrase donnée :
il faudra d'ordinaire, au moins dans le devoir oral,
que le professeur indique lui-même l'idée. On pourra
aussi faire bâtir de petites phrases avec des mots
donnés.

Notez que beaucoup de ces petits exercices peuvent
servir aussi bien pour les formes que pour la syntaxe.
Seulement le professeur ne devra pas donner ce que
l'enfant ne peut savoir encore. Il est désirable aussi
que l'élève apprenne au plus tôt *sum* et *amo*, ainsi que
les grandes règles de la concordance et des compléments, pour être en état de faire dès les débuts de petits
thèmes grammaticaux et de petites versions grammaticales.

Un autre genre d'application consiste à trouver et
recueillir des exemples pour une règle. .

Travail à faire en classe quand on a déjà vu dans
l'auteur ou dans la grammaire une phrase qui confirme
la règle nouvelle : si les exemples vus sont nombreux,
chacun, autant que possible, devra donner le sien.
Outre le profit grammatical, cet exercice est très utile
pour la formation : il habitue à tirer parti de ce qu'on
sait, à trouver des faits pour confirmer une doctrine.
Le professeur devra naturellement montrer la voie et

sera surtout attentif à faire voir dans les explications nouvelles l'application des règles du jour ou de la veille. Un bon moyen est de faire réciter la règle à propos de l'exemple nouveau.

Travail à faire en étude sur un ensemble de règles, pour lesquelles on devra trouver des exemples soit dans un texte déjà vu qu'on relit, soit dans un texte qu'on lit ou qu'on traduit pour la première fois. Les exemples ainsi recueillis pourront être proposés à l'exercice de classe par l'un des collectionneurs. Il n'est pas nécessaire que tous portent leur attention sur le même point; le professeur distribuera la besogne ; en classe on mettra le butin en commun ; les diligents se trouveront assez récompensés de leur travail, s'ils peuvent convaincre leurs camarades de négligence ou de distraction.

On pourra aussi faire expliquer dans un thème ou dans une version, ou faire marquer par un signe les applications de telles règles qu'on est en train d'étudier.

Vous voyez comme se mêlent sans cesse et partout le précepte et l'application, le maniement pratique des exemples d'après la règle, et le rappel continuel de la règle pour expliquer les faits.

Ainsi l'enfant apprendra ses règles et saura les appliquer comme sans y penser; il s'intéressera à la classe; son besoin d'activité, ses instincts de collectionneur seront satisfaits. Chacun pourra faire sa petite grammaire en exemples, qu'il écrira sur un cahier, en face des exemples de sa grammaire préalablement transcrits et numérotés.

Tous ces travaux faits pour aider à la connaissance du livre finiront par le rendre inutile ou à peu près. Les notes mêmes pourront périr, la grammaire est entrée dans l'esprit et dans les habitudes de l'enfant.

4. — *Remarques et travaux d'occasion.*

Le profit sera doublement assuré si les remarques et les exercices d'occasion viennent au secours des remarques et des exercices méthodiques et systématiques.

Car l'enseignement grammatical ne se borne pas à la leçon de grammaire : un devoir donné, une faute où l'on est tombé rendent certaines explications nécessaires; à plus forte raison, l'explication de l'auteur en classe : il faut relever les faits grammaticaux propres à éclairer le texte, il faut rendre compte des principaux usages. Ces remarques d'occasion serviront à revenir sans cesse sur le passé pour raviver les souvenirs et affermir les connaissances; elles prépareront aussi l'enseignement ultérieur, en attirant dès à présent l'attention sur des faits qui deviendront ensuite matière de leçons méthodiques.

Ainsi tout s'unira dans la classe par la répétition et par la préparation, ainsi l'enfant avancera peu à peu sans jamais être dépaysé, surtout si on a soin de lui formuler la règle à peu près dans les termes du livre.

Ce n'est pas assez des remarques qui se présentent : des exercices analogues à ceux que nous avons signalés plus haut peuvent se faire aussi sur l'auteur que l'on voit en classe, sur un devoir. On dira et l'on fera dire pourquoi tel mot et non tel autre, pourquoi tel tour, telle construction. Ici la comparaison de phrases semblables dans leur structure, mais différant par l'emploi du temps, du mode, du cas, sera particulièrement utile pour faire entrer dans les nuances les plus intimes de la pensée [1].

1. M. Roby, dans sa *Latin Grammar for schools*, a eu l'heureuse idée, pour expliquer l'emploi des modes, de mettre en face les phrases analogues dont le mode est différent, l'indicatif d'un côté, le subjonctif de l'autre.

Mais ces études et cet enseignement d'occasion ne se bornent pas à ce qui est expliqué dans le livre de grammaire. L'enseignement grammatical est plus vaste et plus large, il embrasse tout le domaine de l'expression. Le professeur devra faire entrer dans l'intime de la langue et de ses procédés, éclairer jusqu'au fond l'auteur qu'il explique. Matière immense d'observations intéressantes et d'exercices intelligents. J'en signale quelques-uns.

Études et exercices de mots, groupements par familles ou par séries, d'après la racine ou les suffixes, étude du sens dans son développement et ses transformations dans les divers mots de même famille, ou dans le même mot à diverses périodes, et cela soit dans une même langue, soit dans des langues parentes; groupements d'après le sens, en dégageant les rapports et les différences entre synonymes; recherche du mot propre, le seul qui convienne dans la circonstance, du mot expressif, du mot imagé.

Étude des sens ou des emplois d'un mot, *sum*, *habeo*, *utor*, *laboro*, *nomen est*..., d'une classe de mots (comparatifs, mots en *tor*, en *tio*, le passif...); d'un procédé grammatical (interrogation, apposition; attraction, ellipse), d'un procédé de style (accumulation, *asyndeton*, *polysyndeton*...), etc.

Étude des ressources de la langue pour rendre par les mots, par les formes grammaticales, par des expressions, telle idée, tel sentiment, tel procédé littéraire.

Indications sur le développement de la syntaxe et comparaison avec d'autres langues.

Indications sur le génie et les caractères propres de la langue comparée avec le français ou avec toute autre langue connue; ainsi que sur la part des influences particulières, dans le style de la poésie, chez tel auteur, etc.

On voit que le domaine est immense et merveilleusement riche, pour qui le connaît un peu [1]. Le professeur n'a pas à mener l'élève partout; mais il faut qu'en le guidant à travers les auteurs, il les lui fasse comprendre et goûter, lui signale leur caractère et leur génie, lui montre en quoi ils se rapprochent, en quoi ils s'éloignent du génie et du caractère de la langue et des auteurs français.

Et tout cela se fera sur un texte concret qu'on regarde, qu'on analyse, qu'on manie de toutes les façons. Or on n'y réussit pas avec quelques vagues notions *a priori*, et quelques phrases convenues sur la logique et sur l'admirable raison du langage [2]. Il faut une science sérieuse pour ne rien dire que de juste et d'exact, pour ne se perdre ni dans les considérations nuageuses, ni dans les détails confus. C'est ici surtout que, selon le mot de M. Gréard, un bon professeur se fait reconnaître moins encore à ce qu'il dit qu'à ce qu'il ne dit pas. Mais encore faut-il dire quelque chose, encore faut-il mener l'élève en avant et ne pas le faire piétiner éternellement sur le même exercice routinier, sur les mêmes règles machinales.

La grammaire bien enseignée montre partout, dans les mots, l'âme vivante et agissante; c'est une continuelle analyse logique ou plutôt psychologique, et non ce recueil aride de préceptes abstraits qu'on se figure souvent.

---

1. Nägelsbach, *Latein Stilist.*, insiste avec raison sur la nécessité de cette science théorique et pratique (*Kennen und Können*) pour un professeur. Sans elle, toutes les prescriptions pédagogiques seront insuffisantes.

2. Les langues sont affaire de psychologie bien plus que de logique; l'esprit s'y met tout entier, avec ses défauts comme avec ses qualités.

Or bien enseigner la grammaire, c'est faire apprendre l'usage et en rendre compte, c'est faire comprendre à fond les grands auteurs; c'est former l'enfant à pousser lui-même ces études et ces observations; c'est lui apprendre à imiter dans le domaine de l'expression les grands maîtres qu'il étudie.

A ce prix, l'étude grammaticale sera vraiment formatrice, et préparera des hommes qui sachent voir, penser et dire.

LA PRÉLECTION LATINE

A qui voudrait résumer la pédagogie des anciens jésuites dans une formule courte et simple, on pourrait, ce me semble, proposer celle-ci : *Étude et imitation d'un modèle sous la direction du maître.*

Or cette formule abstraite se trouvait réalisée chez eux dans un exercice principal, autour duquel se groupait tout le reste, et qui était comme le centre de gravité de la classe. Cet exercice est la *prélection*, c'est-à-dire l'explication approfondie et appliquée d'un auteur — entendez pratiquement de Cicéron.

Comment on concevait alors la prélection, quelle part immense elle tenait dans la classe, un coup d'œil sur le *Ratio studiorum* nous le montre assez. Comment on la faisait, nous ne pouvons le savoir pour les détails d'application que par quelques rares exemples qui paraissent représenter seulement une manière spéciale. Mais les grandes lignes sont nettement tracées, et la pratique paraît comporter une certaine liberté d'allure. La *méthode* est indiquée, chacun devait l'*appliquer* à sa façon. Ce que je propose me paraît bon, mais n'exclut pas autre chose.

Encore une remarque avant d'entrer en matière. Qu'on ne cherche pas dans la prélection un moyen de *connaître* et de *voir* ses auteurs : d'autres exercices et d'autres explications répondaient à ce but; nous en parlerons plus tard. Ici on veut apprendre à *étudier* un texte et à *s'en servir.*

I

LES PARTIES DE LA PRÉLECTION

Les procédés de prélection peuvent varier beaucoup ; l'essentiel est qu'il y ait étude sérieuse et exercices. On peut seulement dire qu'une prélection comprend généralement les parties suivantes : lecture du texte, argument, débrouillement du texte, traduction, remarques diverses, exercices, répétition. Quelques mots sur chacun de ces points.

1° *Lecture.* — Elle doit donner à l'élève la première idée du passage ; le professeur saura, de plus, en faire une leçon pratique de lecture et de prononciation. C'est donc lui qui lira, et il lira de son mieux pour donner l'exemple, et pour jeter sur le texte une première clarté. Il faudra donc attendre pour commencer que les élèves aient pris leur livre et trouvé l'endroit, que l'attention soit éveillée. Le début de la prélection est le moment solennel de la classe. Si je ne me trompe, chez les anciens jésuites elle commençait par le signe de croix.

2° *Argument.* — C'est l'indication brève et précise du sujet, une sorte de titre. Bien donner l'argument n'est pas un mince mérite, et suppose parfois beaucoup de travail. D'ordinaire, il sera en latin, et, autant que possible, en termes pris du passage même qu'on va expliquer. Mais surtout qu'il soit net et court — un titre bien fait.

3° *Débrouillement du texte.* — Souvent il est déjà fait à moitié par la lecture et l'argument. Pour achever, on reprend le texte phrase par phrase. Ici un élève peut lire, et sa lecture montrera au professeur s'il comprend; corriger la lecture sera souvent remettre sur la voie. Si la phrase est complexe, on isolera les membres, on rapprochera ceux qui se commandent, on montrera les dépendances et la nature des rapports ; si quelque membre fait difficulté, on dégagera le verbe, le sujet, les compléments; on groupera les termes selon le sens ; en un mot, on *fera la construction*, ce qui ne veut pas dire nécessairement que l'on mette toujours l'ordre dit *grammatical* ou *analytique* (sujet et ses compléments, verbe et ses compléments). Ce travail peut devenir la meilleure des analyses logiques, analyse toute pratique et débarrassée des formules que l'élève répète sans comprendre. C'est là que l'enfant apprend, en regardant le maître, à se tirer d'affaire quand il sera lui-même seul devant un texte. S'il reste quelque mot encore inconnu ou difficile, on en dégage les éléments connus, on le rapproche d'un mot également connu ; d'ordinaire, le sens devient alors visible à tous ; sinon on le donne. Souvent aussi une question bien posée, un léger changement de terme, un mot ou un tour synonyme, un mot ajouté, surtout une particule, etc., indiquera la suite des idées, mettra sur la voie, éclaircira une allusion obscure, enfin dégagera la pensée de l'auteur. Ce travail, on le comprend, peut se faire aussi bien en latin qu'en français.

4° *Traduction.* — Un élève est chargé de relire le texte pour donner la vue d'ensemble : ce doit être là un véritable exercice de lecture et de prononciation ; il importe que, dès les débuts, le professeur oblige à prendre, sur ce point comme ailleurs, d'excellentes habitudes. Rien de plus facile, quand on commence bien; rien de plus difficile plus tard : *Adeo a teneris consuescere multum est!* Puis pour ôter, s'il en restait encore, les dernières obscurités de sens, le professeur donne une première traduction courante déjà française; mais suivant de près le texte latin, mots et tours. Maintenant commence le véritable exercice de traduction. Il a pour but, non pas l'intelligence du texte — nous la supposons — mais l'étude plus intime du génie latin et du génie français, rapports, différences, ressources de part et d'autre. C'est surtout un exercice de français, mais on y gagne aussi de mieux pénétrer dans la pensée de l'auteur et de remarquer bien des particularités et des délicatesses de l'expression latine. Le professeur doit arriver en classe avec sa traduction toute prête; mais qu'il ne se contente pas de la lire; il y aura bien plus d'intérêt et de profit s'il la retrouve et, pour ainsi dire, s'il la refait devant la classe, repassant par les phases du premier travail, critiquant telle expression, cherchant mieux, disant la raison de ses préférences, et, si quelque chose ne lui semble pas parfait, indiquant le *desideratum* et demandant parfois aux élèves s'ils n'auraient pas mieux à suggérer. La traduction finie, il la relit tout d'une traite. Il peut enfin, si bon lui semble, la comparer avec quelque autre, pour que le bien ressorte mieux, ainsi opposé au moins bien.

5° *Remarques sur le texte expliqué.* — Ces remarques peuvent être des plus variées : sur le fond, sur la forme, remarques critiques, grammaticales, esthétiques, scientifiques, morales. Ne cherchons pas à donner tout à propos de tout. La règle a été bien formulée par Sturm : *Ita properandum ut necessaria non praetereantur, ita commorandum ut nihil nisi necessarium exerceatur.* Le nécessaire ici, c'est l'intelligence complète du texte, la pénétration parfaite dans l'âme de l'écrivain. Pour ce but, tout peut être utile : une variante, une étymologie, une comparaison de synonymes, un rapprochement avec le grec, avec le français, avec toute autre langue; des renseignements historiques sur les personnages, sur la situation, sur l'auteur et sur les circonstances dans lesquelles il a écrit, sur les idées du temps, sur les institutions, etc.

Avant tout, il faudra montrer la suite des idées, la pensée même de l'auteur. Dans les basses classes, on insistera sur les remarques grammaticales : syntaxe, sens des mots, expressions particulières. Dans les hautes classes on fera assister l'élève à l'éclosion et au développement de la pensée : on dégagera les procédés généraux de pensée et de style; on montrera la proportion des moyens à la fin ; on analysera les effets d'un mot, d'une expression; on indiquera la différence entre tel tour ou tel mot que l'auteur a choisi, et tel autre qu'il aurait pu choisir : une véritable analyse littéraire. Pour les remarques grammaticales, historiques, etc., il importe que le professeur se fasse à l'avance, ou du moins à mesure que l'explication marche, une liste des principaux points qu'il veut étudier. Sans cela, il risque d'omettre des choses importantes et de tourner toujours dans le même cercle.

Les remarques morales devront sortir naturellement du texte : ce sera parfois une simple observation psychologique ou historique ; d'autres fois, ce sera une leçon, mais une leçon où rien ne sente l'effort et l'apprêt. Rien n'est fastidieux comme un professeur qui veut moraliser à tout prix. Un maître chrétien saura naturellement se mettre et mettre ses élèves au point de

vue chrétien. On me permettra d'attirer particulièrement son attention sur la manière de considérer les
auteurs païens et de les présenter aux enfants.

Pas de ces attitudes railleuses, attitudes de l'écolier
qui rabaisse tout, qui rit de tout, qui ne voit que les
petits côtés ; il n'y a là rien qui dilate l'âme. Pas de ces
attitudes batailleuses, celles du paladin qui cherche
partout des païens à pourfendre, qui ne voit chez eux
que le mal : c'est calomnier la nature que Dieu a faite,
c'est méconnaître ce témoignage d'une âme naturellement chrétienne que les saints Pères aimaient à recueillir de tous côtés. L'attitude vraie doit être scientifique
et chrétienne. Soyons scientifiques, c'est-à-dire pas-
sionnés pour le vrai, penchons-nous sur les monuments et sur les œuvres des anciens pour entendre les
battements du cœur en ces temps-là, pour saisir la vie
intellectuelle et morale, pour trouver l'âme de l'homme
et le génie d'un grand peuple. Soyons chrétiens, sympathiques à la nature humaine dans ses grandeurs et
dans sa déchéance : le cœur de Jésus a battu ainsi d'ad-
miration et de pitié. Aimons, avec Bossuet [1], à contem-
pler ces flambeaux éclatants du monde intellectuel, qui
depuis des siècles éclairent l'humanité ; soyons indul-
gents et miséricordieux à leurs égarements d'esprit et
de cœur, dans la reconnaissance et l'action de grâces
pour Dieu qui des ténèbres nous a appelés à son admirable lumière et qui nous soutient par sa grâce ; voyons
enfin dans ces beaux génies les instruments choisis de
Dieu pour notre formation : nous pouvons, pour ainsi
dire, les consacrer après coup à Jésus-Christ et les sou-
mettre à son joug en les faisant servir à la gloire de

1. *Oraison funèbre du prince de Condé.* Transition des qualités
naturelles à la vertu surnaturelle.

Dieu : *Omnia vestra sunt, vos autem Christi, Christus autem Dei.* I *Cor.*, III, 22, 23.

6° *Exercices*. — Les exercices sont le complément naturel et nécessaire de l'explication. C'est sur la prélection du jour ou sur celles des jours précédents que le professeur fera faire, en classe et en étude, les mille exercices de grammaire, de mémoire ou de style qui doivent former l'enfant à manier le latin. Nous avons déjà parlé de ces exercices, nous en indiquerons quelques-uns plus tard. Notons seulement ici que la prélection leur fournit une base toute prête, et qu'ils seront pour l'ordinaire doublement utiles s'ils sont rattachés à l'explication.

7° *Répétitions*. — Qu'elles soient nécessaires, c'est évident. On pourra les faire, soit à l'étude — généralement sous forme d'exercices et d'applications nouvelles; soit en classe — où l'on tâchera, comme il a été dit, d'y intéresser l'activité des condisciples par l'émulation et l'entrain, par une part d'initiative et d'autorité, par l'attrait de quelque chose de nouveau, au moins dans la façon de procéder.

Outre ces répétitions quotidiennes, il y en aura d'autres à des périodes réglées, ou bien quand on a vu un ensemble. C'est alors que le professeur donnera, ou fera donner par les élèves, une étude sur le texte expliqué, sur l'auteur lui-même : étude historique, littéraire, grammaticale, selon les circonstances. Souvent il pourra diviser la matière et distribuer à chacun sa part. Si ces travaux sont bien préparés, bien mis à la portée de l'élève, ils peuvent être très utiles. — Ces répétitions fourniront aussi l'occasion de rappeler et d'ordonner les notions semées pendant l'explication : on sera tout surpris, si le travail a été bien fait au jour le jour, de voir qu'elles forment un bel ensemble ; alors le professeur pourra compléter avec fruit [1].

Les sept points énumérés donnent les éléments principaux de la prélection. Rien de plus souple, du reste, dans le détail et dans le procédé. On insistera tantôt sur tel de ces points, tantôt sur tel autre ; on pourra changer l'ordre et la manière. Tantôt le professeur aura l'air de chercher et de tout découvrir sur place, tantôt il se contentera d'exposer d'une façon vivante et animée les résultats de son travail ; tantôt il sera didactique comme dans un cours, tantôt libre et abandonné comme dans une conversation, tantôt dogmatique comme un maître qui enseigne et qui impose son opinion, tantôt causeur attrayant et persuasif qui propose et qui discute.

II

REMARQUES ET CRITIQUE

En somme, la prélection n'est pas autre chose, mis à part les exercices annexes, que l'explication approfondie d'un auteur, la *lectio stataria* des Allemands, ce que l'on essaie depuis longtemps d'introduire, même pour les auteurs français, quand on recommande d'*expliquer* et d'analyser les textes. Pour mieux dire,

---

1. Chez les Jésuites, des répétitions de ce genre se faisaient sous forme de *séance* ou de *concertation* publique. Elles sont aussi connues en Allemagne, et se font avec solennité. Voir M. Bréal, *Excursions pédag.*, p. 25, 26.

On voit que le travail d'ensemble qui accompagne ou qui constitue ces répétitions répond à peu près à une bonne *Introduction ;* mais nul doute qu'il ne soit mieux placé après qu'avant l'explication du texte. Cf. l'*Enseign. du latin*, par le chan. Jean, p. 195.

c'est un exercice tout naturel : tout bon professeur, rendant pleinement compte d'une page de maître, fait une prélection.

Mais le *Ratio studiorum* a dégagé et formulé les lois de cette méthode naturelle ; il l'a appliquée avec plus de suite, avec une conscience plus nette de son importance et avec l'intention plus arrêtée d'en faire comme l'exercice fondamental de toutes les classes [1]. L'originalité du code scolaire des jésuites est dans le groupement des exercices autour de ce point central, et aussi, semble-t-il, dans la place prépondérante, presque exclusive, qui y est réservée au professeur, à charge d'y mettre le meilleur de ses forces, de son talent et de son temps.

Dans le grand rôle attribué à la prélection on ne peut voir qu'une idée heureuse. Car, à la réflexion, on trouve là tout ce qui assure la formation de l'esprit. Il peut être utile d'insister sur ce point et de regarder cet exercice à la lumière des principes pédagogiques [2].

1. La prélection *donne un modèle* et le fait étudier : avec quel effort pour entrer dans l'intime de sa langue, de son génie et de ses procédés, nous venons de le voir. Et cette étude tourne aussitôt à la pratique, à l'imitation. L'influence du modèle produit tout son effet.

2. La prélection *fait valoir le maître*, lui fournit l'occasion

---

1. On comprend mieux ces tendances du *Ratio*, quand on connaît les *Exercices spirituels* de saint Ignace. La prélection du *Ratio* n'est que l'application à la culture intellectuelle du procédé de saint Ignace pour former l'homme spirituel par l'étude et l'imitation du *Modèle divin*.

2. Ces principes, je les suppose ici ; quelques-uns ont été examinés dans les causeries précédentes, d'autres le seront peut-être dans un autre volume. Ici je me contente d'y attirer l'attention par des italiques.

de déployer son talent de parole, sa science, toutes ses ressources d'esprit et de savoir-faire.

Certains professeurs profitent peu pour eux-mêmes d'un enseignement prolongé, parce qu'ils se contentent d'une préparation superficielle de la classe et n'approfondissent jamais une question. La prélection oblige à un travail personnel, approfondi : travail pour acquérir, travail pour exprimer. Un professeur qui prépare soigneusement sa prélection se forme et fait des progrès. C'est dire qu'il formera ses élèves. Là, en effet, son action sur les enfants s'exerce avec toute sa puissance, dans le sens qu'il veut, par des moyens prévus et préparés. Plusieurs ne donnent jamais à leurs élèves que de l'improvisé, dès lors, ils ne leur donnent jamais ce qu'ils ont de meilleur. Avec la prélection, il faut, de toute nécessité, faire des provisions de choix et les distribuer de son mieux ; elle ne s'improvise pas.

Toujours dans le même ordre d'idées, l'élève reçoit là du professeur la meilleure leçon pratique, celle de l'exemple : il apprend à s'approcher d'un texte, à l'étudier, à le traduire, à faire des remarques et à les exprimer. Bref, la prélection est par excellence l'œuvre *magistrale*, celle où le maître agit sur l'élève et *se sert* du livre.

3. La prélection donne à l'élève la vue immédiate, le sentiment intime des choses : les préceptes de grammaire et de style s'y présentent, non pas secs et abstraits, mais vivants, mais sensibles, mais appliqués. C'est l'enfant lui-même qui, dans les répétitions et les exercices, est chargé de dégager et d'analyser ce qu'il voit, de faire sortir la règle générale du fait particulier. En un mot, *l'action part du dedans :* action vitale de l'esprit qui saisit le vrai, qui goûte le beau, partant action formatrice.

Ainsi pas de meilleur moyen pour l'étude de la langue, pour la formation littéraire et grammaticale.

4. En même temps, on s'assure un fonds solide de connaissances dès les débuts, *on apprend très bien quelque chose*, ce qui est la condition indispensable de tout progrès et la meilleure préparation à des exercices personnels et intéressants. Il y a plus, les notions d'érudition elles-mêmes sont présentées à l'enfant dans la mesure et de la façon qui lui conviennent le mieux. Elles sont versées à petite dose; elles viennent nettes, détachées, comme l'enfant aime à les voir; elles se représenteront à la répétition; elles sont reliées au texte de l'auteur, que l'enfant a bien compris et bien appris. Ajoutons que vous avez là, au moins de temps en temps, de la science de première main, vous puisez directement dans l'auteur les éléments de ce que nous savons sur l'antiquité. Ces notions, il est vrai, sont semées sans beaucoup d'ordre, elles sont incomplètes; mais le professeur est là pour les grouper à l'occasion, pour les ordonner et les compléter.

Ainsi, sans chercher comme but final la connaissance de l'antiquité, on peut arriver, en finissant ses études, tant par la prélection que par les exercices et les lectures connexes, à une science, non pas suffisante, mais de bon aloi, solide, précise et même passablement étendue.

5. On sait la difficulté de *proportionner l'enseignement aux élèves*, de pousser les forts sans sacrifier les faibles. Ici encore la prélection présente de grands avantages. On règle comme on veut la rapidité de la marche, on met les explications au niveau qu'on veut. Un élève plus faible peut suivre le mouvement de la classe, tout en laissant de côté certaines explications, certaines notions données en vue des plus forts; ceux-ci, en

revanche, profitent de ce qui se fait pour les plus faibles, puisqu'on peut leur y faire prendre une part active, on peut les faire enseigner à leur tour, ce qui est le meilleur complément du savoir. Alors même qu'ils ne font qu'écouter, les choses s'enfoncent et se fixent dans leur esprit ; restant plus longtemps en présence du modèle, ils en ressentent mieux, fût-ce inconsciemment, l'action féconde, à peu près, selon le mot de Cicéron répété par Leibnitz, comme en se promenant au soleil on s'échauffe et on se colore.

6. Enfin, grâce à la méthode de prélection, il devient facile de mettre non seulement dans une classe, mais encore dans la suite des classes, *cette unité et cette gradation* si désirables dans l'œuvre de la formation.

Unité et variété dans la même classe : unité, puisque tout peut se grouper autour de la prélection ; variété, puisque la prélection elle-même peut varier beaucoup, ainsi que les exercices qui reposent sur elle ; variété graduée et ordonnée, puisque le professeur avance pas à pas, d'un mouvement lent, mais continu.

Unité et variété dans la suite des classes. C'est le même exercice qui monte avec l'élève de la sixième à la rhétorique, un en substance, comme le rhétoricien est le petit sixième ; différent en degré, comme le jeune homme n'est plus l'enfant. Unité puissante, puisque les moyens restent les mêmes ; variété graduée, puisque les explications et les exercices s'élèvent par une ascension continue de la grammaire à la littérature, du thème d'imitation à l'émulation généreuse pour atteindre l'idéal.

Le tout *sans rien de contraint ni de forcé*. La méthode est assez marquée pour diriger et pour soutenir le professeur, elle est assez large et souple pour ne gêner en rien sa liberté, pour ne rien enlever à sa valeur personnelle ni à son savoir-faire.

On a trouvé, dans ces derniers temps, plusieurs méthodes célèbres d'apprendre le grec ou les langues vivantes. Le lecteur connaît celle de Robertson, celle d'Ollendorf, celle de Maunoury, celle de Congnet. Toutes ces méthodes se ressemblent en un point : elles ramènent tout à l'étude approfondie d'un texte, à l'exercice continuel sur ce texte : exercice de grammaire, de traduction, de retraduction, d'imitation, de conversation, etc. Ainsi les mots finissent par se fixer dans l'esprit, les règles s'apprennent par usage et par principes, on se fait aux habitudes de la langue. Ce ne sont là que des variétés de la prélection. Mais celle-ci a l'avantage d'un texte plus sûr et plus parfait. De plus, elle ne prétend pas, comme Robertson, qu'on supprime l'étude méthodique de la grammaire ; seulement la matière de la prélection servira pour les applications grammaticales.

On fait à cette méthode plusieurs objections :

1° Vous ennuyez l'élève, vous dégoûtez de l'auteur, en le « servant à toutes les sauces [1] », vous brouillez tout, en mêlant l'explication et l'exercice.

R. L'objection tombe moins sur la méthode d'explication approfondie que sur les applications annexes. Du reste, la réponse est facile. Les premiers exercices pour apprendre une langue ne sont jamais bien intéressants en eux-mêmes. Ils le sont moins encore avec des phrases détachées, comme on nous les présente aujourd'hui, qu'avec un texte continu? Heureusement, on

1. *L'Enseign. du latin*, par le chan. FÉRON, p. 135.
2. Eckstein en avait déjà fait la remarque. « Je crois, ajoute-t-il,

peut intéresser l'enfant à tout : il suffit de le faire agir, de donner à la classe mouvement et variété.

On dégoûterait peut-être des auteurs, s'il n'y avait pas d'autre moyen de mettre en contact avec eux ; mais il y en a, comme nous le dirons. Du reste, nous ne voyons pas encore ici en quoi la prélection serait plus funeste que ces séries d'exercices fastidieux qu'on veut mettre à la place.

Enfin, on parle de désordre, de « mélange des disciplines ». Mais rien ne force le professeur à interrompre l'explication par des applications intempestives ; chaque chose à sa place, mais groupez le tout.

2° Avec cette méthode, la marche est lente, on ne verra qu'une minime partie des auteurs.

R. *Voir* les auteurs n'est pas le but ici, mais les *comprendre*. La *lectio stataria* ne prétend pas remplacer ni exclure la *lectio cursiva* ; celle-ci complète celle-là, mais ne la supplée pas. *Voir* n'est rien, il faut *bien voir*, et c'est la prélection qui forme à bien voir.

Qu'est-ce qui fait le mieux connaître le pays à un voyageur ? Une course rapide en chemin de fer, qui fait défiler devant lui les plus beaux paysages, mais sans qu'il puisse rien regarder à loisir, ni s'arrêter pour rien dessiner ? N'est-ce pas plutôt une promenade à pied, où l'on s'arrête quand on veut, où l'on peut visiter et reproduire une belle scène, un beau monument, etc.?

Dans le premier cas, les impressions se succèdent rapides, mais confuses, superficielles. Tout se mêle et il ne reste rien qu'un sentiment vague. Dans le second, on a moins *vu*, mais on a *bien vu* quelque chose, on rapporte des remarques, des connaissances, des souvenirs

que la commodité de ces livres pour le professeur, ainsi dispensé de préparation, est pour beaucoup dans leur succès. » *Lat. und Griech. Unt.*, p. 161.

précis qu'on pourra compléter à l'occasion. Ce qui vaut mieux encore, on s'est fait une expérience, des habitudes d'observation méthodique. Dans les premières promenades, vous aviez besoin d'un guide; peu à peu vous vous guiderez vous-même et vous pourrez, si vous le voulez, explorer le pays en tout sens. Notre voyageur en chemin de fer n'est guère plus avancé au second voyage qu'au premier.

C'est la différence exacte entre l'étude approfondie et appliquée de la prélection et la course à travers les auteurs où certains professeurs traînent parfois leurs élèves, incapables de les suivre. Voulez-vous une seconde comparaison? Autre est la promenade à pied, autre la course folle d'un homme attaché à un cheval lancé à toute vitesse : la première est d'un exercice fortifiant, l'autre est un supplice.

Encore une fois, le but de la prélection n'est pas strictement de faire voir et connaître les auteurs : elle doit y préparer, elle doit mettre en état de les voir et de les connaître.

Elle ne suffit donc pas toute seule : c'est une leçon de lecture plutôt qu'une lecture, c'est une méthode de formation, c'est un entraînement; mais elle doit être complétée par d'autres explications de classe et par des lectures personnelles.

3° Avec la méthode de prélection, le professeur parle seul, l'élève s'ennuie ou se dissipe.

R. Il est vrai, la prélection a parfois été ennuyeuse. Mais la faute en est au professeur plus qu'à l'exercice; celui-ci est bon, mais on le faisait mal. Pour le bien faire, il faut du fonds, une préparation soignée, un certain talent d'exposition.

Quant à l'intervention des élèves, elle n'est pas exclue. Il est vrai, la prélection est la part du *cours* dans la *classe*, et le rôle du professeur y doit être prépondérant, non seulement par la direction, mais encore par l'action personnelle. Il est important que le maître ait ainsi un temps à lui tout seul pour donner ce qu'il a, pour montrer comment il faut faire, pour enseigner.

Est-ce à dire que, dans la pensée du *Ratio*, il doive parler seul? Le P. Jouvency ne le pensait pas, et « *ad vitandum explicationis longioris lædium* », il recommandait « *eamdem sæpius abrumpere, unum aliquem aut plures carptim interrogando* ». Peut-être certains professeurs trouveront-ils que c'est peu, pour les enfants de nos jours, et, même avec ce tempérament, se croiront-ils incapables, avec quelques lignes de latin, d'intéresser et d'obtenir l'attention pendant une demi-heure ou trois quarts d'heure, sans donner aux élèves plus d'action et de mouvement. Ceux-là peuvent, semble-t-il, aller un peu plus loin encore dans la voie indiquée par Jouvency et faire la part plus large à l'activité de l'enfant.

Ainsi, pour débrouiller le texte, on peut procéder par questions ; avec un peu d'habitude, les élèves s'en tireront vite et bien. De même pour la traduction courante qui précède l'*exercice de traduction*. Dans cet exercice aussi, des questions bien dirigées peuvent amener à *retrouver*, ou peu s'en faut, le texte français que le professeur a préparé d'avance. A plus forte raison serait-il facile, à l'occasion des remarques scientifiques, littéraires, morales, de donner une part active au remuant auditeur. Jusqu'où cet appel à l'élève peut être nécessaire, chacun le verra par l'expérience : plus fréquent dans les basses classes, il pourra l'être moins à mesure que l'enfant devient capable d'attention.

Veillons, en tout cas, à ce que l'exercice garde les caractères auxquels il doit, si je ne me trompe, son efficacité :

Étude approfondie et constamment répétée d'un modèle choisi, soigneusement préparée par le professeur avant la classe, soigneusement faite en classe ; part principale au professeur dans l'explication, soit qu'il parle seul ou presque seul, soit — ce qui peut se faire parfois sans diminuer son rôle et son action — qu'il laisse davantage à la coopération de l'élève ;

Exercices d'application et de répétition groupés autour du texte ainsi étudié et appris par cœur.

LE THÈME LATIN [1]

« Eh quoi, madame, feriez-vous des thèmes latins? » demandait un jour l'élève de Bossuet à une dame qui se plaignait à lui de ses malheurs. Combien d'enfants sont à peu près dans les mêmes idées ! Le thème leur semble plus difficile et plus ennuyeux que la version. A certains pédagogues il a paru moins utile ; aussi, comme nous l'avons vu, a-t-il été banni et anathématisé au xviiie siècle. Il avait repris faveur ; mais, de nos jours, il a encore été violemment attaqué ; il est presque exilé des lycées. On a réclamé, il est vrai ; on lui a donné des signes non équivoques de regret, on cherche à le rappeler [2]. On a même pu croire un instant qu'il allait prendre plus d'importance que jamais en devenant l'un des deux devoirs écrits exigés pour le baccalauréat de rhétorique, mais pour cette fois il a été repoussé ; peut-être prendra-t-il bientôt sa revanche en conquérant une place à la licence [3].

1. Sur le thème latin, considéré comme exercice pédagogique, on peut voir entre autres :
Observations sur les exercices de traduction, préface de M. Benoist ;
Palæstra ciceroniana, par Seyffert, préface (en allemand) ;
Aids to writing latin Prose, by Bradley, introduction ;
Exercices de traduction latine, par D. Delaunay, préface.
2. La *Grammaire latine* de M. L. Havet est toute fondée sur ce principe, que l'auteur croit propre à Lhomond, de la nécessité pour l'enfant de faire dès les débuts « un petit thème et une petite version ».
3. C'est fait, je crois, depuis les derniers remaniements du programme.

Ce qui, pour l'observateur, se dégage de ces vicissitudes, c'est, d'un côté, la façon déplorable dont l'exercice a été parfois entendu et pratiqué; de l'autre, sa nécessité pour quiconque veut apprendre le latin : il a mérité toutes les critiques, il mérite tous les éloges. Le tort de ses adversaires est d'attribuer à l'exercice en lui-même tous les défauts de l'exercice mal fait; le tort de ses amis est d'oublier que, pour être utile, il doit être bien fait.

Nous ne reviendrons pas aujourd'hui sur son utilité; nous n'aurions guère qu'à répéter ce que nous avons dit en parlant de la nécessité d'écrire en latin. Nous dirons le reste en parlant de la composition. Occupons-nous plutôt des moyens de le rendre utile. Pour cela, cherchons d'abord quels genres de thèmes le professeur devra choisir, et comment il devra les préparer; nous verrons ensuite ce qu'il faudra surtout demander aux enfants.

I

CHOIX ET PRÉPARATION DU THÈME

On peut distinguer diverses sortes de thèmes : thèmes systématiques (on dit souvent thèmes de règle), thèmes pris d'un texte français, thèmes de retraduction, thèmes d'imitation.

Quelques mots sur la nature et sur la valeur de chaque espèce.

A. Thèmes systématiques. — Ils peuvent être multiples : thèmes de règle, thèmes d'élégance ou de phraséologie, thèmes de procédé, de style, de langue, etc. En un mot, on peut faire appliquer par ce thème toutes les notions de grammaire et de langue latines.

a) Thèmes de règle. — Ils ont pour but l'application d'une règle ou d'un ensemble de règles grammaticales.

De ce genre sont presque tous les recueils de thèmes publiés en France depuis le commencement du siècle. Tous ont des défauts graves : le fonds est généralement insignifiant, le français est presque toujours mauvais, et ils ne préparent qu'à mal écrire en latin.

Ces défauts sont la conséquence à peu près nécessaire des conditions où est placé le professeur ou l'auteur : car, pour ne rien dire du talent et du travail requis, la pensée et le style sont contraints par la nécessité d'être faciles, de faire venir tel genre de phrases; le latin sera mauvais, car l'enfant n'a pas assez de fonds encore pour bien écrire, ni de modèle qui le soutienne. Elles sont donc toujours justes, les plaintes et la raillerie du bon Rollin [1], ainsi que la remarque naïve de Wandelaincourt, que « le latin des thèmes ne ressemble pas à celui des auteurs ».

Ajoutons qu'il y a là une médiocre gymnastique intellectuelle : l'enfant applique machinalement ses règles, mais il n'a guère de pensée à manier. Voyez plutôt le *Manuel latin* de Boinvilliers, qui me semble le type du genre.

Aussi conseillerais-je au professeur d'user peu de cette sorte d'exercices. Les thèmes de règle doivent se faire sur les auteurs : phrases choisies que l'on propose en français. Tant mieux si ces phrases ont été recueillies par le professeur lui-même dans les auteurs

1. « On sent bien quel ridicule il y a de remplir toujours (*les thèmes*) de phrases triviales ou qui ne signifient rien : *Pierre est plus riche que Paul, et doit être plus estimé que lui... Lépidus est venu de Lyon à Paris et m'a apporté l'argent qu'il avait reçu de mon père. Un écolier diligent doit se repentir de n'avoir pas étudié les leçons que son maître lui a enseignées.* »

de classe. Mais il y a de bons recueils tout faits dont on peut profiter : ceux de Dutrey, de Villemoureux, de Pessonneaux, surtout celui du P. E. Bauwens, que j'ai déjà signalé, plus pratique, plus riche et plus sûr que tous les autres dont j'aie connaissance [1].

Le recueil d'Arnold est célèbre en Angleterre ; il a été réédité et refondu en 1888 par Bradley, sous son titre ancien : *A practical Introduction to latin prose composition*. Les *Phrases* sont traduites des auteurs anciens ; mais il faut la *clé* pour les retrouver.

b) Thèmes de phraséologie, etc. — Je n'oserais pas assurer que ce soient là les thèmes *d'élégance* au sens des professeurs de l'Université, et contre lesquels s'élèvent si vivement MM. Benoist, Bréal et Jules Simon. J'entends par là des thèmes où l'on fasse manier aux élèves soit des formules latines sur divers sujets, correspondant à des formules françaises, soit l'ensemble des expressions latines sur un sujet donné, comme la marine, la correspondance épistolaire, le jeu, etc. Ainsi entendus, ces thèmes sont évidemment très utiles pour la connaissance du latin. Aussi sont-ils fort recommandés par la pédagogie allemande. Mais ils sont difficiles à composer. Le professeur peut s'aider de divers recueils phraséologiques, dont quelques-uns groupent les expressions d'après les sujets [2]. Le meilleur serait de composer un ensemble suivi, où les expressions sur la matière trouveraient naturellement place. Ici encore

---

1. Ce recueil est fait pour être mis aux mains des élèves ; mais on peut — et peut-être avec plus d'avantage — s'en servir autrement pour exercices oraux, pour phrases dictées, etc. Les textes français eux-mêmes y sont généralement pris ou imités des auteurs. Ces recueils de phrases latines peuvent, du reste, servir à d'autres exercices grammaticaux.

2. Celui de MEISSNER a été traduit en français par M. PASCAL, sous le titre : *Phraséologie latine* (Klincksieck).

les auteurs sont la meilleure source : en groupant quelques passages de Cicéron, de César, etc., on peut avoir le principal.

De la même façon se feront les thèmes divers de *procédé*, de *langue*, de *style*, etc.; des phrases, des passages d'auteurs en feront le meilleur sujet.

B. THÈMES PRIS DES AUTEURS FRANÇAIS. — Tandis que M. Bréal les blâme [1], M. Benoist les trouve excellents dans certaines conditions [2]; et il a raison. On peut ainsi faire étudier aux enfants des morceaux exquis comme fond et comme forme; et la lutte s'engage avec du vrai français : ce qui fait mieux entrer dans le génie des deux langues. Mais l'exercice est très difficile, et le modèle parfait manque le plus souvent [3].

Quelques phrases de ce genre peuvent servir à un exercice au tableau, soigneusement travaillé à l'avance par le professeur. Pour le travail particulier, le texte devra être préparé avec soin. Il existe, en Angleterre et en Allemagne, quelques recueils avec la préparation toute faite.

On met parfois à côté du texte vrai un *texte adapté* : c'est généralement la traduction littérale d'une traduction latine préalable [4]; ainsi le travail est à la portée de l'élève. Par malheur, l'expérience montre que l'élève se contente de lire et de traduire machinalement le texte adapté; et il perd à la fois le double avantage d'un bon

---

1. *Quelques mots...*, p. 207.
2. Préface aux *Observations sur les exercices de traduction*, p. XI.
3. Les traductions de M. Delaunay me semblent consciencieuses; malgré tout, cela ne sonne pas toujours latin; les autres essais sont peut-être moins bons encore.
4. Voir dans H. Musgrave Wilkins, *A Manual of Latin Prose Composition*, des exemples de ces adaptations.

exercice intellectuel et d'une comparaison sérieuse entre les deux langues.

D'autres mettent en note soit au bas des pages, soit après la matière du thème, une sorte de commentaire, où sont relevées les difficultés, et où sont étudiés les points de grammaire latine ou de style dont l'application se présente. La *Palæstra* de Seyffert offre ainsi une série d'études très sérieuses que l'élève est comme obligé de faire pour réussir son thème [1].

Troisième système : on donne en introduction une vue d'ensemble sur les rapports entre les deux langues et sur les principaux procédés de traduction. On peut déjà choisir ses exemples et ses applications en vue des cas qui se présenteront dans les thèmes à faire. Le moment venu, on renverra au passage convenable de l'introduction [2]. Cette méthode a l'avantage de grouper les notions, et de permettre à qui voudrait la faire une étude d'ensemble [3].

Mais si toutes ces préparations et ces notes peuvent diriger le professeur et l'aider à préparer lui-même, elles ne sauraient remplacer la préparation orale, faite en classe, adaptée aux besoins des élèves, et profitant des notions déjà données [4]. Encore les thèmes pris des

---

1. Il est vrai que les points traités dans le *Commentaire* sont généralement bien difficiles, même pour les hautes classes. La *Palæstra* de Seyffert suppose une science du latin qui n'est pas de nos jours (fut-elle jamais une science d'élève ?).

2. Ainsi procède Bradley dans ses *Aids to Writing latin prose*. Wilkins a aussi quelque chose d'analogue.

3. Les Anglais ont essayé d'un autre système encore. On a choisi des passages d'auteurs anglais offrant des analogies avec un passage latin auquel on renvoie l'élève. La méthode serait excellente, si les analogies étaient assez grandes; mais elles sont si lointaines que la lumière apportée par l'auteur latin éclaire à peine d'une vague lueur le texte anglais.

4. M. Benoist, dans la Préface des *Observations* (XI), insiste aussi sur cette nécessité de la préparation en classe.

auteurs français ne conviendront-ils guère aux basses classes, et ne pourront-ils être fructueux que si le professeur sait bien son latin et peut donner beaucoup de temps à la préparation. En général, on aura dans l'imitation et la retraduction des exercices plus utiles encore et plus faciles à préparer.

C. THÈMES DE RETRADUCTION. — Nous avons déjà vu l'utilité des phrases à retraduire pour les thèmes systématiques de grammaire ou de style. On peut les employer avec grand profit pour des thèmes suivis : là on a le modèle, le vrai latin devient familier, on peut donner facilement les indications qu'on veut, et proportionner le travail aux forces de l'élève; enfin on a des thèmes intéressants. La traduction et la retraduction de Cicéron furent les grands moyens employés avec tant de succès par Roger Ascham pour Marie Tudor et pour sa sœur Élisabeth; de nos jours, quelques professeurs, je suis du nombre, y sont revenus, et ils disent que leurs élèves s'en sont bien trouvés. Les Allemands en font grand usage pour les exercices grammaticaux. Seyffert, dans sa *Palæstra*, en dit du bien, et donne comme modèles de longs passages du *Pro lege Manilia*, du *Pro Sestio*, du *Pro Archia*, du *De Officiis*, du *Pro Milone* [1].

Quelques mots sur le choix et sur la préparation de ces thèmes. L'auteur traduit sera généralement Cicéron, mais les autres peuvent servir aussi, surtout César.

---

1. A part cela et quelques morceaux donnés par Wilkins dans son *Manual of Latin Prose Composition*, je ne connais de recueil imprimé que celui du P. Kindon, jésuite anglais : *Pieces from Cicero for retranslation into Latin for the use of Saint Stanislaus College, Beaumont*, Manresa Press., 1879, 102 p. in-8°. Il comprend quatre parties : *Anecdotes, Discourses, Letters, Speeches*.

Le morceau choisi doit être digne du travail. Le fond pourra être des plus variés.

La traduction à retraduire doit réunir deux conditions difficiles à concilier : *exactitude parfaite*, pour amener l'élève à une vraie reproduction, et pour rendre ensuite la comparaison des textes vraiment utile ; *tour très français*, pour bien montrer le génie propre des deux langues, et faire saisir sur le vif les procédés généraux de l'une et de l'autre. Dès lors, le professeur ne pourra pas d'ordinaire se contenter des traductions existantes ; mais il pourra s'en aider. Rien n'empêche de faire retraduire sur traduction faite en classe : le travail sera plus facile, et l'on verra mieux les procédés. Sur le texte qu'il a préparé, le professeur donnera toutes les indications utiles ; il pourra même lire la traduction à l'avance.

Nous ne parlons ici que des retraductions écrites, mais il y a mille exercices de retraduction orale sur l'auteur de classe ; le professeur en saura tirer parti.

D. Thèmes d'imitation. — Non moins pratiques peut-être et non moins utiles que les thèmes de retraduction sont les thèmes d'imitation ; ils ont de plus l'avantage de faire revoir et approfondir l'auteur de classe et de relier le travail privé au travail commun ; ils préparent à l'exercice si précieux d'imitation personnelle ; ils peuvent, s'ils sont bien faits, montrer l'auteur classique sous un jour nouveau, plus près de nous, plus vivant, plus moderne. Il faut seulement recommander ici d'abord le soin du fond et de la forme, ensuite la juste distance de l'auteur, ni trop près, ce qui supprimerait l'effort, ni trop loin, défaut beaucoup plus fréquent et plus grave, et qui supprime l'imitation. — L'imitation, comme la retraduction, doit être partout dans les exercices de classe. On dira que la préparation demande du travail et du temps. Oui, comme tout exercice qu'on veut rendre profitable.

II

CONFECTION ET CORRECTION DU THÈME

Voilà donc le thème choisi et préparé par le professeur en particulier, donné et préparé en classe. — Reste à le faire, ce qui est l'œuvre de l'élève, et à le corriger, ce qui est l'œuvre de tous.

Sur quoi le professeur attirera-t-il surtout l'attention et le travail de l'élève? Que lui demandera-t-il? Sur quoi portera la préparation en classe en vue de l'effort en particulier?

On peut résumer le tout en un mot: *Rendre le texte en latin.*

Rendre le texte: — D'où nécessité de l'*analyser*, de le comprendre à fond, dans l'ensemble et dans les détails: idée générale, manière dont les pensées particulières se groupent soit pour l'ordre, soit pour l'importance, soit pour la nature du lien; caractère particulier du style, de tel tour, sens exact de chaque mot dans ses rapports avec l'ensemble, valeur des métaphores, des expressions toutes faites; en un mot, nécessité d'une étude complète, fond et forme, relations entre l'idée et le mot. Le texte compris, il reste à le traduire comme on l'a compris, et à tout rendre, pensée, tour, ordre et mouvement de l'original. Il y faut tout son savoir-faire et toute sa science. Quelquefois il suffira de décalquer; mais ce n'est pas l'ordinaire; souvent le simple transfert du français en latin change le sens, ou amène une impression toute différente [1]. Il faut donc trouver des *équivalents*, c'est-à-dire d'autres mots, d'autres métaphores, d'autres tours qui produisent le même effet : travail à la fois de recherche, de mémoire et de réflexion, d'analyse subtile et de goût délicat, de rigueur à se tenir près du texte et de souplesse pour tourner la difficulté.

Le rendre en latin. — Voilà le texte rendu, c'est-à-dire transposé, ou mieux transformé ; mais la forme nouvelle est-elle bien latine ? Cicéron signerait-il cette page ? Travail surtout de vérification, mais aussi nouveau travail de recherche pour trouver mieux, et d'examen, mais portant cette fois sur le texte latin.

Comme moyens pratiques, voici ce qu'on peut conseiller. Lecture attentive du tout, puis retour à chaque phrase pour la relire et la traduire. C'est le premier travail, qui doit se faire assez vite et sans dictionnaire : quand on ne trouve rien, on laisse en blanc. Puis lecture comparée des deux textes, et correction des inexactitudes de traduction ; on remplit les blancs en cherchant dans son esprit, dans sa mémoire, dans un auteur ou dans un dictionnaire.

Nouveau retour sur chaque phrase pour examiner la latinité : œuvre d'analyse grammaticale, d'analyse logique, mais aussi, si besoin est, de recherche dans la grammaire ou dans le dictionnaire [2], recherche pour vérifier si tel mot se trouve, s'il a bien tel sens, s'il se

1. Cette phrase : *Que de jours n'ai-je pas passés dans l'inquiétude et l'angoisse!* prend un tout autre sens dans le calque latin : *Quot dies non habui plenos sollicitudinis ac timoris;* il faut supprimer *non. Je partais quand il arriva,* se rend mal par : *Proficiscebar, cum advenit;* il faut : *cum profiscerer, advenit.*

2. La première condition du travail de recherche et de vérification est le doute et la défiance de soi. Il faut former l'enfant à douter ainsi, à se défier : y réussir, c'est déjà faire un grand pas dans la culture intellectuelle.

construit de telle façon, etc. ; recherche pour trouver mieux ; mais ici il faut mettre en garde contre les pertes de temps. Cependant un dictionnaire bien fait, celui du P. Wagner surtout, peut donner de bonnes indications, et faire travailler utilement l'esprit.

Enfin l'élève relira encore une fois le texte latin avant de recopier ; sans parler d'une dernière lecture comparée des deux textes pour voir si tout est bien rendu ; mais ce travail peut se faire soit avant d'avoir recopié, soit après.

La correction d'un devoir fait dans ces conditions sera facile et intéressante pour tous. Après les indications données ailleurs, il suffira de noter ici qu'elle doit être une leçon pratique de méthode, qu'elle doit donner des connaissances positives, qu'elle doit dégager certains principes généraux.

Leçon de méthode, c'est son plus grand avantage. Il faudra donc refaire le travail au moins en partie, montrer comment il fallait s'y prendre, bien faire voir que, avec les indications de classe, les souvenirs de la grammaire ou des auteurs, on avait tous les moyens de faire un excellent thème. Insistez surtout sur les fautes dues au manque d'analyse et de réflexion, ou à l'oubli des procédés généraux de la traduction du français en latin. Impression à renouveler et à rafraîchir par le commentaire du modèle comparé avec un devoir d'élève, par les répétitions orales ou écrites, parfois après d'assez longs intervalles. Mais je ne conseillerais pas de dicter le corrigé : à quoi bon ?

Notions positives à donner. Certains professeurs sont peut-être portés à juger du latin par impression, plutôt que sur des faits positifs : ils approuvent, ils condamnent, sans savoir au juste l'usage latin. Rappelons-nous que l'étude sérieuse d'une langue doit s'appuyer sur les faits, non sur des raisons vagues. D'autre part, il ne faut pas noyer les enfants dans des détails sans grande portée ; le principal est de dégager les tendances générales du latin, et les procédés ordinaires de traduction ; en un mot, des faits exacts et positifs, mais en vue des principes généraux.

Il me semble qu'un travail ainsi choisi, ainsi préparé, ainsi fait, ainsi corrigé et répété, ne mérite aucun des reproches adressés au thème ; il reste le maître exercice pour apprendre sérieusement le latin, et il a pour la formation d'incomparables avantages.

III

ESSAIS DE TRADUCTION

Il est toujours délicat d'offrir des échantillons de son cru. Qui peut se flatter, par exemple, d'écrire le latin sans faute ? Je me hasarde pourtant ; car quelques exemples sont plus clairs que toutes les explications. Et puis j'ose croire que, là même où l'application serait défectueuse, le principe est bon et généralement applicable. Il y aurait bien des remarques à faire sur les procédés de traduction. Il a fallu se borner pour n'être pas infini.

I. — Thèmes d'imitation.

LA CONDUITE ET LE SUCCÈS [1].	DE MORIBUS ET DE STUDIORUM PROGRESSU.
J'ai reçu votre lettre si aimable. Elle ne m'a pas délivré	Accepi suavissimas tuas litteras quibus ça mihi non est su-

1. Voici la lettre de Cicéron qui a servi de modèle principal :

« Accepi perbreves tuas litteras quibus id quod scire cupiebam cognoscere non potui ; cognovi autem id quod mihi dubium non fuit. Nam quam fortiter ferres communes miserias, non intellexi ; quam me amares, facile perspexi. Sed hoc sciebam ; illud si scissem, ad id meas litteras accommodavissem. Sed tamen etsi antea scripsi

du doute sur lequel je voulais des éclaircissements; elle m'a confirmé ce que je savais depuis longtemps. Car votre conduite et vos succès, elle n'en dit rien; votre bonne volonté et votre amour pour moi y brillent à chaque ligne. Mais je n'en doutais pas; dites-moi un mot de l'autre point.

Quoique j'en ignore, je crois devoir vous donner un avis, que je vous ai déjà souvent répété. Ne vous laissez jamais aller à la vanité ni au découragement. Je vous connais, bouillante jeunesse : au moindre succès, vous vous regardez comme des phénix; au moindre échec, vous vous croyez des incapables.

Si vous m'aimez, vous éviterez ces deux défauts; et vous ne vous laisserez ni abattre par les revers, ni enfler par les triomphes.

Soyez toujours avec votre mère ce que vous avez été jusqu'ici, et elle, de sa part, sera pour vous ce qu'elle a été par le passé. Cela, je l'attends de vous; ceci, je vous le garantis de son côté. Adieu.

blata dubitatio qua liberari cupiebam, certior autem sum factus de eo quod jamdiu sciebam. Nam quam bene ageres et quantum proficeres in istis studiis, non scripsisti; qua sis voluntate, quo erga me amore, tertio quoque verbo declaratur. Sed hoc mihi dubium non fuit; illud scribas velim.

Quod etsi ignorabam, id te commonendum putavi quod sæpe jam feci, ne aut efferreris animo aut caderes. Novi ego vos, vehementes adolescentes [1] : si quid ex sententia gestum est, egregii vobis et singulares videmini; sin minus, inutiles.

Tu utrumque, si me amas, vitabis [2], et neque adversa fortuna frangeris, neque prospera extolleris.

Esto semper in matrem eo animo quo adhuc fuisti : erit ipsa eo in te quo semper fuit. Illud de te exspecto, hoc de ea præstare possum. Vale [3].

quæ existimavi scribi oportere, tamen hoc tempore breviter commonendum putavi, ne quo periculo te proprio existimares esse; in magno omnes, sed tamen in communi sumus. Quare non debes aut propriam fortunam et præcipuam postulare, aut communem recusare. Quapropter eo animo simus inter nos quo semper fuimus. Quod de te sperare, de me præstare possum. Vale.   *Famil.*, iv, 15.

1. Dans une autre lettre : *Novi ego vos magnos patronos.* Les phrases qui suivent sont également calquées sur divers passages de Cicéron.

2. Ne cherchons pas à traduire *défaut*, cette idée en latin doit sortir du contexte et du verbe *vitabis*.

3. On trouvera peut-être que l'imitation s'éloigne beaucoup du modèle, tant dans cet exercice que dans les suivants. C'est aussi mon avis. Dans les débuts surtout, il faut côtoyer le texte latin de

LES ÉTUDES [1].

Votre devoir était moins bien que je ne l'avais espéré. On m'a dit que vous n'avez pu y mettre tout le soin désirable, parce que vous aviez mal à la tête.

J'en ai été affligé, comme de juste; je comprends que l'esprit languisse quand la tête est épuisée de fatigue et de souffrances.

Ménagez-vous pour l'avenir. Aux deux ans que vous passerez en grammaire, s'ajouteront sans interruption trois ans de littérature et de philosophie. Faites que le jour de l'Immaculée-Conception vous trouve rétabli.

Portez-vous bien de corps, pour vous bien porter d'esprit. Les pensées n'ont ni sel ni vivacité, tout est muet dans l'âme, sans la joie et la santé. Ainsi, si vous aimez le travail, demandez à Marie de vous rendre la santé. C'est pour elle et pour Jésus que vous ferez cette demande.

Ne vous mettez pas trop vivement au travail, avant d'être complètement rétabli. En attendant, soignez votre écriture; car je ne pense pas que vous ayez aussi la main engourdie.

DE LABORE STUDIORUM.

Pensum tuum non id fuit quod speraram. Audivi te omnem curam in eo ponere non potuisse, quod ex capite laborares.

Tuli moleste, ut debui; mens scilicet languescat necesse est cum caput et conatu et vi doloris exhaustum est.

Conserva te in posterum. Ad id enim biennium quod in Grammaticis fueris, accedent continuo ad litteras et ad philosophiam anni tres. Fac ut in diem Beatæ Virginis Immaculatæ sacrum plane convalescas.

Corpore vale ut mente possis : cogitationes enim et sale et acumine omni carent, omnia in animo muta sunt, cum abest gaudium et valetudo. Quamobrem si laboris es studiosus, roga Mariam ut te in valetudinem restituat. Id cum Jesu causa, tum ejus facies.

Noli vehementius in studia incumbere, antequam convalueris. Interea da operam litteris pingendis; non enim arbitror manu etiam te torpescere.

FÉLICITATIONS A UN ORATEUR [2].

Toujours modeste! Vous me dites que votre discours a été accueilli par de maigres applaudissements. Vous ne savez pas que je suis au fait de tous vos triomphes. L'un des auditeurs

GRATULATORIA DE CONTIONE.

Tamen a modestia non discedis Tenuiculo plausu significas orationem tuam esse acceptam. Nescis me de tota re factum esse certiorem. Nam quidam ex iis qui audierant recta a contione

---

très près. Les exemples donnés ici supposent des élèves plus avancés et déjà familiers avec bon nombre de tournures cicéroniennes.

1. Cf. *Famil.*, XVI, 10, 14, et IX, 23.
2. Cf. *Famil.*, IX, 10 et 12.

n'a fait qu'un bond de l'assemblée chez moi. Je lui demande tout d'abord : « Et le discours du cher Jules? » Et lui de s'écrier qu'il n'a jamais rien entendu de si beau.

Si vous devez ce succès à la beauté des pensées, je vous prie de croire que l'on n'aura pas ici, pour vous écouter, moins de sérieux et d'attention; si c'est au débit, nous ne sommes pas moins sensibles au charme de la voix et à la grâce de l'extérieur.

Venez donc ici nous donner ce beau discours; nous vous écouterons comme un grand orateur, digne de toute notre attention.

Si vous êtes empêché de venir, imprimez. et envoyez-nous ce chef-d'œuvre, et n'allez pas laisser tomber dans l'oubli une pièce si glorieuse pour vous et si utile à la religion.

domum meam exsiluit. Ego autem primis verbis : Quid oratio nostri Julii? At ille exclamans nunquam se quidquam audivisse pulchrius.

Id si sententiarum elegantia assecutus es, peto a te ne putes minus nos aut graviter aut attente esse audituros ; sin autem actione, non minus delectamur et suavitate vocis et habitus dignitate.

Itaque velim in hæc loca venias habeasque egregiam istam orationem etiam ad nos, audiemus enim te ut et palmarem oratorem, et auribus dignissimum.

Si quid impedierit ne venias, typis mandatam mitte ad nos, ne oblivione obruatur ejusmodi opus quod cum tibi magnæ laudi, tum religioni magnæ utilitati futurum est. Vale.

II. — Traduction de morceaux français.

AU CIEL NOUS VERRONS.

Quand notre vue sera nette, quand, délivrés de ce corps de mort, qui nous attache maintenant à la terre par tant et de

IN CÆLO INTELLIGEMUS.

Cum pura mentis acie atque integra [1], caduco [2] hoc, quo nunc humi plurimis vinculis miserrimo constringimur [3], corpore

1. J'ajoute deux mots pour préciser le sens. Il s'agit, en effet, de la vue *intellectuelle*; et, pour qu'elle soit *nette*, l'œil de l'esprit doit être *pur* et *vigoureux*. Phrase ablative pour tout grouper autour du verbe principal, avec perspective et nuances graduées.

2. On sait que le mot de saint Paul *corpore mortis hujus* est hébraïque, non latin. *Mortali* serait bon, *caduco* a paru plus expressif.

3. Le tour passif est ici de rigueur; *alligat* ou *constringit* supposerait en latin un sujet *actif*, qui *fît l'acte d'attacher*. — *Miserrime*, joint au verbe, rend mieux le sens et est plus latin que ne serait *miserrimis*. — *Humi constringimur* est plutôt *attachés à terre* que *attachés à la terre*. Mais les deux expressions sont sensiblement équivalentes.

si déplorables liens, nous contemplerons les plans divins dans toute leur étendue : ce que nous savons actuellement par la foi, nous le saurons par l'évidence, et nous admirerons comment le monde, en dépit de ses criminels desseins, n'a jamais pu sortir de l'ordre sans y rentrer aussitôt.

L VEUILLOT, *Lettres*, I, 18.

laxati totam divini consilii amplitudinem contuebimur [1] : quæ hic audita credimus [2], iis tum aperte perspectis [3], mirabimur homines [4], si quando conatu nefario [5] ab ordine rerum constituto recessissent, continuo esse in ordinem redactos [6].

1. Les Latins aimaient à joindre immédiatement au verbe un terme abstrait déterminé par le mot plus concret que nous plaçons comme complément. On connaît le vers pittoresque de Phèdre : *gulæque credens colli longitudinem.* Les exemples abondent chez Cicéron. *Contueri amplitudinem* est donc tout à fait dans l'analogie latine. — Au lieu de *divini consilii,* on pourrait songer aussi à *rationum divinarum.*

2. Savoir par la foi, c'est croire. J'ai ajouté *audita* pour mettre l'idée en relief. On pourrait dire *fide cognoscimus,* mais l'expression serait faible.

3. Il est clair que le mot *évidence* doit se rendre par un équivalent (adverbe, adjectif ou participe pluriel neutre, périphrase). — Remarquons la phrase ablative comme au début (note 1). Souvent le français unit négligemment par *et* des phrases où l'esprit voit un rapport de cause, de conséquence, etc. Notre principe est : *intelligenti pauca.* Le latin doit tout exprimer, il faut que le mot soit l'image exacte et complète de la pensée ; l'auditeur ne comprend que ce que *les mots contiennent et disent.* Il est vrai que les mots y ont un merveilleux pouvoir expressif. — Enfin, *tum* a été comme dissimulé au milieu d'une phrase incidente, Cicéron fait souvent ainsi (*at viri sæpe excellentis ancipites variique casus,* etc.)

4. La phrase infinitive est requise par le sens. *Mirabimur quomodo* signifierait : *Nous nous demanderons avec étonnement comment,* etc. ; *mirabimur quod* serait moins inexact ; mais le fait, objet de l'étonnement, se rend mieux par l'infinitif. *Mirabimur* est ici un mot plein : *Nous verrons avec étonnement que…*

5. Ablatif un peu vague ; mais le contexte précise. C'est un des talents de Cicéron, d'éclairer ainsi les mots comme par reflet.

6. On se demandera pourquoi cette interversion dans le rôle des phrases. C'est pour mieux garder le sens. En effet, en français, le rôle grammatical d'une phrase ne répond pas toujours à son rôle psychologique. Quand je dis : *Je n'ai jamais fait cela sans m'en repentir,* je veux, avant tout, affirmer que je me suis repenti toutes les fois que j'ai fait cela. Si je traduis : *Nunquam hoc feci quin me pænituerit,* il ne me semble pas que ce soit latin ; en tout cas, il reste que la pensée est trop attirée par le premier membre : je

LES CLARTÉS DE LA FOI.

Autrefois, ma raison, sans boussole et sans point d'appui, était le jouet des moindres accidents. Je ne connaissais plus ni le vrai ni le faux; ballotté en tout sens, et ne sachant à quoi me prendre, ne trouvant de repos que dans un sommeil lâche, cherchant à dessein la nuit pour m'y plonger, le suprême effort de ma sagesse était de haïr brutalement le monde et de blasphémer contre le ciel.

A présent, il me semble que je vogue à pleines voiles dans la lumière, et je m'y sens bien. Tout s'est ouvert à mon esprit, je connais ma route, et je sais ce que je verrai, quand j'aurai atteint les limites de l'horizon. Les hommes sont vraiment mes frères, je les aime et je les plains; et il ne me viendrait jamais à la pensée d'en accuser un seul, si je n'espérais par là servir tous les autres et le servir lui-même.

Les objets ont d'autres couleurs : ce qui était morne est animé, là où je voyais le caprice

FIDES LUMEN.

Antea mens mea, cum et regula careret et adminiculo, quidquid acciderat, ludibrio erat Quid verum esset, quid falsum jam non dignoscebam. Huc illuc jactato et ad quid adhærerem nescio, cum nulla esset nisi ignavo in somno quies, tenebrasque quibus obducerer ipse peterem, ea erat summa sapientia homines temere odisse, in Deum impiis verbis invehi.

Nunc clara in luce mihi videor quasi velis ire plenissimis; ubi mihi bene est. Omnia menti meæ jam aperta sunt; viam novi, et quid sim confecto itinere visurus scio. Omnes homines loco fratrum mihi sunt, eos amo, eorum me miseret; accusare ex iis quemquam, nisi cum ceteris profuturum tum ipsi sperem, nunquam cogitaverim.

Mutata mihi rerum est species; tristia et pæne mortua revixerunt; pro fortunæ ludibriis, clara

parais nier le fait ; et si la suite de la phrase corrige mon erreur, elle ne la corrige qu'en me faisant remarquer l'allure trompeuse du début. Tout devient clair et satisfaisant, si je dis : *Id quoties feci, me pænituit.* Il a fallu faire la même interversion dans notre phrase. — Le reste ne demande guère d'explication. *Ordine* tout seul serait vague; *ordo rerum constitutus* ne l'est guère moins; mais pour l'esprit latin, un peu dépaysé dans ces idées abstraites, les deux déterminatifs, *rerum* et *constitutus*, tenaient lieu d'explication. *Rerum* surtout était commode dans des cas de ce genre; car il remettait ou paraissait remettre les choses dans l'ordre concret, le seul où les Romains fussent à l'aise. *Recessissent* est au subjonctif, parce qu'il présente le fait à travers la pensée (*mirabitur*). *Ordo* a été répété, car *in eum, in eumdem*, etc., paraissaient faibles et même plats. Du reste, tout ce dernier membre n'est pas pleinement satisfaisant. Mais il a fallu s'en contenter, faute de mieux.

du hasard, je vois un clair témoin de l'existence et de la puissance de Dieu. Il y a dans la nature une voix que j'entends, je sens au fond de mon âme d'inépuisables flots d'amour.

L. VEUILLOT, *Lettres*, I, 18.

video argumenta et esse Deum, et posse omnia. Suam quasi vocem habet mihi rerum natura, animus meus perennibus quibusdam scatet amoribus.

LA VERSION LATINE

I

A la différence du thème, qui est plus utile qu'agréable, la version ne compte guère, chez nous, que des amis. Les enfants eux-mêmes s'y intéressent. Elle leur donne le plaisir délicat de voir, de deviner : c'est l'exercice favori des esprits pénétrants. On y manie une langue connue, aimée ; les paresseux eux-mêmes s'y délectent, quand ils sont intelligents.

Plaisir fécond, du reste ; car, pour ne rien dire du profit à tirer de l'effort facile et heureux, sans revenir sur les avantages de la traduction pour apprendre les langues et pour former l'esprit, elle fait étudier, comprendre et goûter un beau morceau de littérature, elle aiguise la perspicacité, elle assouplit le talent, elle fait entrer par le mot dans le plus intime de l'âme, elle habitue à se mettre dans une situation, et à trouver le style de circonstance ; enfin elle est le meilleur exercice de français.

Il est vrai, elle a été attaquée par les partisans de la culture philologique et de la lecture rapide des auteurs [1] ; en Allemagne, elle est presque hors d'usage [2].

---

1. *Quelques mots...*, par M. BRÉAL, p. 211.
2. Cf. *l'Enseign. du lat.*, par le chan. FÉRON, p. 181.

Pour nous, nous la maintenons comme exercice de style, comme gymnastique intellectuelle et comme moyen de mieux comprendre les auteurs [1], à la condition cependant qu'on ne lui sacrifie ni le thème, ni la lecture, ni d'autres exercices utiles. Sur ce point, le baccalauréat n'a-t-il pas amené des excès, que les nouvelles réformes ne feront pas disparaître ?

Quelques mots sur la méthode.

Le choix des versions ne fait pas grande difficulté. Mais il va sans dire qu'on ne saurait donner à l'enfant, pour l'occuper, le premier texte venu. Puisqu'il doit y travailler de son mieux, le texte doit être digne du travail. Qu'il soit donc exquis, intéressant et instructif, proportionné à l'élève comme expression, et surtout comme pensée.

On pourra le choisir dans les auteurs de classe. D'autres préfèrent profiter de l'occasion pour faire étudier ainsi des passages que l'élève doit connaître, et qu'il n'a pas entre les mains. Des considérations d'un autre genre peuvent encore influer sur le choix : des notions d'histoire littéraire à donner, le désir d'allécher quelque bon élève, en lui présentant quelque morceau délicat d'un auteur accessible, etc. [2].

Faut-il dicter ce texte ? Mgr Dupanloup et d'autres le

---

1. M. Dumesnil a constaté, dans ses visites à plusieurs gymnases de l'Allemagne du Nord, que les élèves n'ont qu'une idée vague de leur auteur, et ne le rendent que par à peu près. C'est la conséquence de la traduction rapide et courue. Un élève ne comprend bien un texte latin que si on le lui explique à fond, ou s'il doit le traduire avec soin.

2. « Il est bon de faire choix des plus beaux endroits des auteurs pour les faire traduire aux jeunes gens. Outre qu'ils y trouvent plus d'agrément, et qu'ils les traduisent avec plus de soin, c'est le moyen le plus sûr de leur former le goût. Par là ils se familiarisent avec ces auteurs, et ils en prennent insensiblement les tours, les manières et les pensées. » Rollin, *Traité des Études*, t. 1, p. 39. Édit. Estienne, 1765.

recommandent : il faut, disent-ils, habituer l'enfant à entendre et à bien écrire le latin. C'est vrai, mais nous avons d'autres moyens plus sûrs. Comme la dictée prend du temps, et qu'il est facile de multiplier un texte par la polygraphie, ou par tout autre système nouveau, il me semblerait meilleur de ne pas dicter, ou de dictér peu. Songeons que la classe est toujours trop courte pour les exercices intellectuels.

La préparation devant les élèves sera des plus simples, et très courte. On se contentera d'enlever les obstacles insurmontables, et l'on n'aidera que dans la mesure nécessaire pour provoquer l'effort et pour l'empêcher de porter à faux.

Sur quoi devra porter surtout le travail de l'élève ? Le but peut se résumer en deux mots, comme pour le thème : *Rendre le texte en français.* On comprend l'étendue de cette exigence ; car il ne s'agit pas seulement des mots, ni du sens général, mais des nuances les plus délicates : l'auteur doit reparaître tout entier en français, transformé il est vrai, mais non mutilé, ni défiguré.

Jusqu'où peut-on allier la fidélité avec le soin du français ? Question difficile, et qui a reçu selon les temps et les auteurs des solutions différentes[1]. On sait comme Amyot a rendu Plutarque naïf, tout en étant d'une admirable fidélité. On connaît les « belles infidèles » de Perrot d'Ablancourt, et les innocentes libertés de MM. de Port-Royal, traduisant, pour plaire au grand Arnauld, *Pomponius* par *M. de Pomponne*, et faisant saluer à Cicéron *Madame* ou *Mademoiselle* Cornélie.

Malgré les réclamations de Tourrell, la consciencieux

---

1. Voir, entre autres, sur cette question : Rollin, *Traité des Études*, t. I, p. 33 seq., Egger, *Mémoires de littérature ancienne*, p. 310 seq.

traducteur de Démosthène, on continua, au xviie et au xviiie siècle, d'accommoder les anciens au goût du temps, et de leur prêter à l'occasion quelque chose du sien. Mme Dacier, peu flattée de la gloire de *copiste*, la seule que Tourreil voulût pour le traducteur, demandait « une traduction généreuse et noble, qui, en s'attachant fortement aux idées de son original, cherche les beautés de sa langue, et rend les images sans compter les mots », et qui fût « non seulement la fidèle copie de son original, mais un second original même : ce qui, ajoute-t-elle modestement, ne peut être exécuté que par un génie solide, noble et fécond. » Elle a, du reste, très bien compris qu'une traduction servile « par une fidélité trop scrupuleuse, devient très infidèle ; car, dit-elle, pour conserver la lettre, elle ruine l'esprit ».

De nos jours, les tendances de fidélité ont pris le dessus, et l'on nous donne parfois un français forcé, torturé, bizarre, sous prétexte de calquer l'original. Si Jules Janin est trop français dans son *Horace*, M. Bouillet ne l'est pas assez dans son *Eschyle*.

En somme, la traduction sera différente selon le but qu'on se propose : tantôt il faudra garder la couleur et le tour latin, présenter l'auteur comme d'un autre temps et d'un autre pays : la traduction sera mot à mot, sauf les droits stricts de la syntaxe. Tantôt il faudra, je dirais, *naturaliser* chez nous Horace et Cicéron, Sophocle ou Démosthène : ils ont des idées à eux, et ils nous les disent, mais le plus naturellement et dans le meilleur français possible ; ils sont habitués à d'autres mœurs, mais ils connaissent les nôtres, et ils prendront l'équivalent moderne et français, quand il existe.

Quand il s'agit, comme ici, d'exercice pédagogique, le second système doit prévaloir ; car lui seul exige l'effort pour pénétrer dans l'âme et l'analyse littéraire du morceau ; lui seul exige qu'on se mette pleinement dans la situation ; lui seul exige cet exercice de goût et cette recherche des équivalents français qui donnent sa valeur à la version.

C'est donc sur le français, dans ses rapports avec le latin, il est vrai, qu'il faudra diriger le travail de l'élève. On habituera à tirer parti du contexte, de l'histoire, etc., pour expliquer les obscurités, à se demander si on parlerait soi-même ainsi dans telle situation, etc.

Comme procédés pratiques, on indiquera la lecture attentive de l'ensemble, la traduction exacte, précédée, en cas de difficulté, de l'analyse grammaticale ou logique, du rapprochement avec le contexte, etc., tout ce que nous avons dit du débrouillement d'un texte en classe. Ensuite commence le vrai travail de français, phrase par phrase. On finit par la lecture du texte français et par la lecture comparée des deux textes, ou inversement.

Rien de particulier à dire sur la correction : la manière est la même que pour le thème, traduction modèle à trouver et à discuter, comparaison des traductions, répétitions orales, répétition écrite surtout en vue du bon français. Rien n'empêche d'y joindre des exercices de latin, comme retraduction sur le texte français, reproduction de mémoire, etc.

Il faut dire un mot de deux questions souvent agitées : Faut-il commencer par le thème ou par la version ? Auquel des deux exercices donnera-t-on plus de temps ?

Le premier point ne fait pas difficulté pour nous : nous unirons le plus étroitement possible, et dès les débuts, le thème et la version ; la version aura du reste la priorité, puisque nos thèmes, dans les débuts surtout, devront être la reproduction et l'imitation des auteurs.

Quant à la part respective du thème et de la version, songeons que le thème est plutôt un exercice de latin, la version un exercice de français. Or il faut plus de temps et d'effort à un enfant pour apprendre le latin et pour s'y mettre de tout cœur que pour le français. Nous insisterons donc davantage sur le thème, si nous voulons que nos élèves sachent le latin.

II

On sera peut-être heureux de voir ici un essai de traduction dans le sens des indications données. Je ne le propose pas comme modèle; mais il fera comprendre, j'espère, combien des exercices de ce genre aident à pénétrer dans la pensée de l'auteur et dans le génie des deux langues. Prenons une lettre de Cicéron à Trebatius (*Famil.*, VII, 14). Celui-ci annonce déjà le grand jurisconsulte ; mais il est dépaysé en Gaule, au milieu des camps ; il s'ennuie ; car César l'a négligé quelque peu et la fortune tarde à venir. Cicéron plaisante sans cesse son jeune ami, pour le remonter, et aussi parce que Trebatius y prête. Le ton est donc très familier, très enjoué.

TEXTE LATIN	TRADUCTION
Chrysippus Vettius, Cyri architecti libertus, fecit ut te non immemorem putarem mei : salutem enim verbis tuis mihi nuntiarat. Valde jam lautus es, qui	Grâce à Chrysippus Vettius (l'affranchi de l'architecte Cyrus)[1], je puis croire que vous ne m'oubliez pas; car il m'a salué de votre part. Vous voilà bien fier;

1. Les mots entre parenthèses ne sont, pour ainsi dire, pas français. Pourquoi? Le nom propre tout seul dit la chose à Trebatius. Or, en français, nous omettons ces indications connues. Cicéron les écrit, parce que son style est le miroir fidèle et naïf de sa pensée.

gravere litteras ad me dare, homini præsertim prope domestico.

Quod si scribere oblitus es, minus multi jam te advocato causa cadent; sin nostri oblitus es, dabo operam ut istuc veniam antequam plane ex animo tuo effluo; sin æstivorum timor te debilitat, aliquid excogita, ut fecisti de Britannia.

Illud quidem perlibenter audivi ex eodem Chrysippo te esse Cæsari familiarem. Sed meher-

on ne daigne plus m'écrire d'occasion, même quand le courrier est presque de ma maison [1]. —

Est-ce que vous ne sauriez plus griffonner quelques lignes? [2] Vous aurez à votre compte moins de causes perdues [3]. — Est-ce que vous m'auriez oublié? Je tâcherai d'aller là-bas, avant d'avoir perdu toute place dans votre cœur. Est-ce que la crainte de l'été [4] vous paralyse? Trouvez un prétexte, comme pour la descente en Bretagne [5].

Au moins j'ai été bien heureux de savoir par Chrysippe que vous voilà aux côtés de César [6].

1. La phrase latine est un peu vague pour nous. J'ai précisé quelque peu en ajoutant : *d'occasion*, idée qui me paraît ressortir du contexte, et des mots *litteras dare*. La traduction suppose que chez les Romains le grand genre voulait qu'on eût ses courriers à soi, ses exprès. Profiter d'une occasion était moins digne et moins aristocratique. Trebatius devait être bien fier, puisqu'il ne donnait pas de lettre même à Chrysippus, qui était pourtant comme un exprès, étant presque de la maison de Cicéron. Cette hypothèse rend compte de tout. Mais je n'oserais, faute de documents, la donner comme certaine.

2. Cicéron joue sur *scribere*, écrire une lettre et donner une consultation; *écrire*, en français, n'a que le premier sens, *faire des écritures* ou *des grimoires* ne répondrait qu'au second; nous nous sommes arrêté à une formule un peu familière, mais qui sauve le jeu de mots.

3. Cicéron plaisante les jurisconsultes, comme nous plaisantons les médecins quand nous disons qu'ils tuent leurs clients. Mais ici l'idée n'est qu'insinuée; grâce au vague de l'ablatif, la phrase peut avoir un sens anodin. C'est même là qu'est la malice. La traduction vise à laisser cette indécision; on forcerait en disant : *Vous aurez sur la conscience.*

4. *Æstiva* veut dire la condition d'une armée pendant l'été : ce sont les campagnes, c'est la guerre. *Craindre l'été*, dans la circonstance, paraît rendre l'idée, avec un certain vague de perspective qui est également dans *æstiva.*

5. Trebatius, qui ne se piquait pas d'être brave, avait trouvé moyen d'esquiver la dangereuse expédition de Bretagne. Peut-être pourrait-on traduire mot à mot : *comme pour la Bretagne.*

6. Ici je mets *Chrysipve*, ce qui a l'air plus français et plus fami-

culo mallem, id quod erat æquius, de tuis rebus ex tuis litteris quam sæpissime cognoscere. Quod certe ita fieret, si tu maluisses benevolentiæ quam litium jura perdiscere.

Sed hæc jocati sumus, et tuo more, et nonnihil etiam nostro. Te valde amamus nosque a te amari cum volumus, tum etiam confidimus.

Mais, de vrai, j'aimerais mieux, et ne serait-ce pas justice? savoir de vos nouvelles par vous-même, et le plus souvent possible. Cela serait, sans nul doute, si vous étiez aussi fort sur les lois de l'amitié que sur celles de la chicane [1].

J'ai voulu plaisanter : c'est votre humeur, et un peu la mienne. On vous aime fort ; aimez-nous aussi, on y tient et l'on y compte [2].

III

Il peut être utile, pour mieux comprendre ce que doit être une bonne traduction, de critiquer quelques phrases d'un traducteur ordinaire. Je ne choisis pas les plus mauvaises ; mais je prends presque au hasard dans les premières pages d'un recueil intitulé : *Histoires choisies de Cicéron*. Je ne relèverai pas tout ce qui prête à la critique. La comparaison soit avec le texte, soit avec la traduction que je propose, permettra à chacun de compléter les remarques ici faites. Commençons par le premier morceau du recueil.

lier. Au début, il fallait *Chrysippus*, à cause du mot *Vettius*, et aussi parce que, présentant le personnage pour la première fois, on devait donner exactement son nom. L'effet me paraît être le même qu'en français, quand on commence par dire : « M. le vicomte de Bonald », pour se contenter ensuite *de Bonald* tout court. — *Familiaris* est ici une sorte de terme technique ; il désigne l'admission de Trebatius parmi les *familiares* du général, c'est-à-dire dans son entourage, dans sa maison.

1. La phrase serait peut-être plus vive avec un mot plus précis : « celles des Douze Tables. » Voulez-vous lui donner un tour tout moderne? Traduisez ainsi : « Vous n'y manqueriez pas, si vous étiez aussi fort sur le code des civilités que sur le code civil. » C'est peut-être le meilleur équivalent de Cicéron.

2. Cet *on* est souvent la traduction exacte du pluriel de modestie, qui dissimule le moi, tout en le laissant deviner.

Protagoras, sophistes temporibus illis vel maximus, cum in
principio libri sic possuiset :
*De Diis, neque ut sint, neque ut
non sint habeo dicere*, Athenien-
sium jussu, urbe atque agro est
exterminatus, librique ejus in
contione combusti.

Les Athéniens chassèrent non
seulement de leur ville, mais
encore de leur territoire, Protagore, le plus grand sophiste de
son temps, et ils firent brûler
publiquement ses ouvrages, parce
qu'il en avait commencé un de
cette sorte : *Je ne saurais dire
s'il y a des dieux ou non.*

Quel est le grand défaut de cette traduction? C'est
que l'ordre des idées n'y est pas observé. De là d'importantes différences de perspective. On s'en rendra
compte en rapprochant la traduction que nous allons
donner. Les autres défauts sont moins graves ; mais
c'est l'attention aux nuances et aux détails qui affine
l'esprit, et qui donne le sens pénétrant de l'expression.
Notons-en quelques-uns : *vel* n'est pas rendu ; il signifie : *j'oserais dire, permettez-moi l'expression*, etc.; bref,
il atténue un mot hardi. Notre *peut-être* répondrait à
l'intention. Autres détails : pourquoi dire *Protagore* quand
tout le monde, à présent, dit *Protagoras*[1] ? *Publiquement*
est trop vague ; *in contione* répond au grec ἐν ἀγορᾷ, sur
la place des assemblées, sur l'agora. Enfin les mots de
Protagoras ne sont peut-être pas rendus en toute exactitude, mais ils sont difficiles, et je ne me flatte pas
d'avoir saisi la nuance.

Voici maintenant un essai de traduction, où il est
tenu compte des critiques qui précèdent. On verra
qu'elle est à peu près littérale. « Protagoras, le plus
grand peut-être des sophistes du temps, pour avoir

---

1. A propos de ce nom, voici la note du traducteur : « Protagore,
né à Abdère, fut portefaix avant d'être philosophe. » Voilà donc le
trait principal, le seul à retenir, sur le grand Protagoras, le prince
des sophistes, le type que Platon a dessiné en traits immortels ! On
objectera : Que dire autre chose à des enfants? Je réponds : Il faut
plaindre les enfants à qui leurs professeurs n'ont pas autre chose à
dire.

commencé un livre par ces mots : *Qu'il y ait des dieux, ou qu'il n'y en ait pas, je ne saurais le dire*, fut, par les Athéniens, chassé d'Athènes et de son territoire ; et ses livres furent brûlés sur l'agora. »

Je passe sur le récit suivant, qui prête moins à la critique, à cause de la simplicité des phrases, pour arriver à un passage moins facile à bien traduire.

Xerxes, refertus omnibus præmiis donisque fortunæ, non equitatu, non pedestribus copiis, non navium multitudine, non infinito pondere auri contentus, præmium proposuit cui invenisset novam voluptatem. Qua ipsa non fuit contentus : neque enim unquam finem inveniet libido. Nos vellem præmio elicere possemus, qui nobis aliquid attulisset quo hoc firmius crederemus.

Xercès, tout comblé qu'il était des faveurs de la fortune, non content de ses armées prodigieuses, de ses vaisseaux sans nombre et de ses trésors inépuisables, proposa une récompense à qui pourrait lui enseigner un nouveau genre de volupté ; et, après toutes ses recherches, il ne put encore trouver le secret de se satisfaire, parce que la soif du plaisir est insatiable. Je voudrais, moi, donner un prix à qui trouverait des raisons encore plus fortes pour mettre hors de doute la thèse que je défends.

Ici on croirait que le traducteur a voulu effacer tous les traits précis qui parlent à l'imagination et qui font l'intérêt du récit. Sans parler de *præmiis donisque*, mots concrets et expressifs qui nous montrent la fortune occupée à combler son favori, qu'il l'eût mérité (*præmiis*) ou non (*donis*), qu'est devenue la cavalerie, et les troupes de pied, et les monceaux d'or ? A peine devine-t-on, sous le vague des termes, la prime proposée à l'inventeur d'un nouveau plaisir. Puis, on ne voit pas qu'elle ait été gagnée. Est-ce là traduire ou trahir ? Rien non plus de cette répétition éloquente : *non, non...* Enfin la dernière phrase est pleine d'inexactitudes, comme on pourra le constater en la comparant avec le texte ou avec la traduction qu'on va lire.

« Xercès avait été comblé par la fortune [1]. Mais ni sa cavalerie, ni ses troupes de pied, ni le nombre de ses vaisseaux, ni ses immenses monceaux d'or ne pouvaient le contenter, et il proposa une prime à qui lui inventerait une nouvelle jouissance. Celle-ci non plus ne le satisfit pas. Jamais, en effet, la passion ne sera au terme de ses désirs. Moi, je donnerais tout pour avoir l'homme [2] qui m'offrirait le moyen de me fixer toujours plus [3] dans cette conviction. »

Arrivons au morceau célèbre où Cicéron montre Denys le Tyran malheureux au milieu des biens extérieurs. Comme le passage est fort long, con-

1. *Præmiis donisque* n'est pas rendu explicitement; mais l'idée est impliquée dans *combler*. En voulant exprimer les mots, on donnerait trop de relief à des nuances accessoires.

2. *Vellem præmio elicere possemus* est d'une brièveté et d'une plénitude désespérantes. D'abord, *vellem* et *possemus* désignent-ils également Cicéron, ou bien, en mettant *possemus*, l'auteur pensait-il aux hommes en général? Faut-il traduire : *Je voudrais pouvoir*, ou bien : *Je voudrais qu'on pût?* En français, il faut prendre parti; il est probable que l'auteur, sans s'être posé la question, entendait vaguement l'un et l'autre. Nouvelle difficulté avec *præmio elicere. Præmio* est opposé à la prime offerte par Xercès, ce qui amène l'idée suivante : *Je proposerais plutôt une prime à qui...* Mais ce n'est pas toute la pensée : ces mots signifient aussi : *Je voudrais qu'avec une prime on pût susciter l'homme qui...;* et encore : *Je voudrais, à prix d'argent, susciter l'homme qui...* Tout cela se touche, mais il y a des nuances; le latin les englobait, sans les distinguer, dans l'ampleur de l'expression; le français doit faire son choix, et ne peut tout exprimer. En disant : *Je donnerais tout pour avoir*, on rend, semble-t-il, le principal; mais l'idée de *prime* disparaît un peu; *pour avoir à ce prix* la rappelle, mais l'addition n'ajoute rien au sens; peut-être pourrait-on traduire presque mot à mot : *Je voudrais qu'une prime pût nous donner.*

3. Je dis *toujours plus* et non *davantage* (sans *toujours*); car ce mot, tout seul, laisserait supposer que Cicéron ne croit guère à ce qu'il dit; en fait, il croit, mais il voudrait s'en pénétrer de plus en plus.

tentons-nous de relever çà et là quelques détails.

On traduit : *A bonis auctoribus sic scriptum accepimus*, par : « De bons auteurs nous apprennent », ce qui fera croire à tous les enfants que le français *auteur* répond au latin *auctor*. Cicéron veut dire : « des témoins autorisés ». Plus loin, voici un trait particulier de la défiance de Denys : *Atque is, cum pila ludere vellet (studiose enim id factitabat), tunicamque poneret, adolescentulo... tradidisse gladium dicitur.* On traduit : « Étant obligé de se déshabiller pour jouer à la paume, qu'il aimait beaucoup, il ne confiait son épée qu'à un jeune homme. » Tout dans le français fait croire qu'il s'agit d'un fait usuel, d'une habitude. Ce n'est pas l'idée de Cicéron. Avec son imagination vive et son instinct d'artiste, il décrit une scène spéciale : « Un jour qu'il voulait jouer à la paume — c'est un jeu qu'il aimait beaucoup — et qu'il ôtait sa tunique, il remit son épée... » Que tel soit bien le sens, les subjonctifs *vellet, poneret*, l'infinitif passé *tradidisse* auraient dû suffire pour en avertir le traducteur. Pour une action habituelle, Cicéron aurait dit : *volebat, ponebat, tradere consuesse.* Ainsi non seulement on fait dire à l'auteur ce qu'il n'a pas dit, mais on lui fait parler une langue qu'il n'a jamais parlée, et l'on donne aux enfants une leçon de mauvais style.

Aussitôt après, voici l'histoire de Damoclès. « *Cum... Damocles commemoraret in sermone copias ejus...* » ; traduction : *Damoclès ayant voulu un jour le féliciter sur sa puissance...* Ceci ne peint plus. Il fallait quelque chose comme : *Damoclès parlait des armées...* Denys répond : *Visne igitur, inquit, o Damocle [1], quoniam hæc te vita delec-*

---

1. Le texte que j'ai sous les yeux porte *Damocles* : un des mille exemples de ces libertés que l'on prenait avec les auteurs pour les rendre « réguliers », c'est-à-dire pour les plier aux règles de Lhomond ou de ses correcteurs.

tat, ipse eamdem degustare, et fortunam experiri meam? Traduction : « Puisque mon sort te paraît si doux, serais-tu tenté d'en goûter un peu, et de te mettre en ma place ? » Ceci est bon. Je crains pourtant que ce ne soit pas suffisant pour faire entendre le sens des deux verbes : *Degustare,* c'est faire l'essai d'une chose, *experiri,* c'est faire soi-même l'expérience. On pourrait peut-être traduire : « Allons, Damoclès, puisque cette vie a pour toi tant d'attrait, veux-tu en faire l'essai, et goûter par toi-même le bonheur dont je jouis? »

Reprenons quelques lignes plus bas : *Fortunatus sibi Damocles videbatur. In hoc medio apparatu, fulgentem gladium e lacunari seta equina aptum, demitti jussit ut impenderet illius beati cervicibus. Itaque nec pulchros illos ministratores jam adspiciebat, nec plenum artis argentum, nec manum porrigebat in mensam ; jam ipsæ defluebant coronæ; denique exoravit tyrannum ut abire liceret, quod jam beatus nollet esse.* On voit comme, dans la première phrase, tout est dramatique, le choix des mots, la construction, les coupes même. La traduction ne serre pas assez le texte : « Damoclès se croyait le plus fortuné des hommes, lorsque tout d'un coup, au milieu du festin, il aperçut au-dessus de sa tête une épée nue, que Denys y avait fait attacher, et qui tenait au plancher par un simple crin de cheval. » Les faits et les impressions ne se suivent plus comme dans Cicéron. Le latin est meilleur ; mais quand il ne le serait pas, ce ne serait pas une excuse ; car il faut rendre le texte, et non le refaire. Essayons d'être plus près du modèle : « Damoclès se trouvait au comble du bonheur. Au milieu de cet appareil, une épée flamboyante, tenant au plafond par un crin de cheval, s'abaisse (comme Denys l'avait ordonné) et reste pendue sur la tête de ce bienheureux. »

Sans doute, on reconnaîtra là une traduction ; mais est-ce un mal ?

La fin a aussi beaucoup perdu en passant chez nous, grâce surtout au malencontreux changement de temps : « Aussitôt les yeux de notre bienheureux se troublent : ils ne virent plus ni ces beaux garçons qui le servaient, ni la magnifique vaisselle qui était devant lui : ses mains n'osèrent plus toucher aux mets : sa couronne tomba de sa tête. Que dis-je ? Il demanda en grâce au tyran la permission de s'en aller, ne voulant plus être heureux à ce prix. » On voit que nous sommes loin du texte ; le principal défaut est de raconter où Cicéron décrit. Visons à mieux : « Dès lors, il n'a plus d'yeux ni pour ces beaux servants, ni pour l'argenterie d'un si beau travail ; sa main ne s'étend plus vers la table ; il laisse même glisser et tomber ses couronnes. Bref, il demanda en grâce et obtint[1] de se retirer : il ne voulait plus être bienheureux. »

On voit quelle étude profonde du texte suppose une version bien faite. La traduction peut ne pas répondre aux désirs du traducteur ; mais le profit est déjà considérable si l'on a vu ce que l'auteur voulait dire et compris les délicatesses de l'expression, si l'on a le sens net de ce qu'il faudrait en français pour que la traduction fût parfaite.

1. *Exoravit* est intraduisible en français, il signifie : prier de façon à obtenir (*ex*), obtenir à force de prières.

DE LA COMPOSITION LATINE

I

La composition latine est poursuivie dans ses derniers retranchements. D'après le nouveau programme pour la licence ès lettres, les candidats, sauf ceux de grammaire, ont le choix entre thème et dissertation [1]. Cette mesure aura-t-elle son contre-coup dans l'enseignement secondaire ? En tout cas, la secousse sera peu sensible. De nos jours, on ne compose plus guère en latin dans les hautes classes ; le discours latin n'est qu'un souvenir. Beaucoup le déplorent. D'autres, et j'en suis, s'en consoleraient facilement, si le thème pouvait prendre la place laissée libre par la composition.

En effet, les principaux exercices de latin, dans les circonstances actuelles, me semblent devoir être le thème et la version : le thème pour apprendre le latin, ou du moins pour s'y essayer avec profit, la version pour apprendre le français, l'un et l'autre comme exercices de style [2].

1. Ces lignes ont été écrites en 1896.
2. Je suppose, ou je rappelle ici que le but des études classiques n'est pas la science, ni même le maniement pratique d'une langue, mais la culture et la *formation*. Or les exercices de composition et de style sont la meilleure des gymnastiques intellectuelles. Et puis, bien écrire et bien parler est encore quelque chose en France. Plaise à Dieu que nous continuions à nous distinguer par là de nos voisins d'outre-Rhin, chez qui M. Bréal, un juge bienveillant s'il en fut,

Comparons ici le thème et la composition.

Voyez un enfant qui fait sérieusement un thème. Le voilà qui réfléchit : il faut chercher la pensée sous les mots et dans les formules toutes faites, il faut l'en détacher pour la mettre dans d'autres mots et d'autres formules ; il faut aller du signe à la chose, du mot à l'âme. Pas de meilleur remède contre cette maladie des jeunes gens. — j'allais dire contre cette maladie française — qu'on a si bien nommée le *verbalisme*. Puis il faut comparer les deux langues, excellent moyen de les apprendre toutes deux, de pénétrer leur génie et de voir leurs rapports et leurs différences. Surtout il faut, comme disait Montaigne, « crocheter, fureter dans le magasin des mots et des figures », pour trouver l'équivalent dont on a besoin. Or, cette recherche soigneuse des équivalents est toute au profit du latin, dont on prend ainsi possession. Bref, le thème bien fait rend l'étude *étendue, réfléchie, comparée*. Or, tels sont précisément — nous l'avons vu dans un autre entretien — les caractères qu'elle doit avoir.

II

La composition n'a-t-elle pas les mêmes avantages? n'en a-t-elle pas de plus grands? Oui, pour qui saurait déjà la langue Non, dans la condition où se trouvent

constatait, dans les devoirs des meilleurs élèves, « manque de chaleur, langue abstraite, terne, pleine de néologismes et assez semblable au langage courant des journaux, vulgarité. » (*Excursions pédag.*, p. 49.) — Un auteur allemand semble écrire pour lui-même, nous voulons encore écrire et parler pour les autres : différence que Mme de Staël remarquait déjà dans une page pleine de finesse (*De l'Allemagne*, IIe partie, ch. I). Bref, nous savons qu'apprendre à bien écrire, c'est apprendre à bien penser, à bien sentir, à bien rendre : c'est se former.

la majeure partie des enfants. Qu'arrive-t-il en effet ? Tout préoccupé du fond, l'élève néglige la forme, il écrit mal ; ou bien encore, il fait revenir toujours les mêmes mots, les mêmes tournures ; il dépense ce qu'il a, mais il n'augmente plus son trésor ; et comme il est peu riche de son fonds, comme sa monnaie n'est pas toujours de bon aloi, il n'écrira jamais qu'un latin médiocre ou mauvais ; il ne saura ni varier, ni changer de style, ni, en un mot, rendre sa pensée[1]. Mais le mal est plus grand encore : l'esprit même est atteint dans son activité, son travail ne se fait pas, ou se fait mal. Pourquoi cela ? Toujours à cause de l'union étroite entre le mot et l'idée. Quand on est maître de sa langue, quand on la manie comme en se jouant, alors l'esprit est à l'aise, il rapproche, il combine, il suit son idée jusqu'au bout ; les mots, toujours prompts à se présenter, lui donnent le spectacle de sa pensée, il peut la regarder à loisir et la retravailler ; la langue le porte et lui donne comme des ailes. Au contraire, quand on est gêné dans le maniement de la langue, l'esprit est contraint, ses horizons se rétrécissent ; il entrevoit quelque chose au delà, mais il n'a pas l'appui des mots et ne peut se lancer : la pensée reste inachevée. Voyez plutôt comme on perd la moitié de sa valeur quand on parle une langue étrangère : on reste au-dessous de soi-même.

Voilà le danger quand on lance trop tôt les élèves dans la composition latine : ils cessent, ou à peu près,

---

1. C'est aussi l'opinion de Locke, généralement si sage quand il s'agit d'éducation : « The learning and mastery of a tongue being uneasy and unpleasant enough in itself, should not be cumbered with any other difficulties... If boy's invention be to be quickened by such exercise, let them make themes (*c'est-à-dire des compositions*) in English, when they have facility and a command of words. » (*Some thoughts concerning Education*, p. 173.)

de faire des progrès dans la langue; ils s'habituent à ne plus voir les choses en elles-mêmes et comme elles sont; ils se contentent d'une demi-expression, d'une demi-vue; ils n'apprennent pas à penser ni à écrire. La composition en vers les forcerait à travailler l'expression, à finir leur pensée; mais elle est au-dessus de leurs forces, et la plupart perdent le temps pour arriver à quelques méchants vers, tout chevillés, d'où la pensée ne se dégage même pas.

« Pourtant, dira-t-on, jadis on composait beaucoup en latin, et l'on savait mieux le latin, et l'on pensait mieux. »

Il est vrai; mais on ne commençait pas à composer que l'on n'eût déjà un fonds passablement riche de mots et d'expressions latines; mais la composition n'était pas libre : on était soutenu et dirigé par un modèle, et, si ce modèle n'était pas expressément indiqué, une habitude de longue date, des exercices répétés avaient formé l'enfant à s'en choisir un de circonstance, ou bien à profiter habilement ici d'un mot, là d'une expression, ailleurs d'un mouvement oratoire; partout enfin, les richesses d'autrui étaient à la disposition de l'élève, et celui-ci savait en tirer parti. Dans ces conditions, l'exercice devenait fécond et fortifiant, l'esprit s'enrichissait des trésors qu'il faisait siens en les employant, il s'animait au contact immédiat des grands écrivains de l'antiquité [1]. *Sed hæc prius fuere.*

[1] « Je me rappelle que nous lisions beaucoup de Cicéron, de Tite-Live, de Virgile, d'Horace; puis, quand nous nous sentions maîtres des tournures de la langue, nous les appliquions à l'expression des idées que nous suggéraient des sujets bien choisis, et, dans la composition de ces essais, nous ressentions une émotion intérieure qui nous faisait illusion à nous-mêmes, et qui était fort analogue à celle que ressentent de véritables écrivains. » M. A. Cartault, parlant du temps où il était l'élève de M. E. Benoist. *Revue internat. de l'ens.*, janvier 18°8, p. 19.

Ne regrettons donc pas le discours latin, ni la narration latine : ce qui est à regretter, c'est le temps où l'on pouvait les faire avec profit.

III

Est-ce à dire qu'il faille renoncer absolument à la composition latine? Je ne le crois pas. Un bon professeur peut encore lui faire porter d'excellents fruits. D'abord, quelques élèves y peuvent réussir presque sans secours. Ordinairement, et pour la masse, les exercices libres, où l'on ne donne que le sujet et quelques rapides indications, devront être remplacés par des exercices méthodiques, par des travaux d'imitation, de reproduction, etc., en un mot par des travaux où l'élève soit soutenu et dirigé, où il marche appuyé sur les anciens. J'indique ailleurs [1] quelques exercices de ce genre : le même récit fait par un autre et dans des conditions différentes, des groupements nouveaux, des résumés, des comptes rendus sous une forme personnelle. Ajoutons les exercices d'imitation : une lettre dans des circonstances analogues à celles qui ont inspiré à Cicéron une de ses lettres, et dans le genre des thèmes d'imitation que le professeur aura souvent dictés à ses élèves ; un récit dont les particularités ont beaucoup de rapport avec tel récit de Cicéron, de César ou d'un autre. Le début du *Songe de Scipion* amènera, par exemple, la réception par un vieillard vénérable du petit-fils ou du neveu d'un ancien ami [2]. L'apparition de

1. En parlant de la lecture des classiques.

2. La meilleure application que j'aie vu faire de ce début est la suivante : Récit de la réception de deux jeunes jésuites, au commencement de ce siècle, par un archevêque qui avait été de la Compagnie, avant 1773, et qui avait gardé, avec l'amour le plus vif pour elle, les souvenirs et les usages de ce temps lointain.

Scipion et quelques-unes de ses paroles aideront à raconter en bon style l'apparition de la Sainte Vierge à saint Stanislas, l'annonce qu'elle lui fait de sa vocation à la Compagnie de Jésus, le désir qu'a l'enfant de partir pour le ciel avec Jésus et Marie, et les paroles de consolation que lui dit la Sainte Vierge [1].

Il n'est pas nécessaire de tout appliquer; on peut même concevoir des sujets où le mouvement des pensées serait tout différent, mais où le modèle offrirait des secours pour l'expression. D'autres fois, les traits à imiter seront pris de-ci de-là, et fondus dans une composition personnelle à l'enfant. Enfin, il y a les devoirs libres, mais sur un sujet dont le *matériel*, si je puis dire, soit bien connu par des passages précédemment étudiés.

Ainsi, l'on pourra réserver les compositions libres pour les plus forts ou pour les grandes circonstances, soit qu'on veuille vérifier où en sont les élèves, et ce qu'ils peuvent donner par eux-mêmes, soit qu'on ait l'espoir fondé d'obtenir d'eux, pour une fois, un effort sérieux, ce qui ne va jamais sans quelque profit.

Mais en général, et d'ici longtemps encore, c'est, je crois, sur l'expression que devront porter les exercices de latin, même dans les hautes classes. Les compositions latines pourront être utiles, mais à condition qu'elles se tiennent sous l'influence fortifiante d'un auteur latin.

On fera mieux de réserver pour les exercices français la composition libre, où l'enfant soit livré davantage à lui-même, et laissé à ses propres forces.

---

1. J'ajoute en appendice un petit exercice de ce genre.

APPENDICE.

L'EMPEREUR SAINT HENRI ET LE PRÉVOT DU CHAPITRE DE STRASBOURG [1].

« Quo sis, imperator clarissime, alacrior ad tutandam Ecclesiam, sic habeto : omnibus qui Dei cultum promoverint, adjuverint, auxerint, certam esse in cœlo repositam mercedem qua beati semper fruantur. Nihil enim est illi Deo qui mundum hunc regit, quod quidem in terris flat, acceptius quam concilia cœtusque hominum ad laudes Dei decantandas religione sociati, quæ *capitula* appellantur : horum patroni et adjutores, in Deum benefici, a Deo præmium recipient. » Hic Henricus, etsi erat commotus, non tam verbis præpositi quam instinctu quodam Dei, quæsivit tamen viverentne felices et ipse præpositus, et pueri *oblati*, et alii quos vulgus miseros arbitraretur. « Immo vero, inquit, hi sunt felices qui e libidinum illecebris, tamquam e retibus, evolarunt. Vestra vero quæ dicitur felicitas, miseria est. Quin tu adspicis unum e tuis comitibus vultu ad te sereno hilarique venientem ? » Quem ut vidit imperator, vim lacrimarum profudit. Ille autem consolatus flere prohibebat. Atque imperator, ut primum fletu represso, loqui posse cœpit : « Quæso, inquit, amice fortissime atque optime, quoniam hæc est felicitas, ut præpositum audio dicere, quid moror in terrestribus negotiis, quin huc ad vos venire propero ? — Non est ita, inquit ille ; nisi enim Deus is cujus est suum cuique munus assignare, istis te regni officiis absolverit,

---

1, D'après le *Songe de Scipion*, ii : *Sed quo sis, Africane, alacrior*, etc. L'idée de cette application ne m'appartient pas.

huc tibi aditus patere non potest. Homines enim sunt
hac lege generati, qui suo quisque loco consisterent,
qui *status* dicitur; eosque Deus sapientissimo illo consilio regit atque moderatur, quam *Providentiam* vocamus,
quæ potens et benigna, ad divinam gloriam omnia refe-
rens, finem suum consequitur suavitate mirabili. Quare
et tibi, Henrico, et piis omnibus perseverandum est in
loco constituto, nec injussu ejus a quo omnia guber-
nantur, ex regio solio cedendum est, ne officium vestrum,
a Deo assignatum, neglexisse videamini. Sed sic, Henrico,
ut Carolus ille Magnus, ut uxor tua Cunegunda, justi-
tiam cole et pietatem, quæ cum sit magna in civibus et
sacerdotibus, tum in imperatore maxima est [1]; ea vita
via est in cælum, et in hanc felicitatem eorum qui Dei
obsequio sese in vita humana totos dederunt.

1. Dans la phrase de Cicéron : *Quæ cum sit magna in parentibus
et propinquis, in* a un sens tout différent (Quand il s'agit de
parents... quand elle s'exerce à l'égard des parents...).

EXERCICES D'IMITATION

Le thème, la version, la composition sont, je dirais,
les grands exercices; ils demandent à l'enfant le déploie-
ment de toutes ses forces, ils lui font donner sa mesure;
dès lors, ils sont relativement rares[1]. A côté, il en est
d'autres plus modestes, plus faciles, d'application continuelle; ils obligent à manier et remanier sans cesse le
latin, ils finissent par familiariser avec les mots, avec
la grammaire, avec le style, avec les auteurs. C'est de
ceux-là qu'il reste à parler. La plupart ont déja été
signalés en passant; mais il peut être utile d'entrer
dans quelques détails.

Aussi bien quelques-uns d'entre eux ont une haute
portée, et méritent une attention spéciale.

De ce nombre sont les petits exercices d'imitation, de
variation (*imitatiunculæ, variationes*), si fort en usage
autrefois, et qu'Eckstein regrette de voir remplacés par
des exercices moins vivants et moins rattachés aux auteurs de classe[2].

1. Cependant plusieurs professeurs, dans les basses classes,
donnent tous les jours un petit thème et une petite version comme
première partie du devoir. Ils ont raison, ce me semble. L'exercice
quotidien est un puissant moyen d'arriver. Ajoutez que ces phrases
pourront être choisies avec soin, en vue de quelque règle spéciale :
on unira ainsi la classe et l'étude. Enfin beaucoup d'enfants feront,
sur quelques lignes intéressantes, un effort qu'ils ne feraient pas sur
une longue matière.

2. *Lat. und Griech. Unterr.*, p. 159, 161.

Commençons par l'imitation. Nous ne nous occuperons que du latin.

I

EXERCICES DIVERS

Inutile de revenir sur la nécessité du modèle et sur les avantages de l'imitation.

Rappelons seulement que jadis elle était partout dans la classe. On y préparait par des exemples choisis à l'appui des préceptes, par des corrigés du devoir bien faits et bien étudiés, par le commerce de tous les instants avec les modèles. Puis c'étaient des exercices de toute sorte, sans cesse répétés. Il ne faut pas moins pour éveiller le sens d'une langue étrangère, et pour acquérir la science pratique des procédés. Mais aussi le succès est au bout, et, ce but atteint, tout le reste est assuré.

Avec ce système, on avait notamment l'avantage de donner des devoirs à la fois hauts et proportionnés. L'enfant tout seul n'aurait pu traduire cette phrase française en bon latin, ni développer cette idée, ni écrire cette lettre. Donné un modèle, la chose devenait possible, facile même. Ainsi enfin la classe et l'étude s'unissaient, le travail particulier venait reprendre et compléter l'œuvre d'ensemble.

Groupons ici, sous quelques titres, les principaux exercices; le professeur saura lui-même les multiplier et les varier encore.

IMITATIONS GRAMMATICALES. — Ici se rapporte toute application nouvelle à calquer sur un exemple donné. Cet exercice doit donc être continuel dans les classes de grammaire, depuis les mots que l'on décline ou que l'on conjugue sur un mot donné, depuis les petites phrases du début, jusqu'aux règles les plus compliquées du discours indirect ou de l'emploi des particules. Tantôt le professeur donne la pensée (en français), les mots latins et la phrase modèle; reste à trouver la forme syntaxique. Tantôt il ne fournit que les mots ou la pensée : à l'élève de bâtir la phrase. Tantôt, après avoir lui-même formé nombre de petites phrases pour appliquer une règle, il laisse à en forger de nouvelles, soit sur place, soit à l'étude.

IMITATIONS DE PHRASE ET DE STYLE SUR UN AUTEUR. — Ici nous avons en vue, non plus strictement la grammaire, mais un tour, un procédé, une phrase vivante en un mot. La manière est la même que plus haut, sauf pourtant qu'ici la phrase de l'auteur, généralement asséz longue, devra avoir été sérieusement analysée au préalable, de façon à en dégager la charpente, la structure intime. Après ce premier travail, le professeur bâtira lui-même une phrase sur ce modèle, et la fera répéter s'il le faut, ensuite il donnera une phrase française déjà coulée dans le moule, et qu'il faudra seulement mettre en latin; puis il se contentera d'indiquer la pensée, en latin ou en français, les élèves devront la développer; enfin il laissera la pensée elle-même à trouver.

Pour cet exercice il faudra choisir des périodes bien bâties, et où l'on voit sans peine la pensée sortir et se développer d'un germe par des procédés faciles à saisir. Le travail portera naturellement sur la structure et le mouvement de la phrase, sur la marche de la pensée plus que sur les mots[1].

1. Voir dans le P. Le Jay, *Bibliotheca rhetorum*, des exemples nombreux de périodes calquées sur des périodes cicéroniennes; ils

IMITATION DE PROCÉDÉ, DE DÉVELOPPEMENT. — Nous avons parlé, à propos de la composition, de la façon d'imiter un ensemble plus considérable : inutile d'y insister ici. Remarquons seulement que le travail pourra être méthodique, en dégageant tel procédé littéraire ou oratoire, et le faisant imiter de l'une des façons indiquées plus haut. Indiquons en ce genre l'interrogation oratoire, indignée ou polémique, la concession, ironique ou sérieuse, l'énumération des parties, la prétérition, la gradation, le contraste, l'exemple, etc.

IMITATIONS POÉTIQUES. — On s'y prendra comme pour les imitations en prose; nous n'avons donc pas à en parler dans le détail[1].

II

QUELQUES EXEMPLES.

I. — Imitations sur une tournure intéressante.

1) On est quelquefois embarrassé pour rendre le français *soi-disant*, *prélen-tu*, etc.; ou bien pour introduire un mot non classique. Une belle pensée de Cicéron va nous venir en aide. Le premier Africain, dans le *Songe de Scipion*, dit au second : *Ce que vous autres hommes vous nommez la vie n'est qu'une mort.* En latin :

VESTRA VERO QUÆ DICITUR VITA MORS EST.

Contentons-nous de donner des phrases analogues. Le professeur les amènera comme il jugera bon.

peuvent aider à comprendre le procédé; mais la donnée ne plairait guère de nos jours. De plus, avec des élèves faibles en latin, l'expression devra s'appuyer davantage sur Cicéron.

1. J'ai, du reste, donné tous les secours nécessaires, explications et exemples, dans mes *Exercices de vers latins* (Tours, Mame).

Malorum amicorum quæ dicitur amicitia, odium est.

Multorum quæ dicitur humilitas superbia est.

Le mot *humilitas* est employé ici au sens chrétien d'*humilité*. En le prenant au sens classique, on dirait très bien : *Christiana quæ dicitur humilitas dignitas est;* ce qui signifierait : Cet abaissement de l'homme devant Dieu (l'humilité chrétienne), que le monde regarde comme bassesse, est la vraie dignité.

Malorum quæ dicitur felicitas miseria est.

Obœdiendi quæ dicitur servitus libertas est.

Christianorum quæ dicitur tristitia gaudium est.

Singulari certamine pugnantium quæ dicitur fortitudo ignavia est.

Multorum quæ dicitur scientia ignorantia est.

On voit qu'en cherchant à imiter le tour cicéronien on peut tomber sur des pensées belles et solides.

2) Cicéron, pour montrer que l'âme est, pour ainsi dire, le tout de l'homme, recourt à une maxime toute platonicienne : *L'âme, c'est l'homme* :

MENS CUJUSQUE IS EST QUISQUE.

La même tournure peut nous aider à rendre en excellent latin de belles et délicates pensées. D'abord celle-ci, qu'on attribue souvent à saint Augustin, peut-être un peu abrupte dans sa concision : *Homines sunt voluntates.*

Nous dirons très bien, d'après Cicéron : *Voluntas cujusque is est quisque.* — Le même tour peut exprimer aussi ce qui fait la valeur de quelqu'un. *Animus cujusque is est quisque,* s'emploiera donc pour traduire la phrase : *L'homme vaut par le cœur.*

Le mot célèbre de Buffon : « Le style, c'est l'homme même », ne serait qu'imparfaitement rendu par : *Qualis quisque est, talis est ejus oratio.* Au contraire, où trouver traduction plus exacte et plus vive que celle-ci : *Oratio cujusque is est quisque* [1].

3) Pour expliquer l'attraction du pronom (au sens indéfini : *ceci, cela*), et aussi la force que lui donnera l'accent, prenons la phrase célèbre de Salluste :

Idem velle atque idem nolle, ea demum firma amicitia est.

On dira, à peu près dans le même sens :

Pro Deo mori, ea demum vera est caritas.

Deo vacare, id studium est præstantissimum.

Parentibus obsequi, ea vera est pietas.

Laboranti amico opem ferre, ea vera est amicitia.

Libidinem vincere, ea demum vera virtus est.

Iram reprimere, ea demum vera est mansuetudo.

Pecuniam ad sublevandos egenos impendere, is est divitiarum usus.

Si des mots nous passons à la pensée, on peut faire trois remarques sur les phrases qui précèdent :

a) Dans tous les cas, le procédé est à peu près le même, on désigne une vertu, une disposition morale, etc., soit par son caractère essentiel, soit par une de ses manifestations caractéristiques.

b) L'accent de la phrase a ici beaucoup d'influence. Ainsi, dans le dernier exemple, il faut accentuer *usus* (*voilà qui s'appelle user de ses richesses*). Dans *laboranti amico*, etc., c'est *opem ferre* qui doit ressortir (l'amitié vraie est l'amitié *qui agit*) ; si vous accentuez *laboranti*,

---

1. A dire vrai, ces mots rendent peut-être plutôt la pensée détachée, telle qu'on l'entend d'ordinaire hors du contexte, que celle de Buffon. A celle-ci correspondrait davantage quelque chose comme : *Propria cujusque sua est oratio;* ou plus vivement en accentuant *sua : sua cujusque est oratio.* Buffon, en effet, voulait dire surtout : « Le style seul appartient vraiment à l'écrivain, lui est personnel; le reste (pensées, choses) est souvent commun à plusieurs, appartient à tous ».

le sens est différent (aider *dans le malheur*, voilà l'amitié).

c) En insistant sur une idée, on éveille à côté une idée voisine, en opposition avec celle que l'on met en relief. Ainsi en accentuant *opem ferre*, je puis faire entendre que c'est par des secours efficaces, *non par de belles paroles* ou des lamentations stériles, que se montre la vraie amitié ; en accentuant *laboranti*, on comprendra plutôt ceci : c'est dans l'épreuve, *non pas dans le succès ou la prospérité*... Il y a là un fait psychologique des plus curieux, sur lequel j'espère un jour appeler l'attention des lecteurs.

4) Finissons cette série par l'étude d'une expression délicate, quelque peu difficile même, et qu'on aurait peine — je le sais par expérience — à faire comprendre si l'on ne forgeait des phrases plus faciles sur le même modèle. Cicéron écrit à Tiron malade, que les soins de sa santé retiennent loin de son maître :

NOS ITA TE DESIDERAMUS UT AMEMUS: AMOR UT VALEN- TEM VIDEAMUS HORTATUR, DESIDERIUM UT QUAMPRIMUM. ILLUD IGITUR POTIUS.

Il y a deux points difficiles dans cette phrase [1] : d'abord, et surtout, l'opposition un peu subtile entre *desideramus* (l'amour égoïste qui se voit avec peine privé des services de Tiron), et *amemus* (l'amour désintéressé, qui veut le bien, ici la santé, de Tiron, dût-on pour cela faire des sacrifices, et se passer de lui); d'autre part, l'emploi de *ita ut* dans un sens un peu détourné, insistant sur la simultanéité des deux senti-

---

1. La difficulté n'est que pour les enfants; un peu de réflexion suffit pour voir le sens. L'auteur que j'ai sous la main ne l'a pas vu; il écrit : « Nous le regrettons de telle sorte que nous t'aimons, c'est-à-dire: je te regrette parce que je t'aime. » Cf. p. 37.

monts : je te regrette, il est vrai, et je te voudrais ici ; mais je t'aime et je veux que tu te rétablisses. » De là le conflit indiqué dans la suite de la phrase. Il faut commencer par expliquer le sens et par bien montrer le balancement des membres et la lutte entre *amor* et *desiderium*. Suggérons ensuite et faisons trouver des imitations.

Sic Deum time ut ames : amor ut ad eum accedas hortatur, timor ut recedas. Illud igitur potius. — C'est la question de la communion fréquente..

L'exemple suivant est une pure explication du modèle : *Ita mihi bene esse cupio ut bene tibi sit : tuum commodum ut absis postulat, meum ut adsis. Illud igitur potius.* — Travail et santé : *Ego ita te studiis vacare cupio, ut valeas : valetudo otium postulat, studia diligentiam. Illud igitur potius.* — Amour de Dieu et amour des hommes : *Ego ita amicos amo ut Deum diligam : caritas erga Deum ut ab iis discedam hortatur, amor erga eos ut cum iis vivam. Illud igitur potius.* — Suggérons seulement quelques autres exemples : *Jacobus ita vult bibere, ut sit sobrius ; ita ludere, ut studeat.* — *Deus ita est justus ut sit misericors ; ita est omnipotens ut sit sapiens,* etc. Au fond, c'est toujours le conflit entre deux tendances.

II. — Phrases.

1. CICÉRON AIME A RECEVOIR ET A ÉCRIRE DES LETTRES.

Etsi ejusmodi tempora nostra sunt ut nihil habeam quod aut a te litterarum exspectem, aut ipse ad te scribam ; tamen nescio quomodo et ipse litteras vestras exspecto, et scribo ad vos cum habeo qui ferat.   *Famil.* 14.16.

1. MARIE AIME A DONNER.

Etsi ejusmodi nostra condicio est, ut neque Maria nobis egeat, neque nos ea digni simus, ipsa tamen, mira quadam benevolentia, et nostrum amorem requirit et in nos confert beneficia, cum habet qui accipiat.

2. LES SERVICES D'ASCLAPON.

Asclapone Patrensi, medico, utor valde familiariter, ejusque

2. L'ANGE RAPHAEL ET TOBIE.

Raphaele Angelo usus sum comite benignissimo, ejusque cum

cum consuetudo mihi jucunda fuit, tum ars etiam quam sum expertus in valetudine meorum; in qua mihi cum ipsa scientia tum etiam fidelitate benevolentiaque satisfecit.

Famil., xiii, 20.

3. LA GRANDE ET VRAIE ANNÉE.

Homines enim populariter annum tantummodo solis, id est, unius astri reditu metiuntur; cum autem ad idem unde semel profecta sunt cuncta astra redierint, eamdemque totius cæli descriptionem longis intervallis retulerint, tum ille vero vertens annus appellari potest. *Somn. Scip.*, 7.

societas mihi utilis fuit, tum auxilium etiam quod sum expertus toto in itinere; in quo mihi cum ipsa potentia tum etiam consilio sapientiaque profuit.

3. NEMO BONUS, NISI SOLUS DEUS.

Homines populariter bonitatem tantummodo beneficentiæ, id est, unius virtutis exercitatione aliqua metiuntur; cum autem omnes omnino virtutes summo gradu in eumdem convenerint et præstantissimam unam ex omnibus summam effecerint, tum illa vero absoluta bonitas appellari potest.

III. — **Imitation d'un procédé.**

Contentons-nous d'un exemple. Ce sera un développement par énumération des parties. Le début du *de Signis* va nous l'offrir.

VERRÈS
N'A PAS LAISSÉ EN SICILE
UNE ŒUVRE D'ART QUI LUI AIT PLU.

Nego in Sicilia tota, tam locupleti, tam vetere provincia, tot oppidis, tot familiis tam copiosis, ullum argenteum vas, ullum Corinthium aut Deliacum fuisse; ullam gemmam aut margaritam; quidquam ex auro aut ebore factum; signum ullum æneum, marmoreum, eburneum; nego ullam picturam neque in tabula neque in textili fuisse, quin conquisierit, inspexerit, quod placitum sit, abstulerit.

Magnum videor dicere. Attendite etiam quemadmodum dicam: non enim verbi neque criminis augendi causa complector omnia. Cum dico nihil istum ejusmodi

DIEU VOIT ET MÈNE TOUT.

Nego in orbe terrarum toto, tam amplo, tam vario, tot regionibus, tot populis tam dissitis, ullum factum publicum, ullum privatum aut domesticum esse; ullam cogitationem aut animi motionem; quidquam causis necessariis aut liberis effectum; verbum ullum lepidum, triste, austerum; nego ullum motum neque animorum neque corporum fieri, quin Deus videat, inspiciat, prout velit, moderetur.

Magnum videor dicere. Attendite etiam quemadmodum dicam: non enim verbi neque rei augendæ causa complector omnia. Cum dico nihil Deo toto in orbe terra-

rerum in tota provincia reliquisse, latine me scitoto, non accusatorie loqui. Etiam planius : nihil in ædibus cujusquam, ne in oppidis quidem; nihil in locis communibus, ne in fanis quidem; nihil apud Siculum, nihil apud civem romanum; denique nihil istum quod ad oculos animumque acciderit, neque privati neque publici, neque profani neque sacri, tota in Sicilia reliquisse.

rum esse occultum, caute me scitoto non oratorie loqui. Etiam planius : nihil in regione ulla, ne in desertis quidem; nihil in locis obscurissimis, ne in mari quidem; nihil apud homines, nihil apud angelos; denique nihil illi quod in cælo terrisve fiat, neque aperti neque arcani, neque boni neque mali, toto in orbe esse occultum.

Il est facile de trouver d'autres idées pour le même cadre : Marie a toutes les vertus. — Le journaliste sait tout. — N. connaît toutes les rues de Paris, etc.

IV. — Développement d'une pensée.

BELLE DESTINÉE DE SCIPION ÉMILIEN

Cum illo vero quis neget actum esse præclare? Nisi enim, quod ille minime putabat, immortalitatem optare vellet, quid non est adeptus quod homini fas esset optare? Qui summam spem civium, quam de eo jam puero habuerant, continuo adolescens incredibili virtute superavit; qui consulatum petivit nunquam, factus est consul bis, primum ante tempus, iterum sibi suo tempore, reipublicæ pæne sero; qui duabus urbibus eversis inimicissimis huic imperio, non modo præsentia verum etiam futura bella delevit. Quid dicam de moribus facillimis? de pietate in matrem, liberalitate in sorores, bonitate in suos, justitia in omnes? Nota sunt vobis : quam autem civitati carus fuerit, mœrore funeris indicatum est. · *Amic.*, III, 11.

GRANDEURS ET VERTUS DE MARIE.

Deum cum Maria quis neget egisse præclare? Nisi enim, quod illa stultum et impium esse noverat, divinitatem optare vellet, quid non est adepta quod homini fas esset optare? Quæ summam spem angelorum, quam de ea nondum nata habuerant, continuo puella incredibili virtute superavit; quæ honorem nullum cupivit unquam, duplici est honore decorata, mater simul et virgo, sibi vilis, nobis pæne dea; quæ donis amplissimis ornata divinitus, non modo majoribus verum etiam posteris longe præstitit. Quid dicam de virtutibus egregiis, de pietate in Deum, obsequio in conjugem, amore in Filium, caritate in omnes? Nota sunt cunctis. Quam autem Ecclesiæ cara semper fuerit, delatis honoribus indicatur.

Comme idées analogues, on pourrait indiquer :

Un élève qui vient de mourir a eu tout ce qu'on peut désirer au collège. — Un officier brillant et chrétien. — Léon XIII a eu la carrière la plus glorieuse, etc.

LA VARIATION DES PHRASES

I

EXPLICATIONS

La première difficulté avec les élèves est d'éveiller en eux le sentiment de l'idéal, ou, plus simplement, de leur donner le sens du latin, de les guider dans leurs efforts et de leur faire prendre des allures latines. Les exercices d'imitation sont un puissant moyen d'y réussir.

Seconde difficulté non moins grande : comment rendre facile le maniement du latin, comment donner un riche fonds de mots, de tours, de procédés (*copia verborum*), de façon qu'ils ne soient jamais gênés par la langue dans l'expression de leur pensée ? Un excellent moyen est la *variation des phases*. Qu'est-ce, au juste, que la *variation* ?

Cicéron, grand maître dans cet art, la définit dans une lettre au jurisconsulte Servius Sulpicius : *Ut vos soletis in formulis, sic ego in epistolis* DE EADEM RE ALIO MODO [1]. Elle consiste à faire passer une idée sous des formes différentes, à dire la même chose de diverses façons.

Cet exercice n'est guère de mode aujourd'hui : on crierait au *formalisme* vide, à la pure étude des mots

1. *Famil.*, XIII, 27.

sans souci du fond. Il est facile de le défendre. La langue est l'instrument nécessaire de la pensée ; il faut donc avant tout que l'enfant la possède et sache s'en servir. Est-ce du temps perdu que celui où le soldat apprend à manier ses armes ?

De plus, il a une utilité immédiate, il fait appliquer des règles différentes avec les mêmes mots, ou à peu près : aussi les grammairiens s'en servent-ils souvent pour mieux montrer tels rapports ou telles différences entre les usages grammaticaux ou stylistiques [1]. Mais l'exercice va plus avant dans l'âme et dans la pensée. Cette nécessité de manier et remanier la phrase et la pensée, de les retourner de toutes façons assouplit merveilleusement l'esprit, l'habitue à entrer dans un sujet par toutes les portes, à l'examiner sous toutes ses faces. En même temps, les changements de l'expression, tandis que l'idée fondamentale reste, font mieux distinguer dans un sujet le principal et l'accessoire, dégagent l'esprit de la servitude des mots et des formules toutes faites, montrent les nuances délicates de la pensée, et l'aspect qu'elle prend selon qu'elle se reflète sous telle ou telle forme.

Quoi de plus profond, qu'est-ce qui touche de plus près à l'âme et aux choses ?

On comprendra par là l'importance que les anciens attachaient à cet exercice. Ici je pourrai me contenter de quelques indications et de quelques exemples. A ceux qui voudraient davantage, on me permettra d'indiquer mes *Exercices de vers latins*.

Rappelons d'abord les principaux chefs de variation.

---

1. M. L. Havet, en particulier, emploie souvent ce procédé dans sa *Grammaire*. Seyffert, sur une même phrase, donne au moins seize façons d'introduire une objection et la réfutation immédiate. *Scholæ latinæ*, t. I, p. 162-163 et 167.

VARIATIONS DE MOTS. — Synonymes de sens ordinaire (*gratus, acceptus*), ou seulement d'acception occasionnelle, mot propre et mot figuré, métaphorique ; (*Cicero = consul ; toga = pax, laurea = laus bellica, lingua = eloquentia*).

VARIATIONS ENTRE L'EXPRESSION PAR UN MOT ET L'EXPRESSION PAR PLUSIEURS. — *Suadeo* et *auctor sum, habeo fidem* et *credo.* Ici rentrent les différents cas de périphrase.

VARIATIONS DE TOUR. — *Egeo consilii = deest mihi consilium. Tolle hanc opinionem, luctum sustulisti = sublata hac opinione, luctus tolletur.*

Là se ramèneraient les changements entre les tours simples et les tours figurés (comparaisons, proverbes, expressions latines, tour oratoire, tour indigné); entre le tour affirmatif, le tour négatif, le tour interrogatif, et aussi toute cette synonymie grammaticale dont l'étude est si utile (actif ou passif, phrases subordonnées ou juxtaposées, etc.).

VARIATIONS SYNTAXIQUES. — Elles sont un cas spécial soit des variations de mot, soit des variations de tour : *Egeo consilii, careo consilio, deest mihi consilium.* Mais elles se font en vue des règles de grammaire.

VARIATIONS DANS LA PHRASE ET DANS LE STYLE. — Il ne s'agit pas seulement de changer le tour, comme ci-dessus, ni même l'allure du style (coupé, périodique, lié ou non); mais de donner à la pensée plus ou moins d'ampleur, de développer de telle ou telle façon (par énumération des parties, par comparaison, etc.), de serrer une idée dans un mot, dans un membre de phrase, ou de la déployer dans une phrase, quelquefois dans plusieurs.

Le domaine est immense; mais l'enfant, au moins dans les débuts, s'y trouve complètement dépaysé; il faut donc que le professeur marche devant lui, le prenne par la main, le familiarise par de nombreux exercices en classe.

Quelquefois il se contentera de donner ou de faire trouver quatre, cinq, six variations. Exercice que je conseillerais de faire tous les jours sur quelques expressions ou quelques phrases choisies de la prélection, et qui se fera aussi tout naturellement à propos de certaines règles grammaticales.

D'autres fois, on restera plus longtemps sur une même pensée que l'on fera passer par toutes les formes, de façon, par exemple, à revoir une série de règles grammaticales, ou bien encore de façon à faire trouver un certain nombre de mots, de tours, de phrases, etc.

L'exercice sera oral ou écrit, commun ou particulier. En général, il faut choisir soigneusement la pensée et la phrase à varier; il faut aussi procéder avec ordre, tracer nettement ses cadres, et faire trouver à chaque enfant un exemple pour chaque casier. Faites remarquer avec soin les nuances diverses que revêt la pensée selon les formes différentes; montrez que tel mot, tel tour, telle façon de développer ne serait de mise que dans tel ou tel cas.

Quelquefois on fera recueillir, par exemple, dans une série de lettres de Cicéron, les différentes façons dont il dit : *Je vous suis reconnaissant, vous me ferez plaisir, qu'il se trouve bien de ma recommandation*, etc.

On peut aussi trouver des exemples dans le *Corpus* du P. Wagner, dans les recueils phraséologiques de Meissner, de Batiffol, plus encore dans les *Elegantiæ pueriles ex Ciceronis epistolis;* mais Érasme surtout est une mine inépuisable. Nul peut-être n'a mieux vu l'utilité de cet exercice pour se rendre maître des richesses d'une langue ; nul n'en a fait plus d'applications [1].

On voit que nous avons dans la variation et dans l'imitation deux exercices précieux négligés aujourd'hui ; tous les deux, outre leurs avantages particuliers que nous avons indiqués, en ont d'autres qui méritent l'attention.

Ils font étudier et manier les auteurs, et cela dès les premiers commencements ; ils mettent de l'unité dans la classe en faisant de la matière même d'explication une matière d'exercice ; ils font travailler la pensée par le travail des mots, ils exercent à la fois la mémoire et l'intelligence ; enfin ils sont un excellent moyen de donner à la culture intellectuelle cette suite et cette gradation, cette variété dans l'unité si précieuses pour la formation : ils prennent l'enfant à ses premiers pas dans l'étude du latin, et, s'élevant avec lui, le mènent jusqu'à la rhétorique, toujours les mêmes par la méthode, toujours différents par le degré ; ils servent à exercer sur de petites phrases les déclinaisons, les conjugaisons, les règles les plus élémentaires de la syntaxe ; et ils introduisent le jeune rhétoricien dans les secrets les plus intimes du style et du développement [2].

1. Notamment dans les *Adagia* (édition Manuce) et dans le *De duplici copia verborum ac rerum*. Mais toutes les phrases d'Érasme ne sauraient être prises pour modèles, car, pour lui, le latin était une langue vivante, qui varie et qui progresse. Il en fait bon usage, mais il en use autrement que Cicéron ou César. Faut-il avertir aussi que l'auteur ne respecte parfois ni son lecteur ni lui-même ?

2. Mais tout cela, encore une fois, à condition que l'exercice soit fait d'une manière intelligente : il faut donc attirer l'attention sur la pensée, sur les nuances qu'elle revêt selon les mots ou les tours, sur les circonstances où telle expression convient et non telle autre ; il faut que la variation vise à être méthodique, soit que l'on veuille seulement étudier des règles de grammaire ou des procédés de

Que le professeur ne se laisse donc pas effrayer par les premières difficultés, ni par la nécessité d'une préparation soigneuse; quand il aura vaincu ses premières répugnances et celles des enfants, il verra qu'il y a là de riches mines à exploiter.

II

EXEMPLES

J'en donne quelques-uns, presque au hasard, évitant seulement les cas les plus faciles.

I. — Études de mots et de syntaxe.

1) *Uter, quis; — alter, alius :* comparatif, superlatif, interrogation.

Uter est eloquentior, Bossuetus an Demosthenes? Uter utrum eloquentia vincit? Alter altero præstat genere dicendi. Ex iis uterque est, alter altera de causa, eloquentissimus.

Si la comparaison au lieu d'être entre deux, se fait entre trois ou plus, il faut renoncer aux mots en ter, *et au comparatif :*

Quis est eloquentissimus, Bossuetus, Cicero an Demosthenes? Quis quem eloquentia superat, Cicero, B. an D.? Ex iis alius alio præstat genere dicendi. Sunt ii tres, alius alia de causa, eloquentissimi.

En rendant l'interrogation dépendante d'un autre verbe, il faudra tout mettre au subjonctif :

Nescio uter sit eloquentior. Haud scio an Bossuetus Demosthenem eloquentia vicerit[1].

style, soit que l'on cherche ses variations dans les objets mêmes. Il ne s'agit pas, on le voit, de mots et de forme seulement, mais aussi de choses et de fond.

1. Remarquer le sens de *haud scio an ;* la tendance est affirmative.

2) Variations pour amener quelques emplois remarquables du relatif.

Il y a en latin un certain nombre d'emplois du relatif, délicats et quelque peu difficiles. Le meilleur est de les rendre d'abord familiers par des phrases d'imitation, calqués sur les exemples de Cicéron ou de César. On peut ensuite faire une revue des principaux cas en variant quelques phrases.

Partons d'un mot charmant de Cicéron à son esclave Tiron : *Nemo nos amat qui te non diligat*, et appliquons-le dans un autre sens.

NEMO JESUM AMAT QUI MARIAM NON DILIGAT. — *Quis* Jesum amat, qui non idem Mariam diligat[1]? *Nemo* Jesum amat, *quin* idem Mariam diligat. — *Quicumque* Jesum amat, idem Mariam diligit. — Jesum *qui* amat, *is* Mariam diligit. — *Is* Mariam amet necesse est *qui* Jesum amat. — *Si quis* Jesum amat, is eo erit in Mariam *amore quæ* pietas appellatur.

Tu, *quo es* in Jesum *amore*, non dubito quin Mariam diligas. — Tu, *qui tuus est* in Jesum *amor*, non dubito, etc. — Quem Jesus habet amicum, *et eo* familiariter utitur, *is* sit necesse est *qui* Mariam diligat. — Jesus amicos suos, *quibus utitur amantissimis*, eos magno in Mariam amore incendit.

Quo quis est in Jesum amore, ea est in Mariam pietate. — Mariam amo, *ut qui (quippe qui)* Jesum amem. — Petrus Mariam amet necesse est qui Jesum amet (sens causal). — Non is sum qui Jesum amem, Mariam non amem. — Nemo nostrum, *quos* quidem *noverim*, Jesum amat quin idem Mariam diligat. — Nemo est *qui*

La phrase signifie donc : Je ne sais si Bossuet n'est pas supérieur à Démosthène; je croirais volontiers que Bossuet est supérieur à D.

1. Pour ne pas trop allonger, j'omets de transcrire les phrases sur lesquelles sont calquées celles-ci. On en pourra trouver de pareilles dans les grammaires ou dans les dictionnaires.

Jesum *amet*, Mariam non *amet*. — Petrus eo erat in Jesum amore, *quo qui afficiuntur* fieri non potest quin
Mariam ament. — Amor in Jesum fons est *unde* dimanet (ou *dimanat* suivant le sens) pietas in Mariam. — Jesum ama, qui amor in Mariam redundet (*redundat, redundabit*, suivant le sens).

Nota. — Si l'on ne s'astreint pas à des phrases relatives, ou quasi-relatives, le nombre des variations devient indéfini : Jesum ama, Mariam amabis. — Jesum
amas? Mariam ames necesse est. — Amantis Jesum est
Mariam diligere. — Amor in Jesum in Mariam refunditur. — Relevons celles que l'on peut faire avec *quisque*
(en remarquant que, en cas de phrase composée, *quisque*
se met dans l'incidente).

3) Variations sur *quisque*.

Ut quisque Jesum amat, ita diligit Mariam. — Amantissimus quisque in Jesum in Mariam est amantissimus.
— Ut quisque est in Jesum amantior (amans, amantissimus), ita est in Mariam. — Quanto est quisque amore
in Jesum, tanta est in Mariam pietate. — Amantissimo
cuique in Jesum Maria est carissima. — Amantissimi
cujusque in Jesum est Mariam diligere.

II. — Variations sur le tour de phrase.

1) Les formes d'impératif : *Noli peccare.*

Noli peccare, peccasse (*avec une nuance de sens*). — Ne
pecces (*ne s'emploie chez Cicéron que si le sujet est indéterminé*). — Tu ne peccaveris. — Cave ne pecces (peccaveris). — Cave pecces (peccaveris). — Te rogo ne pecces.
— Tu, amabo te, numquam peccabis (peccaveris) — Tu
si me amas, non peccabis. — Tu fac ne pecces.

Tours poétiques : Cave peccare *ou* peccasse ; fuge peccare ; *de même,* oderis, mitte, parce.

2) Formules de superlatif : *Erit id mihi gratissimum.*

Id mihi tam gratum erit quam quod gratissimum (quam quod maxime). — Hoc mihi nihil gratius facere potes. — Hoc mihi gratius non feceris quidquam. — Id ita mihi gratum erit ut nihil gratius (nihil magis). — Multa fecisti mihi gratissima : omnia viceris, si id feceris.

3) Équivalents d'un datif complément : *Nihil difficile est amanti.*

Nihil difficile est amori. — Si quis amat, nihil ei difficile est. — Amantis est (amoris est) nihil difficile reputare. — Ama, nihil tibi difficile videbitur. — Is non amat cui difficile aliquid videtur. — Ut quisque amat, ita omnia facilia reputat.

4) Variations dans le rôle des phrases : *Solem e mundo tollere videntur qui amicitiam e vita tollunt* (Cicéron).

Tolle amicitiam e vita, solem e mundo sustulisti. — Solem e mundo tollat qui amicitiam e vita tollat. — Solem e mundo tollas *(indéfini),* si amicitiam e vita tollas. — Ut mundus sole sublato, sic vita sublatis amicitiis. — Sublatis amicitiis, quasi sol e mundo tollitur. — Mundus sine sole vita sine amicitia. — Ut sol in mundo, sic amicitia in vita.

Nota. — On peut appliquer la pensée à Jésus dans le monde : *Solem e mundo tollunt, qui Jesum e rebus humanis tollunt.* — On peut faire les mêmes variations sur une autre pensée de Cicéron, exprimée en termes analogues : *maximum amicitiæ ornamentum tollit qui ex ea tollit verecundiam.*

III. — Résumé sur un exemple.

CICERO EST ROMANORUM ORATORUM ELOQUENTISSIMUS.

La variation peut avoir pour objet les mots en vue de la *copia verborum*, le tour de phrase en vue des règles de syntaxe ou des procédés de style, la pensée elle-même, selon qu'on veut la développer, la détailler, etc. Tout cela va souvent ensemble ; mais je puis viser à tel ou tel but, et me diriger en conséquence.

1) Mots.

Cicero, Tullius, *parfois* Arpinas ille *ou toute périphrase qui rappelle une circonstance de sa vie*; *mais qu'elle s'adapte au contexte! Pour* eloquentissimus, *on pourra dire* : maximus, optimus, præstantissimus ; disertissimus, copiosissimus ; — *et, en recourant à des périphrases* : eorum qui eloquentia valuerunt, excelluerunt... qui eloquentiæ laudem adepti sunt... qui eloquentiæ studuerunt [1], operam dederunt, qui in dicendo elaboraverunt ; — *en cherchant des mots plus imagés* : qui in foro versati sunt, qui lingua valuerunt, qui in eloquentiæ curriculo (stadio, palæstra) contenderunt (desudaverunt), qui eloquentiæ palmas affectaverunt.

2) Syntaxe.

Construction du superlatif et du comparatif : Omnium eloquentissimus ; ex omnibus, inter omnes (*avec des nuances de sens*). — Cicerone Romanorum oratorum eloquentior nemo.

Construction de quelques verbes : Cicero omnibus præstitit ; Romanorum oratorum nemo est qui non ei cedat (decedat, *qui fait image*). Nemo est qui cum Cicerone

---

1. Remarquer que *studeo* ne signifie pas proprement *étudier*, mais *s'appliquer avec passion*, etc.

contendat, ad Ciceronem accedat. — Quem non deter-
reat a dicendo Ciceronis eloquentia? — Cicero primas
dicendi partes facile tulit, eloquentiæ palmas vel Hor-
tensio præripuit...

Construction des noms de temps et de lieu : Ut Athenis ul-
timis reipublicæ temporibus Demosthenes, sic Romæ
Tullius floruit, non solum ætatis illius, sed eorum etiam
qui præteritis sæculis usque ab urbe condita dicendo
valuerant, eloquentissimus.

On pourrait multiplier les applications en donnant des dates et des
noms propres.

3) Manière de dire.

Tour affirmatif ou tour négatif: Cicero Romanorum oratorum non modo nullo inferior, sed omnibus etiam
multo superior exstitit; Cicero Romanorum omnium
eloquentiam, non æquavit modo, sed etiam longe superavit.

Tour subjectif : Non ego ex oratoribus ceterarum gentium quemquam Ciceroni facile prætulerim, nedum[1]
ex Romanis aliquem cum eo conferam.

Interrogation oratoire : Quis Romanorum aliquem cum
Ciceronis eloquentia audeat comparare? — Nemo Romanorum dignus est qui cum Cicerone comparetur. An
Antonium dicis?... an Hortensium?... an ex ceteris
quemquam?...

Divers tours emphatiques : Nemo est aut ita impudens
ut audeat, aut ita hebes ut velit Romanorum aliquem
cum Cicerone comparare. — Quem Molo ille Rhodius
Græcis ipsis eloquentiæ principatum prærepturum esse
conquerebatur, is certe Romanorum in dicendo parem

1. *Nedum* est difficile à manier, moins que *an* pourtant. L'un et
autre sont souvent mal employés.

habet neminem. Tullius ita omnes oratoris partes explevit ut non solum suorum eloquentissimus, sed ipsa pæne eloquentia esse videatur.

4) La pensée.

Cum omnis eloquentia docendo, placendo, movendo contineatur, suos Tullius omnes et docendi et placendi et movendi virtute superavit.

Cum triplex sit dicendi genus tenue, ornatum, sublime, Tullius in omni genere excelluit.

Sit Cato in dicendo severus, sit vehementissimus Ti. Gracchus, sit gravissimus Philippus, sit acutissimus Antonius, sit copiosissimus Hortensius : Cicero et Catonis severitatem, et Gracchi vehementiam, et Philippi gravitatem, et Antonii acumen, et Hortensii copiam, omnes denique omnium virtutes unus habuit, easdemque majores.

DIVERS EXERCICES DE LATIN

En dehors de l'imitation et de la variation, il est
maint exercice possible avec les élèves, sur la grammaire, sur les lectures, sur les explications de classe.
Chaque professeur en invente à chaque instant selon
les circonstances : et d'ordinaire, rien ne vaut ces trouvailles du moment, pourvu que l'on vise, en définitive,
à manier les auteurs, à les tourner et retourner de mille
façons. L'entrain du maître est ici un facteur de première importance ; car de là dépendent, en général,
l'intérêt de l'exercice et l'activité des élèves. Or on met
généralement plus d'âme et de vie dans ce qu'on vient
de trouver sur place; le travail se fait comme tout seul,
quand il est dans le mouvement de la classe, et quand
l'idée se lève, pour ainsi dire, sur la route.

Sans essayer une énumération impossible, nous don-
nerons quelques indications sur les exercices les plus
usuels, et qui paraissent offrir des avantages spéciaux.
On peut les distinguer en exercices de grammaire et de
style, exercices sur le fond des auteurs [1].

---

1. Nous n'avons guère en vue que les classes de grammaire; on
trouvera sans peine des exercices littéraires analogues.

I

EXERCICES DE GRAMMAIRE ET DE STYLE [1].

REPRODUCTION D'UN TEXTE. — C'est peut-être le plus important parmi les exercices qui vont être signalés. Le mot même fait voir en quoi qu'il consiste.

Après une lecture, une explication, il est excellent de faire retrouver en travaillant l'idée d'ensemble, les détails et jusqu'aux expressions d'un auteur. C'est à la fois une étude de forme et de fond, de mémoire et d'intelligence. Le travail pourra se préparer par la retraduction qui retrouve le latin sous le texte français, et par des questions bien posées; il se fera ensuite, sans aucun secours, soit oralement, soit au tableau, soit à l'étude. Après, on compare le texte retrouvé avec le texte vrai, et l'on fait la critique.

CHOIX OU RECHERCHE DES FORMES, DES MOTS, DES TOURS. — Le professeur donne une phrase latine, mais laisse une partie dans l'incertain [2]. S'il s'agit de formes ou de syntaxe, le nom sera donné p. e. au nominatif, le verbe à l'infinitif, à l'élève de trouver la finale qui convient; ou bien on propose le choix entre deux ou trois formes et l'on en fait rendre raison; ou bien encore on indique une forme bonne et l'on demande s'il n'y en a pas d'autres possibles, quelles elles sont, et quelle est la différence entre chacune d'elles; ou bien enfin étant

---

1. On verra que nous revenons ici sur certains exercices déjà indiqués vers la fin de la causerie sur la grammaire. On nous pardonnera quelques répétitions, nécessaires parfois quand on veut être clair et pratique.

2. L'incertitude ne devra pas, en général, porter sur le sens, qui doit être clair et déterminé.

donné telle condition, quelle est la conséquence [1] ?
Même chose pour les mots et les tours. On proposera
dans une phrase deux ou trois mots, deux ou trois tours
synonymes, quel est le bon? ou bien on demandera
quels mots, quels tours étaient possibles encore, etc.

COMPTES RENDUS. — Pourquoi Cicéron a-t-il mis ceci
et pas cela ? Pourquoi employez-vous tel ou tel cas, tel
temps, etc. ? Ainsi l'on apprend à voir et à réfléchir. Il
peut être utile de donner ainsi de temps à autre un
petit thème, une petite version raisonnée. Mais le plus
souvent, il faudra désigner avec précision les points
dont il faut rendre raison. De même sur une lecture on
demandera compte des temps, des modes, des cas, du
choix ou de l'ordre des mots.

MANIEMENT ET TRANSPOSITIONS. — L'exercice principal
en ce genre est la transposition du discours indirect en
discours direct, et réciproquement.

Le premier exercice est facile, le second est parfois
très compliqué [2]. Pour être sûr de lui-même, le professeur pourra faire au préalable la première transposition (du style indirect en style direct), il n'y aura plus
qu'à faire retrouver aux élèves le style indirect, tel
qu'il est dans l'auteur.

Ces exercices sont très précieux ; car ils forment à

1. Exemple, cette phrase de Cicéron : *Hic Verres hereditatem
sibi venisse arbitratus est quod in ejus regnum ac manus* VENERAT
(*Antiochus*). *De signis*, XXVII, 66. Etant donné *ejus*, pouvait-on mettre
autre chose que *venerat?* Avec *venisset*, que faudrait-il au lieu de
ejus, et pourquoi?

2. Les grammairiens sont parfois dans l'embarras. Voir dans Roby,
A latin grammar for schools, 769, 770 (reproduit par Guardia
p. 712), et dans Riemann, le discours de Divicon et la réponse de
César (B. G. II, 13-14) transposés en discours direct. Je crois Riemann
meilleur.

l'emploi régulier de *ejus* et de *suus*, des temps, des modes; ils sont intéressants et les exemples abondent. En même temps, on étudie de belles pièces en beau latin, et le travail porte sur des points précis.

Il est d'autres manipulations possibles.

Rendez indépendants tous les membres d'une phrase en gardant le sens, — reconstruisez une période ainsi déconstruite à l'avance, — rétablissez l'ordre des mots proposés dans l'ordre grammatical français, — remplacez l'actif par le passif, le singulier par le pluriel, tel tour verbal par un tour nominal; — trouvez une phrase comparative équivalente à une phrase superlative (*is mihi est omnium carissimus, eo mihi nemo est carior*), etc., etc.

ÉTUDES COMPARÉES DE LATIN ET DE FRANÇAIS. — Quelles acceptions a perdues ou prises tel mot latin en passant chez nous? Trouver des exemples français analogues à tels exemples latins ; dire les principales différences entre l'emploi du subjonctif en latin et en français (subjonctifs latins rendus par l'infinitif français ou par l'indicatif; le conditionnel français répondant dans certains cas à l'indicatif latin, etc). Relever les cas où le français emploie le mot abstrait pour le mot concret latin, ou pour le tour verbal, etc., etc.

ÉTUDES MÉTHODIQUES DE DICTIONNAIRE. — Donnez et classez, en vous aidant du dictionnaire, tous les sens et tous les emplois de *ut*, de *cum*, de *dum*, de *laboro*, de *utor*, etc.; bâtissez, en vous aidant du dictionnaire, des phrases latines qui rendent les différentes acceptions d'un mot français comme *sans, pour, travailler*, etc.

COLLECTIONS ET GROUPEMENTS D'EXEMPLES. — C'est un moyen de rendre fructueuses les lectures des enfants. Recueillez et classez les exemples de *qui*, de *ut*, de *cum*, etc.

Groupez en certaines classes tous les subjonctifs que vous trouverez, relevez et classez les exemples de concordance des temps, les emplois du génitif, du datif, etc., les verbes qui gouvernent tel cas, etc.

En général, les cadres auront dû être tracés à l'avance; souvent même il faudra proposer des exemples typiques.

En divisant ainsi le travail, en attirant l'attention sur un point précis, on rendra l'enfant plus observateur et plus attentif, on l'amènera, pour ainsi dire, à refaire lui-même sa grammaire.

Que l'on veuille bien compléter ces indications par les détails donnés ailleurs, et l'on verra que les exercices ne manquent pas : il suffit de vouloir pour en trouver.

II

EXERCICES SUR LE FOND

RÉSUMÉS ORAUX OU ÉCRITS. — Je suppose qu'on vienne de lire en classe un paragraphe de César; il est excellent, au moins de temps en temps, de le faire résumer, livre fermé: quelle est l'idée, quels sont les principaux détails? Racontez le fait.

Il est désirable que, dans leurs lectures particulières, les élèves fassent un exercice analogue; on donnera donc à lire, et à résumer par écrit, à peu près dans les termes de l'auteur, quelques pages de Cicéron ou de César; on habituera, si c'est possible, à faire parfois le travail mentalement.

Quand on aura vu un passage considérable, qui forme un certain tout, on en demandera de même un résumé, une analyse orale ou écrite.

GROUPEMENT DES FAITS ET DES NOTIONS. — Si l'on a expliqué dans Cicéron une série de lettres de recommandation, on fera faire un petit devoir sur ce sujet, d'après des questions comme celles-ci :

A quels personnages sont adressées ces lettres?

Qui recommandent-elles?

Quelle est la nature des affaires recommandées et le genre de services demandés au correspondant ?

Quels sont les motifs mis en avant par Cicéron, qualités du protégé, ses relations avec Cicéron, appel à l'amitié? etc.

Peut-on dégager les procédés généraux dont se sert Cicéron? y a-t-il des différences saisissables dans telle ou telle circonstance?

Enfin, peut-on tirer de là quelques conclusions historiques sur l'état de Rome et sur l'administration romaine, sur les relations et le caractère de Cicéron, sur son idéal moral (visible par les qualités qui lui paraissent recommandables dans son protégé).

On peut indiquer des exercices et des études analogues sur tout autre sujet. Inutile d'insister. Ces rédactions seront précédées d'un premier travail de lecture et d'annotation, qui habituera l'enfant à bien lire, à se rendre compte, et à prendre des notes; elles devront, du reste, être soignées dans la forme ; mieux vaudrait qu'elles fussent en français qu'en mauvais latin.

On voit que les auteurs ne servent pas seulement de thème à exercices grammaticaux, — ce qui, du reste, n'est pas blâmable en temps et lieu — l'enfant apprend à observer et à grouper, à mettre en œuvre ses petites connaissances. C'est une première initiation scientifique.

III

QUELQUES EXEMPLES

1) Sur l'ordre des mots.

PHRASE A RECONSTRUIRE.	TEXTE DE CICÉRON.
Ut sæpe homines ægri morbo gravi primo videntur relevari, deinde afflictantur multo gravius vehementiusque, si biberint aquam gelidam, cum jactantur æstu febrique : sic hic morbus qui est in republica. relevatus pœna istius (Catilinæ), ingravescet vehementius reliquis vivis.	Ut sæpe homines ægri morbo gravi, cum æstu febrique jactantur, si aquam gelidam biberint, primo relevari videntur, deinde multo gravius vehementiusque afflictantur : sic hic morbus qui est in republica, relevatus istius pœna, vehementius vivis reliquis ingravescet.

L'ordre des incidentes est imposé par le sens, plus encore que par les tendances synthétiques (les compléments ou déterminants avant le déterminé) de la construction latine : Un malade, dans l'ardeur de la fièvre, boit de l'eau froide, se sent d'abord soulagé, puis retombe : c'est l'ordre même des faits. C'est aussi l'usage latin : d'abord les incidentes (surtout si elles déterminent plusieurs membres), puis la phrase principale. Même allure dans chaque membre : d'abord les compléments (ablatifs ou adverbes), puis les verbes. Il y a trois exceptions; deux d'entre elles semblent dues, au moins en partie, à des nécessités d'harmonie (*ægri morbo gravi, qui est in republica*); l'autre (*relevatus istius pœna*) répond à une disposition favorite de Cicéron dans l'agencement des phrases : quand deux mots ou deux membres se correspondent, au lieu de les construire parallèlement, on les oppose de façon à les *croiser*, c'est-à-dire, soit à les juxtaposer brusquement, soit, et c'est ici le cas, à les mettre en vedette, l'un au début, l'autre à la fin (*relevatus, ingravescet*)[1]. Cette construction a reçu des rhéteurs le nom de χιασμός ou construction en forme de X.

2) Sur le rôle des phrases.

PHRASES DÉSARTICULÉES [2].	TEXTE DE CICÉRON.
Æschines propter ignominiam judicii cesserat Athenis, et se Rhodum contulerat; rogatus a Rhodiis, legisse fertur orationem illam egregiam quam in Ctesiphontem contra Demosthenem dixerat. — Eam perlegit. Petitum est ab eo postridie ut legeret etiam illam quæ erat contra a Demosthene pro Ctesiphonte edita : eam suavissima et maxima voce legit. Admirati sunt omnes. « Quanto, inquit, magis admiraremini, si audissetis ipsum. »	Æschines cum propter ignominiam judicii cessisset Athenis, et se Rhodum contulisset, rogatus a Rhodiis, legisse fertur orationem illam egregiam quam in Ctesiphontem contra Demosthenem dixerat. Qua perlecta, petitum est ab eo postridie ut legeret etiam illam quæ erat contra a Demosthene pro Ctesiphonto edita. Quam cum suavissima et maxima voce legisset, admirantibus omnibus: « Quanto, inquit, magis admiraremini, si audissetis ipsum [3]. » 3 *de Orat.*[4] 56.

1. Un court passage de Cicéron va nous offrir plusieurs exemples de ces constructions parallèles ou croisées. Et cum esset *hospes* Hejorum, *Mamertini* autem *populi patronus* (construction croisée), *ut illis benignis usus est ad commodandum, sic ipse diligens fuit ad reportandum* (c. parallèle). Nuper homines nobiles ejusmodi, et quid dico nuper? immo vero modo ac plane paulo ante vidimus qui forum ac basilicas a) *non spoliis provinciarum,* b) *sed ornamentis amicorum* (c. parallèle); b) *commodis hospitum,* a) *non furtis nocentium* (c. parallèle dans chaque incise, mais croisée d'un membre à l'autre, a b, b a) ornarent.

2. On remarquera que, les phrases ainsi défaites, le récit prend des allures toutes françaises.

3. On voit comme *ipsum* ressort par sa place insolite.

3) Discours direct et indirect.

TEXTE DE CICÉRON.	DIXIT MASINISSA :
Grates, inquit, tibi ago, summo sol, vobisque reliqui cælites, quod, antequam ex hac vita migro, conspicio in meo regno et his tectis P. Cornelium Scipionem cujus ego nomine ipso recreor : ita nunquam ex animo meo discedit illius optimi atque invictissimi viri memoria.	Grates agere se summo soli reliquisque cælitibus, quod ante. quam e vita [1] migraret, conspiceret in suo regno et illis tectis P. Cornelium Scipionem cujus ipso nomine recrearetur : ita nunquam ex animo suo discedere illius optimi atque invictissimi viri memoriam,

Somn. Scip., 1.

4) Tours français correspondant à des superlatifs latins.

Rien n'est gauche en français comme ces superlatifs par lesquels les traducteurs novices rendent les superlatifs latins. Presque toujours nous avons des équivalents, les plus naturels du monde. Voici quelques exemples : il va sans dire que dans le choix il faut s'inspirer du contexte.

Quod in C. Matii, doctissimi suavissimique hominis familiaritatem venisti, etc. — Matius, l'amabilité et la science mêmes.

M. Fabio, viro optimo, homine doctissimo... — M. Fabius, homme de bien et savant s'il en fut.

Cujus summum ingenium, summaque doctrina... — Son talent et son savoir hors ligne.

Vir optimus... — Le meilleur homme du monde.

---

1. Il y a dans le texte une pensée qui ne paraît pas pouvoir se rendre en discours indirect, c'est la pensée exprimée par *hac*. Si on garde *hac* (pronom en rapport avec la première personne, ou avec un objet plus rapproché qu'un autre), le narrateur intervient mal à propos ; d'autre part, *illa* n'a aucune raison d'être, ou suggérerait une idée qui dérouterait le lecteur ; *ea* ne va pas mieux, car il supposerait que le mot *vita* est déterminé d'ailleurs.

Justissimus unus... — Le plus juste des hommes.

Optimus quisque... — Les meilleurs citoyens.

Ad Curium... hominem suavissimum summique offi-
cii... — Curius est charmant, il est tout obligeant.

Gravissime ægrotasti. — Vous avez été si malade.

Id mihi gratissimum feceris. — Vous ne pourriez me
faire un plus grand plaisir.

Vir improbissimus. — Un coquin fieffé.

Est in eo summa probitas. - Il est plein de droiture ;
il est d'une honnêteté scrupuleuse.

Fortunatissimus. — Au comble du bonheur.

Miserrimus. — Malheur extrême.

Socrates, homo sapientissimus. — Le sage Socrate.

Corinthum, urbem opulentissimam. — La riche Co-
rinthe.

Scopas, homo nobilissimus. — Scopas, citoyen d'un
rang distingué, homme de grande condition.

Vilissimum mancipium. — Le plus vil des esclaves.

In possessionem impotentissimi dominatus. — Le
plus tyrannique des pouvoirs.

Diodorum reum, hominem quietissimum. — Le plus
paisible des hommes.

Socrates, homo sapientissimus. — Socrate, le plus
sage des hommes.

Fabius, vir optimus. — Fabius, le meilleur des
hommes.

LA LECTURE DES CLASSIQUES

L'explication approfondie, telle que nous l'avons décrite en parlant de la *prélection*, est lente comme la marche du bœuf qui creuse le sillon. Avec elle on n'aura jamais une science très étendue des auteurs et de la littérature qu'on étudie. C'est dire qu'elle suppose, à côté d'elle, des exercices où l'on voit plus de pays, où l'on voyage avec plus de rapidité. On ne liera pas avec les grands maîtres des relations aussi intimes, mais on fera connaissance avec eux, on les interrogera sur mille questions intéressantes. Ce n'est plus le travail du mineur qui fouille lentement le sol pour trouver le métal précieux, c'est l'exploration sérieuse encore, mais plus superficielle et plus rapide, du géographe qui veut dresser la carte de la contrée.

Il faut donc ajouter à l'*explication* approfondie la *lecture* des auteurs.

Cette lecture peut se faire en classe par l'explication rapide, elle peut se faire hors de classe.

I

EXPLICATIONS EN CLASSE.

En général, il faut viser à y mettre de l'entrain et de l'intérêt; le mouvement doit être rapide et animé, mais sans précipitation. La manière de procéder variera selon les circonstances.

Quelquefois, surtout si le texte est relativement difficile, le professeur expliquera lui-même.

La répétition aura lieu soit en classe, d'abord par les plus forts, puis par les plus faibles, soit à l'étude.

D'autres fois, l'élève sera chargé d'expliquer. Mais cette explication sera généralement préparée.

Tantôt le texte sera *débrouillé* en classe, comme nous l'avons vu faire pour la prélection. L'élève à l'étude préparera la traduction pour la classe du lendemain. Si le texte est relativement facile, et si l'auteur est déjà familier, il suffira de quelques indications en classe pour mettre sur la voie, ou pour éviter de trop longs tâtonnements. Tantôt l'élève sera complètement laissé à lui-même. La préparation à l'étude pourra ou devra être écrite, selon les circonstances.

Dans les cas d'explication ainsi préparée, le professeur sera naturellement plus exigeant en classe. Mais, en général, il conviendra de laisser l'élève se tirer d'affaire et de l'interrompre le moins possible. Ainsi l'on verra s'il a travaillé et de quoi il est capable, il pourra montrer plus d'initiative et d'autorité.

D'autres fois, on devra expliquer sans préparation préalable à l'étude, soit après débrouillement du texte en commun, soit complètement à l'improviste. Dans ce dernier cas, la parole sera généralement aux plus forts, et, en cas de difficulté, le professeur sera là pour assister, pour provoquer et diriger la réflexion, pour obtenir, en un mot, que l'explication soit bonne et suffisamment animée. Inutile de dire que tout le monde sera tenu en éveil par les questions du professeur, et par la mise en commun du savoir de chacun.

On sait comment l'élève devra procéder : lecture

correcte, intelligente et expressive de l'ensemble; reprise par phrases ou par membres; si c'est nécessaire, débrouillement et construction des phrases ou des membres plus difficiles; traduction à peu près littérale, mais passablement française, en suivant, autant que possible, la construction et même le tour latin. Il ne semble pas bon d'habituer l'enfant à ce mot-à-mot, ni français ni latin, qui défigure à la fois le texte et la traduction ; il est des façons plus intelligentes et plus rapides de le former à se rendre compte du rôle grammatical et logique des mots et des membres. On finira l'exercice par un français coulant que le professeur aura d'ordinaire préparé à l'avance et qu'il donnera sur le texte. On pourra, cela va sans dire, accompagner la lecture de toutes les remarques qui sembleront utiles et intéressantes. De même, le passage ainsi lu peut servir de matière à exercice.

On le voit, il n'y a pas de différence si tranchée entre les deux sortes d'explications ; c'est affaire de plus ou de moins : ici l'on va plus vite, là on étudie davantage ; ici l'élève parle presque seul, là il écoute le professeur.

Quel sera le texte de ces lectures ? En général, les historiens et les poètes : Cornélius Népos, César, Salluste, Tite-Live, Tacite, et même peut-être quelques autres prosateurs, Phèdre, Ovide, Virgile, Horace, des pièces de Catulle, de Tibulle et de Properce, de Martial, de Juvénal, etc.

Vaut-il mieux lire ainsi des extraits, des morceaux choisis, ou faut-il choisir un grand ensemble ?

En général, les théoriciens sont pour la lecture *in extenso ;* entre autres grandes autorités, ils ont pour eux celle de Bossuet [1]. On a beaucoup blâmé les Jésuites,

1. Lettre au pape Innocent XI. — Il est vrai que Bossuet a parqui n'auraient donné les auteurs à leurs élèves que dépaysés, démarqués, découpés, méconnaissables [1].

A regarder de près, on verrait que les Jésuites ne sont pas les seuls coupables, ni si coupables qu'on le dit.

Dans les débuts ils donnaient à leurs élèves des *Lettres choisies* de Cicéron, Sturm le faisait aussi. De bonne foi, peut-on faire autrement avec des enfants de huit ou dix ans? Ils leur découpaient dans Cicéron des *Historiæ selectæ*. N'est-ce pas mieux que de les ennuyer sur des phrases insipides, ou sur le latin du *de Viris* ou du *Selectæ e profanis scriptoribus historiæ* [2]? Dès qu'on pouvait, on leur donnait un ouvrage complet : le *de Senectute*, le *Songe de Scipion*, les *Vies* de Cornélius, Phèdre, Virgile, Horace (ce dernier expurgé, qui les en blâmera?), des discours de Cicéron, Tacite, de longs passages de Tite-Live [3], etc.

Ce ne sont pas les Jésuites qui ont inventé le *Conciones* (on écrirait aujourd'hui *Contiones*); quand ils l'auraient fait, le mal serait-il si grand?

Quant aux *Excerpta* et aux *Selectæ* d'Ovide, de Catulle, de Tibulle, de Properce, de Martial, de Juvénal, qui ne serait reconnaissant au P. Jouvency d'avoir tiré ces perles de la boue, de les avoir nettoyées, et de les présenter aux enfants, pures et luisantes?

---

fois avec son élève des allures qui étonnent. Voir *ibidem*, le passage où il montre le Dauphin s'intéressant à Térence.

1. Voir *Hist. des doctr. de l'éduc.* par G. COMPAYRÉ, t. I, p. 188-189, et *passim*.

2. Rollin conseille des recueils de ce genre jusqu'en quatrième et en troisième; voici la raison qu'il en donne : « Il ne s'agit pas pour lors de faire comprendre aux jeunes gens la suite d'un raisonnement long et obscur, ce qui est beaucoup au-dessus de leur âge, mais de les former à la pureté du latin, et de leur donner de bons principes. » T. I, p. 184, édit. 1765. On ne saurait mieux dire.

3. Quant au grec, je ne connais guère d'*Excerpta* faits par les Jésuites.

Mais entrons plus avant dans la question pratique. Vaut-il mieux lire en classe toutes les *Géorgiques*, ou du moins un livre ou deux des *Géorgiques*, ou bien choisir dans tout Virgile les plus beaux épisodes? La question est la même pour tout autre auteur. On peut, je crois, hésiter, et je n'oserais condamner aucun des systèmes. Songez que des enfants sont peu sensibles aux beautés de composition dans une œuvre de longue haleine, ils ne saisissent guère les grands effets d'ensemble. D'autre part, l'explication est lente; il y a des passages ennuyeux; des épisodes de toute beauté resteront inconnus.

Voici peut-être ce qu'on pourrait faire.

Horace, Phèdre et Cornélius n'offrent aucune difficulté : il va sans dire qu'on expliquera toute une Ode [1], toute une Satire, toute une Épître, toute une Fable, toute une Vie. Pour Virgile, un livre des *Géorgiques*, un chant de l'*Énéide;* puis des épisodes. Même chose pour César, Tite-Live, Tacite; de Salluste, un ouvrage complet. Pour Cicéron, choix de *lettres*; quelques discours en entier pour y étudier la composition; le *de Senectute* en entier. Puis des extraits.

Pour le grec, à peu près de même : le premier chant d'Homère approfondi, puis épisodes, ou chants détachés; les Harangues de Démosthène ne se coupent pas, ni les Tragédies, à moins que l'on n'omit quelques chœurs [2]. Sur toute cette matière, le plus sage est de prendre conseil de ses idées personnelles et des circonstances. On peut demander en saine pédagogie :

Que le professeur rattache généralement les extraits

---

1. Une ode d'Horace me semble devoir être expliquée d'un trait; car l'art de composition y est admirable, et il est facile de le faire voir aux élèves.

2. M. l'abbé Congnet a tracé un excellent plan de lectures grecques. Peut-être aurons-nous l'occasion d'en parler plus tard.

à l'ensemble, qu'il les place dans leur cadre. Souvent il pourra unir des passages choisis pour la prélection, en expliquant rapidement en classe, ou donnant à lire en particulier les passages intermédiaires.

Qu'il arrête pendant quelque temps ses élèves sur le même auteur, pour les familiariser avec son génie et son caractère propre, en même temps que pour leur faire voir un bon ensemble.

Qu'il tienne compte des circonstances. S'il a un cours de littérature à faire, il choisira naturellement pour l'explication de classe et pour la lecture particulière des passages dans l'auteur dont il parle dans son cours.

Ainsi se fait une certaine unité, ainsi tout se tient dans le travail ; ainsi l'on peut, avec le temps, arriver à une connaissance passablement étendue des auteurs classiques.

Il reste encore mieux à faire cependant, c'est la lecture en particulier.

II

LECTURE EN PARTICULIER

Obtenir que l'élève lise de lui-même ses classiques latins, grecs, français, c'est le triomphe du professeur, le signe certain qu'il a réussi dans sa tâche. Autrefois la chose n'était pas rare. Depuis dix ou quinze ans, on essaie d'y revenir dans l'Université, mais avec plus de zèle peut-être que de prudence éclairée : car on a cherché l'étendue aux dépens de la profondeur; et en sacrifiant l'exercice écrit à la lecture des textes, on a rendu cette lecture même impossible.

Est-ce donc qu'il faille, avec certains professeurs, désespérer du succès ? Ne peut-on rien obtenir sur ce point? Ce serait dommage : car la lecture des auteurs est de première importance pour la formation de l'élève.

Inutile de redire ici les avantages de ce commerce intime avec les grands maîtres, l'influence féconde du modèle pour faire l'âme du lecteur en quelque façon semblable à la sienne ; inutile d'insister sur le profit scientifique. Il y a là une question plus grave encore, celle des habitudes sérieuses.

Mais comment obtenir' que l'enfant lise ses classiques latins? Avant tout, il faut les lui rendre intéressants, ce qui n'est pas si difficile quand le professeur s'y intéresse lui-même, et sait mettre dans son enseignement la vie et l'entrain joyeux et fortifiant.

Il faut ensuite lui donner sur ce monde inconnu des indications qui lui en fassent désirer davantage. A propos d'un devoir, d'une lecture, d'une explication, le professeur signalera dans Virgile l'épisode de Nisus et d'Euryale, la mort et les funérailles de Pallas, l'histoire si romanesque de Camille; il dira que Virgile a touché comme personne l'amitié, la douleur paternelle; qu'il a peint avec une incomparable profondeur la poésie de la nature, les rapports des animaux avec l'homme (*Georg.* III, épisode final), etc., etc. Un autre jour il montrera dans Horace le tableau vivant de la mélancolie moderne (I *Ep.* VIII); il dira qu'il a traité mieux que La Fontaine la fable du *Rat de ville et du Rat des champs* (*II Sat.* VI), et qu'il a une charmante ébauche du *Savetier et du Financier* (I *Epist.* VII), etc. Il pourra à l'occasion en lire et commenter quelques pages en classe, engageant parfois, souvent n'engageant pas à voir le reste en particulier. Même chose pour Cicéron, César, etc.

Un autre moyen est de citer avec éloge (et regret) des

exemples du passé : tel élève se délectait à lire Sophocle, Horace, Cicéron, etc. Rien ne vaut comme d'allécher ainsi et de faire, comme on dit, venir l'eau à la bouche.

Puis on prendra des moyens directs. On donnera des devoirs qui exigent la lecture de quelques pages latines : par exemple on fera raconter d'après César l'expédition de Bretagne; la guerre des Vénètes; souvent on présentera ces devoirs non pas comme un simple résumé de César, mais sous une forme un peu différente, par exemple : Lettre de Quintus Cicéron à son frère, pour lui raconter sa belle défense dans son camp; rapport de César au Sénat sur la prise d'Alésia; ou bien encore discours d'un sénateur demandant à ce propos le triomphe pour César; lettre de Cicéron à un ami de Rome sur les différentes étapes de son exil (d'après les lettres de ce temps à Térentia...); Cicéron raconte à un ami, proconsul en Asie, la conjuration de Catilina (d'après les *Catilinaires* et le *Catilina* de Salluste), etc.

Résumer la vie, le caractère et la situation de Tiron d'après les lettres que lui écrivent Marcus Cicéron père, Marcus fils et Quintus. Même chose pour Quintus Cicéron, pour Trébatius, etc. Raconter la formation oratoire de Cicéron, d'après Cicéron (passim, surtout *Brutus*, fin, *Lælius*, début...) et d'après Plutarque. Dire ce que Tite-Live fournissait à Corneille pour la tragédie d'*Horace*; ce que Tacite fournissait à Racine pour *Britannicus*.

Comparez le discours du vieil Horace dans Tite-Live et dans Corneille; la mort de Britannicus dans Tacite et dans Racine.

Des résumés, des comptes rendus sous toutes les formes, soit d'un court passage, soit d'un long ensemble, etc.

Le maître pourra aussi donner pour telle étude ou

comme devoir de leçon la lecture d'un passage, dont on rendra compte de vive voix; ou bien faire lire tant de pages pour y trouver des exemples pour telles règles de grammaire, ou bien encore en vue d'une imitation sur telle idée, etc.

Il sera souvent très utile d'exiger ainsi la lecture de passages vus précédemment, fût-ce l'année précédente. D'autres fois on relira ensemble des passages lus en classe; ou bien on indiquera des morceaux parallèles : par exemple, les lettres de Cicéron qui éclairent tel discours.

Ce n'est là qu'un premier pas vers la lecture libre et personnelle; il faudra viser à mieux encore, c'est-à dire à ce que l'élève fasse des lectures non exigées. Le professeur lui indiquera des passages intéressants et en rapport avec la classe : *Catilina* de Salluste, à propos des *Catilinaires*, les *Philippiques* de Démosthène à propos des *Olynthiennes*, ou bien les Philippiques et les Olynthiennes à propos du *Pro corona;* ou bien encore, à propos de Démosthène, la vie de Démosthène par Plutarque. D'autres lectures seront indiquées en vue de l'histoire littéraire; d'autres en vue des préceptes de grammaire, de style, de littérature.

Le professeur ne se contentera pas de proposer des sujets de lecture : il s'y intéressera, il en demandera compte amicalement, il interrogera de façon à mettre en relief les connaissances spéciales ainsi acquises, il suggérera de petits travaux personnels, pour la rédaction desquels il pourra même laisser du temps. Le travail, une fois fait, sera lu en classe.

Un autre moyen très efficace pour l'élite, c'est le *devoir de diligence* et *l'examen d'honneur.* En appliquant cette industrie à la lecture des auteurs, on peut, rien que par là, amener un bon nombre, et des meilleurs, à faire connaissance en un an avec de longs passages, quelques livres de César ou quelques chants de l'*Enéide*, ou le premier livre des Épîtres d'Horace ou quelques traités de Cicéron, etc., sans parler du grec, qu'on peut avancer de même. A la fin du collège, cela fait une très belle somme. La manière de procéder est très simple. On choisit un quart ou un tiers des élèves — les meilleurs — pour former l'*Académie*. Toutes les semaines, on leur donne à préparer un passage de l'auteur choisi, de César, par exemple; une fois la semaine on les réunit, et ils expliquent couramment ce qu'ils ont préparé. Ce sera la matière de l'examen d'honneur, à Pâques, à la fin de l'année (peut-être aussi à Noël). En combinant ces lectures avec celles de la classe, on amène à voir un grand ensemble, parfois tout un ouvrage. Il y a lieu alors de montrer le mouvement général, la composition, la suite. C'est le moment aussi de suggérer des idées, de donner des aperçus plus relevés. Que le maître prenne grand intérêt à ce travail et ne néglige rien pour y intéresser et allumer le feu sacré. Cette action sur l'élite est très féconde, il faut profiter de l'occasion.

On a vu des professeurs, à force d'industrie, obtenir de quelques-uns la lecture intégrale et suivie (parfois avec notes, analyses, résumés) de Virgile, d'Horace, de Cicéron, de Tacite, etc. Or, un élève qui lit ses classiques est un élève dont la formation intellectuelle est assurée.

LA CLASSE LATINE, ÉCOLE DE FRANÇAIS

Si l'on eût dit à Sophocle ou à Démosthène que, pour se former à la poésie ou à la parole, ils n'avaient rien de mieux à faire que de passer de longues années dans l'étude de la langue et de la littérature égyptiennes, ils auraient haussé les épaules et seraient revenus avec plus d'amour l'un à Homère, l'autre à Platon et à Thucydide.

Ce qu'un Grec eût regardé comme une folie est devenu la pratique générale des Latins et des peuples modernes. La culture littéraire à Rome était presque exclusivement grecque; chez nous, elle a été presque exclusivement latine et grecque. Fait étrange, si nous n'y étions habitués; et l'on comprend que les railleurs aient eu beau jeu sur ce terrain. Pourtant, l'expérience a montré que le procédé n'était pas si mauvais. On y avait recouru par nécessité, faute de langue et de littérature nationales; on a continué par routine, sans doute, au moins en partie; mais la routine, ici, s'est trouvée d'accord avec la raison. La démonstration en a été faite mille fois, et je n'ai pas à la recommencer ici: l'étude d'une langue étrangère étant, de l'aveu de tous, sinon absolument nécessaire, au moins fort utile, en règle générale, pour la culture intellectuelle, on ne pouvait, même de nos jours, trouver mieux que le latin.

Cherchez-vous l'utilité pratique et scientifique : pas une langue ni une littérature ne sont — aujourd'hui encore — d'usage si courant, si général, si indispensable. Cherchez vous le profit pédagogique : pas une langue ni une littérature ne sont plus aptes à former une jeune intelligence [1].

Pour le moment, à ceux qui demandent à quoi sert le latin, nous pouvons donner une autre réponse, celle que suggérait Arnauld. On lui demandait un moyen d'apprendre le français. « Étudiez Cicéron. — Mais c'est le français que je veux apprendre. — Dans ce cas, étudiez Cicéron. » Oui, le latin sert à apprendre le français.

Cette réponse, au fond, ne diffère pas autant qu'on pourrait le croire de celle qui insiste sur les avantages pratiques et pédagogiques du latin. En apprenant par le latin à bien penser, à bien sentir, à bien rendre, — ce qui, selon Buffon, est tout le style, — on apprend du coup à bien écrire et à bien parler français ; tandis que nul ne parlera ni n'écrira jamais bien qu'il n'ait reçu en naissant, ou développé par la culture, ces qualités fondamentales de l'esprit.

Il y a plus. La langue de Rome nous sert d'une façon directe et immédiate pour la connaissance et le maniement de la nôtre. Elle en éclaire l'usage et le sens vrai ; les mots revivent en se retrempant à leur source ; notre parler, usé et vieilli, se rajeunit et se renouvelle dans l'atmosphère vivifiante où il se développa d'abord, et où se forma son tempérament.

D'ailleurs, l'étude et les exercices sont de telle nature qu'ils ne profitent pas moins au français qu'au

---

1. On peut voir quelques explications sur ces idées dans les *Études religieuses*, t. LIII p. 100-110, mai 1891. Voir aussi les remarquables articles du P. Peetens. *ibid.*, t. LXIX, oct. 1896, sqq

latin. Nous l'avons dit mainte fois, mais c'est le lieu de le répéter encore. En effet, la grammaire et l'explication des auteurs opposent sans cesse les deux langues, pour en comparer l'usage et le génie; le thème a le même avantage et suppose, sur le morceau à traduire, la plus pratique et la plus sérieuse des analyses littéraires, la plus pénétrante des explications; la version oblige à crocheter, à fureter, comme dit Montaigne, dans le magasin des mots et des figures pour trouver des équivalents. Ainsi l'on prend possession de sa langue, ainsi l'on se fait l'idée nette de son génie, et l'on s'en approprie les ressources [1].

C'est ce que l'expérience confirme.

Un esprit bien formé par les études classiques écrit

---

1. « J'ai vu, dit M. Bréal, adresser à nos lycées le reproche qu'on s'y occupait trop de la Grèce et de Rome, et qu'on y négligeait le français. De toutes les critiques qui peuvent être dirigées contre notre enseignement, c'est la dernière à laquelle je me serais attendu. La vérité est que l'Université apprend surtout à écrire en français, et qu'alors même qu'elle a l'air de faire du latin ou du grec, c'est le français qu'elle a en vue, c'est le français qu'elle enseigne. Pourquoi attache-t-elle une si grande importance à la traduction par écrit d'un morceau latin ou grec, choisi surtout pour le mérite de l'expression? C'est parce que la lutte avec ce texte, rempli d'intentions et de finesses, oblige l'élève à passer en revue toutes les ressources de la langue française. Pourquoi préfère-t-on, pour les thèmes, un morceau d'écrivain français à une simple rétroversion? C'est pour contraindre l'élève à mettre en balance la valeur d'expressions qui ne sont pas équivalentes, et pour lui faire mieux pénétrer, grâce à cette comparaison, le sens propre de chaque terme français. Pourquoi l'Université s'est-elle attachée avec tant d'ardeur au vers latin? Parce que la difficulté du mètre fait retourner la pensée de dix manières, et développe chez l'élève l'ingéniosité du style et la souplesse de l'expression. Pourquoi enfin le premier rang donné au discours latin? Parce que les préceptes de composition étant les mêmes que pour le discours français, la difficulté d'une langue étrangère tient en bride la tentation d'écrire vite et de se laisser aller au courant de l'improvisation. Ainsi l'Université, avec une véritable entente des moyens, a tout fait converger vers l'art d'écrire. » *Excursions pédagogiques*, p. 62-64.

et parle le français comme naturellement [1]. La formation lui donne le fond général de tout bon style dans toutes les langues, le *sapere* d'Horace et la science des procédés généraux et des qualités de l'expression. L'usage, les rapports étroits entre les deux langues, la nature des études et des exercices donnent la familiarité suffisante avec la nôtre. Voyez Bossuet, qui, dit-on, n'avait lu, à la fin de ses études, que deux livres français. Voyez Rollin, qui arrive si vite à « parler le français comme sa langue maternelle ». Voyez les maîtres du xviie siècle : comme Patru, tous pourraient dire, dans une certaine mesure, qu'ils ont appris le français à l'école d'Horace et de Cicéron.

Nous pouvons donc, avec plus de raison encore, appliquer au français ce que dit de l'anglais un éminent professeur, M. Mahaffy :

« L'enseignement le plus soigné de l'anglais sans les classiques n'aboutit pas à faire des hommes qui sachent l'anglais, et j'en ai vu plus d'un, parmi les meilleurs élèves de Santry, frappé d'une maladie incurable dans son style anglais, quand ce n'était pas de quelque autre mal plus grave. J'en sais bien des exemples. C'est un grand argument pratique en faveur de la vieille théorie aujourd'hui en train de revivre, que l'enseignement de l'anglais à la façon moderne est de peu de valeur et que la vieille méthode d'enseigner la grammaire latine et de laisser l'anglais se débrouiller lui-même, est en réalité plus sage et plus pratique [2]. »

1. Je parle dans les circonstances actuelles, avec la grande part qu'occupe nécessairement le français dans les études classiques, avec la part plus grande encore qu'il occupe dans la vie intellectuelle de notre temps et de notre pays. Le cas était différent au xviie siècle : le collège était encore tout latin, et plus d'un latiniste consommé était gauche et dépaysé quand il parlait français.

2. « The most careful teaching in English without classics fails to

produce good English scholars, and I have known more than one first-rate Santry pupil suffer incurably from a vicious English style, if not from more serious defects. This is a most remarquable practical instance of the old theory which is now reviving that the *teaching of English in the modern fashion is of little value,* and that the old method of teaching Latin grammar and allowing Englisth to take care of itself, is really sounder and more practical. » *Irish Endowed School Commission Report,* p. 244, cité par le P. Gerard, *Education and School,* p. 12.

Soit dit sans prétendre préjuger la question d'une formation vraiment *humaine* par l'étude des langues et des littératures modernes. L'essai se fait aujourd'hui avec plus d'ardeur et d'entente que jamais. S'il réussit, cela n'enlèvera rien à la vérité de nos observations : elles n'ont rien d'exclusif. Rappelons aussi que des exceptions brillantes ne prouvent rien contre la thèse générale. La pédagogie est pour le commun ; avec les génies, son rôle est surtout négatif.

L'ÉTUDE DU FRANÇAIS

I

L'ÉTUDE SPÉCIALE DU FRANÇAIS, NÉCESSAIRE

Repousserons-nous donc, dans les collèges classiques, toute étude *ex professo* du français? Non sans doute. Car certaines connaissances sur ce sujet sont nécessaires, et cette étude peut devenir elle-même très utile pour la formation.

L'usage nous fait apprendre notre langue fort imparfaitement : les mots, les tours reviennent toujours les mêmes en nombre fort restreint, et ce cercle de l'usage journalier va se rétrécissant chaque jour, si l'on ne veille à l'agrandir par des acquisitions nouvelles. Il y a pis : ces mots, ces tours sont souvent mal compris, ou ne sont compris qu'à moitié. La vie intellectuelle et expressive s'en retire peu à peu. Il ne reste que des signes morts, des formules toutes faites que l'on plaque tout empennées, selon le mot de Montaigne, à peu près comme on les a vu plaquer à d'autres.

Comme dit Taine, « nous ne comprenons plus notre langue [1] ». Sans doute, la lecture remédie en partie à ce mal, mais que lit-on en général? Presque toujours

1. *Essai sur Tite-Live*, dernière page.

des ouvrages modernes. Or combien, parmi les plus en vogue, où la langue est banale, incorrecte, torturée, où l'on fait violence à son génie, où ses vraies ressources et ses richesses sont laissées de côté pour courir après des nouveautés étrangères ou des créations bizarres! Si l'on savait lire encore! Mais non. On parcourt les livres, on les dévore, on ne lit plus. On veut savoir les choses, on veut suivre l'intrigue d'un roman. Qui, dans la foule, pense au style et à l'expression?

Les exercices de traduction sont d'une tout autre valeur, mais s'ils nous font mieux comprendre la langue que nous employons, s'ils nous font approfondir et analyser quelques pages exquises, ils ne nous livrent pas les richesses enfouies dans les auteurs, ils ne peuvent donner à la connaissance toute l'étendue requise.

Conséquence : il faut une étude spéciale et méthodique du français pour nous mettre en possession de notre langue actuelle, pour nous la faire comprendre, pour nous former à bien lire. Étude plus nécessaire encore quand il s'agit du passé. Nos classiques ne sont guère lus ni compris. Là est pourtant la source vive du bon français. La langue du XVIIe siècle a besoin d'être expliquée pour nous livrer ses trésors. Enfin un Français cultivé doit avoir une idée de la langue du moyen âge : la *Chanson de Roland* ne doit pas lui être aussi étrangère que les *Nibelungen*.

De toute part s'impose la nécessité d'une étude spéciale : étude pratique, étude réfléchie, étude historique. A cette condition, on peut espérer savoir sa langue.

Cette étude, du reste, peut devenir elle-même, si elle est bien faite, un moyen de formation, tout comme l'étude du latin.

D'abord, elle fournit au professeur un excellent point de départ, ou, si l'on veut, un lieu de rendez-vous, où il est sûr de trouver l'esprit de l'enfant. C'est là une idée chère à la pédagogie anglaise [1], et dont nous nous occupons peut-être trop peu. Il ne sera donc pas inutile de s'y arrêter quelques instants.

Tout enseignement doit partir du connu, et doit s'appuyer sur un fonds qui soit bien à l'enfant. Autrement, l'action sera presque toute du dehors, elle ne sera pas formatrice, car la formation se fait par l'activité du dedans, l'activité vitale. Or, ce fonds que l'enfant possède, c'est sa langue maternelle. Il y a là d'immenses richesses accumulées : l'enfant n'en a pas encore conscience, il ne les a pas classées, il n'en a pas fait l'inventaire, mais il les possède. Dirigez son attention de ce côté. Faites-lui prendre conscience de ce qu'il sait, mais confusément, sans se l'être dit. Dès qu'un rayon intellectuel tombe sur ce fond obscur, il se produit dans l'esprit un tressaillement de vie; quand, cette surprise délicieuse, cette découverte imprévue, ce tressaillement vital — car c'est tout un — s'est renouvelé plusieurs fois, l'enfant s'habitue à faire de lui-même le travail; il est en éveil, aux aguets; le voilà qui observe le langage, et qui y trouve à chaque instant des révélations sur l'âme et sur les choses : c'est tout un monde qui se découvre peu à peu à son esprit étonné et ravi. Le premier mouvement est donné : la vie est là, et l'activité, l'esprit d'observation et l'esprit de recherche; la formation est assurée, pour peu que le maître dirige cette activité et lui fournisse un aliment convenable.

Vienne l'étude du latin. Elle est un des meilleurs moyens de provoquer cette activité, de l'entretenir;

---

1. Voir *Theory and Practice of teaching*, by the Rev. Edw. Turixo, p. 96 seq., 101, 107, 135; — *Education and School*, by the Rev. J. Gerrard, S. J., p. 5; — *Stonyhurst Latin Grammar*, par le même, *Preface* et *First Part*.

mais, d'autre part, cette ouverture de l'esprit sur la langue maternelle est un des excellents moyens de rendre l'étude du latin intéressante, précise, réfléchie, féconde en découvertes.

Dès lors, devient comme naturelle la comparaison continuelle entre les deux langues, la recherche curieuse et infatigable des équivalences. Ainsi, l'étude de la langue maternelle prépare à l'étude du latin; ainsi, plus tard, toutes les deux se soutiennent et s'entr'aident : elles ne font, pour ainsi dire, qu'un.

Enfin, l'étude du français peut marcher indépendamment de celle du latin et être féconde encore en fruits de formation : l'explication française, la lecture française, les exercices français, peuvent avoir une grande valeur pédagogique pour un esprit préparé par le latin. Il est même, nous le verrons, tels exercices souverainement utiles pour la formation, qui se font mieux en français.

Ainsi l'étude du français s'impose, et, si nous avons mis le latin à la base, ce n'est pas pour la diminuer, c'est pour lui donner un fondement plus large et plus solide.

Que sera cette étude du français, comment se fera-t-elle, c'est ce dont il faut dire quelques mots.

II

CE QUE DEVRAIT ÊTRE L'ÉTUDE DU FRANÇAIS.

L'étude du français devrait être pleine de joie, de facilité et d'intérêt, comme une promenade d'Adam dans le Paradis terrestre, ou comme une conversation avec un ami qui vous fait des confidences et des récits charmants. Comment a-t-on réussi à la rendre si difficile, si maussade, si ennuyeuse, qu'il faut tout le ressort et la souplesse de l'enfant pour y tenir?

Prenez-vous-en surtout aux professeurs et aux grammairiens.

L'étude du français devrait être l'observation d'une langue que l'on sait déjà, pour en mieux voir les délicatesses et les beautés : on en fait un recueil de formules compliquées, de définitions abstraites, de difficultés inextricables, où l'enfant se trouve perdu comme devant une page de grec ou d'hébreu.

L'étude du français devrait être la marche triomphale de l'intelligence qui s'éveille à travers le domaine que l'enfant a conquis dès le berceau par la mémoire et par l'usage; mais les grammairiens lui déguisent la réalité, ils ne lui montrent que des recoins ténébreux, ignorés; ils l'égarent dans un dédale de sentiers épineux, ils jettent sur tout le paysage comme un voile de mort; l'esprit n'y retrouve pas ses vieilles connaissances, il n'y respire pas l'air du pays, il ne peut s'y mouvoir sans se piquer : le voyage devient un supplice.

Le maniement du français devrait être un exercice de toutes les forces intellectuelles, pénible, mais fortifiant comme une ascension dans les montagnes, à la libre recherche des beaux panoramas, des fleurs rares, de l'air pur et du soleil radieux : on en fait un travail de patience, comme serait d'arracher les mauvaises herbes, de se mouvoir avec un boulet ou des menottes, de marcher toujours dans le même cercle, avec une muraille nue pour tout horizon.

Ainsi, notre enseignement du français est trop abstrait et trop méthodiquement grammatical, trop loin des réalités du langage; il est trop étroit, emprisonné dans les formules de grammairiens qui semblent n'avoir eu d'autre souci que de tuer la liberté; il est trop subtil, et se perd dans des distinctions et des sous-distinctions où l'esprit ne peut plus ni se mouvoir, ni vivre à l'aise. C'est, du reste, la conséquence des tendances générales de l'esprit français depuis un siècle ou deux : nous avons la manie de la réglementation ; nous crions liberté, liberté, et nous ne savons faire un pas sans être menés, nous n'avons plus la moindre initiative; nous sommes frondeurs et critiques, et nous ne jurons que sur la parole d'autrui.

Si notre enseignement a senti le contre-coup de ces défauts, peut-être, à son tour, les a-t-il augmentés. Ainsi, nous allons d'un joug à l'autre, secouant violemment celui-ci pour courir nous mettre sous celui-là [1].

L'enseignement doit, pour sa part, réagir contre ces défauts ; l'enseignement du français, surtout, parce que le mal y est plus grand, et que le remède est plus facile à employer.

Faisons-le donc ce qu'il doit être, c'est-à-dire concret et vivant, large, lumineux.

Concret et vivant. — Ainsi, peu de définitions, peu de formules. Faites surtout observer l'usage de la conversation, des auteurs. Que ce ne soient pas toujours des règles, des règles, des règles. Faites voir le pittoresque des expressions et des métaphores, la vivacité et la hardiesse des tours, le mécanisme ingénieux de la dérivation et de la

---

1. On sait la bruyante campagne menée en 1889-1890 contre l'orthographe actuelle par les partisans d'une orthographe phonétique. Voir *Revue des Deux Mondes*, 15 janvier 1890, *la Réforme de l'orthographe*, par M. BRÉAL ; — *Études religieuses*, février, mars 1890, articles du R. P. Delaporte.

L'attitude de M. Bréal est intéressante à étudier, quand on compare ses vives réclamations d'autrefois contre les *chinoiseries* de notre orthographe. *L'Enseignement chrétien* s'est jeté dans la mêlée avec l'entrain que l'on sait. Qui ne se rappelle les articles de M. Ragon, si hardis et si sages? (Année 1894, pp. 565, 582, 609.)

composition, toutes les ressources que la langue offre à l'âme. N'oubliez pas le sens des mots, leurs synonymes, leurs acceptions si diverses, fondées sur une même signification fondamentale, l'emploi nouveau que tel auteur a su faire d'un mot ou d'un tour usé[1].

Partout, en un mot, l'observation attentive et curieuse, intelligente et sympathique de l'usage substituée à la formule abstraite, au précepte morose.

Large. — Ne cherchez pas à rétrécir sans cesse le champ de la liberté ; dès que c'est possible, montrez la pensée maîtresse de l'usage et ne réglementez pas de vous-même. N'imposez que ce qui s'impose.

D'autre part, ne vous perdez pas dans les minuties et dans des subtilités sans fin.

A quoi bon passer des semaines et des mois à distinguer *j'ai resté* et *je suis resté*, *j'ai passé* et *je suis passé* ; à se demander s'il faut dire : *gelée de pomme* ou *gelée de pommes* ; *fruits à pépin* ou *fruits à pépins*[2] ? Ainsi pour mille autres vétilles de syntaxe ou d'orthographe, qu'il faudrait seulement indiquer d'un mot.

Aussi bien tout ce temps est du temps perdu, car nulle mémoire ne peut garder tant de détails insignifiants[3].

1. Le professeur trouvera des secours dans le dictionnaire de Littré, dans les dictionnaires étymologiques de Brachet et de Scheler (en attendant celui de MM. Hatzfeld et Darmesteter, qui paraît trop lentement) ; dans le *Dictionnaire des synonymes*, de Lafaye, etc., mais surtout dans *la Vie des mots étudiés dans leurs significations*, par A. Darmesteter. Paris, Delagrave, 1887.

2. On sait que le *Dictionnaire de l'Académie* écrit : *gelée de* pomme, au mot *gelée*, et *gelée de* pommes, au mot *pomme* ; *fruits à* pépin au mot *fruit*, et *fruits à* pépins, au mot *pépin* : ce qui fâche fort les grammairiens.

3. Je trouve dans une grammaire qui, du reste, est bonne : « Ne dites pas : *Il jugea indispensable de capituler, je crois préférable*

Quiconque s'en préoccupe devra toujours avoir sous la main sa grammaire et son dictionnaire.

Lumineux. — Éclairez l'usage particulier, montrez-en la raison, en le rattachant, quand c'est possible, à une tendance générale de la langue. Le participe passé actif s'accorde non avec le sujet, mais avec le complément. Pourquoi ? Parce qu'il se rapporte au complément, non au sujet : *Copiæ, quas habeo paratas...* les troupes que j'ai prêtes, préparées. *Préparées* est un adjectif comme *prêtes* et s'accorde de même.

Mais pourquoi dit-on : *j'ai* PRÉPARÉ *mes troupes* et *les troupes que j'ai* PRÉPARÉES? D'après une tendance générale du français à ne pas faire accorder le mot quand il précède. On dit *tête nue*, mais *nu-tête*, *plein la main*, mais *la main pleine*, *heure et demie*, mais *demi-heure*, etc. La même tendance apparaît dans, *il est des hommes, c'est nous*, où le vrai sujet, le sujet logique est *hommes, nous*. La prononciation aussi porte témoignage dans le même sens : dans une phrase comme les *catholiques habitants du pays*, le mot *catholiques* se lie ou non selon qu'il est adjectif ou substantif; de même *second* se lie dans *il fait un second appel*, mais non dans *il a un second habile.*

de partir; mais dites : *il jugea* QU'IL ÉTAIT *indispensable de capituler, je crois* QU'IL EST *préférable de partir ».* Pourquoi, s'il vous plaît? Parce que « l'adjectif ne peut être régi immédiatement que par le verbe ÊTRE. » C'est le grammairien qui le veut ainsi et qui, d'après le même principe, ajoute : « Ne dites pas *comme de juste,* mais *comme* IL EST *juste.* » Tant pis pour l'usage et pour la beauté de la langue. Ainsi encore on me permet de dire : *Les eaux descendant des montagnes où* LEURS *réservoirs sont placés, portent la fertilité dans les vallées;* mais non, quoique tous les bons écrivains se le permettent et que ce soit le sens propre de *leur (illorum)* : *Je me suis promené sous ces arbres plantés par le grand Condé et j'ai admiré* LEUR *majestueuse vieillesse.* Et l'on donne pour raison que *eaux* est sujet et que *arbres* ne l'est pas; comme si cela pouvait faire ici quelque chose.

On voit, par le même exemple de l'accord du participe, la lumière que projette le latin jusque sur notre syntaxe : c'est un secours qu'il ne faut pas négliger.

Éclairez l'usage présent par l'usage d'autrefois. D'où viennent les pluriels en *aux?* *l* devant *s* se fondait avec la voyelle précédente en l'allongeant et l'assourdissant ; on écrivait donc au pluriel *chevaus;* mais *us* s'écrivait *x* (cf. *Diex = Dieus*), d'où *chevax.* Plus tard, on ne retrouva plus l'*u* dans *x* et on l'ajouta, d'où *chevaux;* les *savants* du XVIe siècle, en écrivant *chevaulx*, rétablirent l'*l* pour la troisième fois.

L'explication historique sera d'autant mieux à sa place, quand elle viendra éclairer une exception, une tournure ou une orthographe insolite, débris d'un usage autrefois général. Ainsi la règle des pluriels en *aux* pourra venir à propos d'un exemple comme *vin nouveau* en face de *nouvel an*, ou comme *vieil homme* en face de *homme vieux* ou comme *chevau-léger* en face de *cheval léger.*

Notre langue, la langue familière surtout et la langue technique, celle du barreau, par exemple, ainsi que les noms propres, est pleine de ces débris du passé, inexplicables si l'on ne se reporte à l'état, aujourd'hui lointain, où ce qui est l'exception était la règle[1].

Et ces remarques ne doivent pas porter seulement sur la forme des mots et sur les règles de syntaxe, mais

---

1. M. A. Duruy, dans son livre de si hautes tendances et si plein d'une magnifique indignation d'homme de cœur, *l'Instruction publique et la Démocratie*, se récrie fort contre cet enseignement historique du français et se moque du *Plan d'études* de 1880, qui recommandait l'étude des *doublets* (mots qui se trouvent en français sous une *double* forme : *frêle fragile, porche portique, champ camp, plier ployer,* etc.). C'est aller trop loin. Cet enseignement se donne souvent mal, mais on ne peut nier qu'il y ait profit à faire prendre à l'enfant connaissance et conscience de sa langue, à *éclairer* l'usage.

bien plus encore sur le sens, sur les expressions toutes faites, sur les métaphores pâlies qu'il faut repeindre et rafraîchir, sur les locutions proverbiales, etc. [1].

A ces conditions, l'enseignement du français deviendra intéressant et utile, il fera pénétrer dans l'intime de la langue et il formera l'esprit.

Quelques mots enfin sur les différents exercices de français. Nous pourrons être court, car les secours abondent.

1. Voir des exemples bien choisis dans M. Bréal, *Quelques mots sur l'Instruction publique*, et dans M. A. Darmesteter, *La vie des mots.*

LES EXERCICES DE FRANÇAIS

I

GRAMMAIRE ET ORTHOGRAPHE

Peu de leçons méthodiques et de préceptes abstraits.
Il faudra surtout amener à observer l'usage réel, expliquer la langue vivante, en montrer les ressources,
les délicatesses, les procédés. Cette étude est possible
partout et à propos de tout.

En fait de grammaire, donnons seulement les règles
nécessaires de syntaxe et d'orthographe. Le nécessaire
syntaxique est peu de chose, puisque la plupart des
enfants parlent correctement sans y songer. L'orthographe fait difficulté. Mais ici encore la tâche sera fort
allégée, si l'on habitue l'enfant à consulter son dictionnaire ou sa grammaire, et si l'on se borne aux cas vraiment pratiques et usuels.

Encore faut-il des exercices d'orthographe et l'on
discute beaucoup sur la méthode. Il nous semble qu'on
peut s'y prendre de bien des façons. Il faut seulement
veiller :

1) A n'y pas perdre trop de temps. Pour cela, utilisons les exercices d'orthographe pour autre chose, par
exemple, pour donner des connaissances d'histoire, de
géographie, etc. ; utilisons pour l'orthographe des
exercices donnés pour un autre but.

2) A obtenir de l'enfant l'attention et le soin qui la lui fassent apprendre par lui-même. Ainsi relevons sévèrement les fautes, et ne pardonnons pas la négligence et l'inapplication en ce point. Soyons, du reste, moins sévères pour les fautes d'ignorance que pour les fautes de paresse et d'inattention.

Les exercices d'analyse grammaticale et logique ont leur utilité. Par malheur, on y perd souvent beaucoup de temps, et l'on y emprisonne l'esprit de l'enfant dans des formules toujours les mêmes, qu'il emploie sans les comprendre, ce qui enlève à l'exercice tous ou presque tous ses avantages. Ces travaux devraient trouver place surtout en classe, sur des phrases qui se rencontrent dans les auteurs ; et il faudrait en obtenir une analyse intelligente, débarrassée des formules abstraites ou des détails inutiles.

Il y a aussi maintenant l'analyse *étymologique*, décomposant un mot et le rapprochant des mots de même famille. Le travail peut être utile, s'il est réglé, avec sagesse et discrétion, par un professeur familier avec ces questions [1].

II

EXPLICATIONS D'AUTEURS

L'expérience montre que les enfants ne comprennent pas ce qu'ils lisent ; beaucoup d'hommes restent enfants sur ce point ; qui ne fait parfois des découvertes en ce genre, et trouve tout à coup le sens d'un mot, d'une expression qu'il répétait sans la comprendre [2] ?

1. Cette condition est indispensable. Un maître novice risque d'accumuler les bévues ; il vaudrait mieux ne rien dire.
2. La lecture de La Fontaine réserve, à cet égard, bien des sur-

Il faut donc expliquer les auteurs. Souvent une question suffira pour éveiller l'attention ; une fois l'esprit mis en quête, la réponse se présentera d'elle-même. Souvent, il faudra décomposer, analyser, donner quelques renseignements historiques pour dégager le sens exact d'un mot, d'une expression.

On ne saurait trop insister pour habituer l'enfant à se rendre ainsi compte de ce qu'il dit, de ce qu'il lit ou de ce qu'il entend dire. Jamais, par exemple, ne donnez une leçon sans vous être assuré d'avance que le texte a été compris.

Peu à peu l'explication s'élèvera : remarques sur les finesses de la pensée, observation et analyse des procédés, attention à l'art du développement et de la composition Mais on ne cessera pas d'appuyer sur le choix et sur la propriété des termes, sur la différence entre le mot ou le tour préféré par tel auteur et tel autre mot ou tour qu'il aurait pu employer, etc. Bref, cette explication sera une vraie *prélection* française, au sens que nous avons donné à ce mot, et la méthode sera à peu près celle qui a été indiquée pour la *prélection* latine [1].

prises. A chaque instant, on voit que l'on ne comprend pas, ou que l'on comprenait mal. Quelques exemples : « Cela dit, Maître Loup s'enfuit *et court encore.* » Que veut dire *et court encore?* Est-ce *et se remet à courir,* est-ce, comme beaucoup l'entendent, *et court encore, à présent?*

« Travaillez, prenez de la peine, *C'est le fond qui manque le moins.* » Que veut dire le second vers? Le sens est-il : *Le fond ne manque à personne,* ce qui n'est pas bien net? N'est-il pas plutôt : *c'est là le fond* (ou *fonds*) *qui manque le moins,* c'est-à-dire, *le travail est un fonds qui rapporte toujours quelque chose?* — Bien des gens entendent le proverbe : *Je meurs où je m'attache,* comme si *où* était la conjonction *ou.*

1. Il m'en coûte de passer si vite sur une question si importante. Mais je ne puis, dans cette revue rapide, qu'attirer l'attention sur l'ensemble du sujet. Peut-être cependant aurais-je dû indiquer davan-

III

COMPOSITION FRANÇAISE

Il importe de former l'enfant, de bonne heure, à voir en soi ou autour de soi, et à bien dire ce qu'il a vu, comme il l'a vu. La composition française est le moyen naturel pour atteindre ce but, car ici l'enfant n'est pas, comme pour le latin, gêné par la pauvreté de mots et de tours. Donnons-lui donc à faire de petites lettres, de petits récits, de petites descriptions, le tout sur de petits sujets qu'il connaît bien, qu'il peut observer à loisir [1]. Montrons-lui que nous voulons de lui avant tout quelque chose de personnel, observation ou sentiment. La grande qualité sera donc la vérité et le naturel.

Au lieu de ces objets connus, on donne souvent aux enfants, sous prétexte de développer leur imagination, des aventures factices, des descriptions romanesques, des récits d'événements qu'ils ignorent. J'ai peur que ces exercices ne manquent souvent leur but et n'aboutissent à de mauvais pastiches de romans, à un style tout bigarré de phrases convenues et de réminiscences plus ou moins heureuses.

L'imagination se développe surtout par la lecture et par l'observation attentive du réel, non par l'effort pour tirer de soi ce qui n'y est pas, même en germe [2].

tage la part que doit avoir dans cette explication l'*étude de la langue* : étude grammaticale (du mot, du tour, de l'expression) éclairée sans cesse, comme nous l'indiquions plus haut, par l'histoire et l'étymologie, le tout en vue surtout du profit intellectuel et esthétique; étude littéraire toujours appuyée sur des connaissances grammaticales exactes et précises.

1. On peut voir dans la causerie sur *l'Exercice* une préparation de devoir en ce genre, *les allures du cheval*.

2. Ceci ne va pas contre le *discours français* ni contre les exercices

On peut, sans doute, donner parfois des sujets de ce genre; mais encore faudrait-il habituer l'enfant à mettre ses personnages dans une scène connue, — qu'il peut, du reste, idéaliser, — dans une situation qu'il a observée, avec des idées ou des sentiments qui lui sont familiers. De petites fables peuvent être très propres à ce but.

Autre qualité précieuse à développer dans les enfants, l'art de la mise en œuvre. Si la composition est nécessaire comme le meilleur moyen de bien voir et de se dire à soi-même ce qu'on a vu, d'achever la pensée et de nous en donner conscience, elle ne l'est pas moins pour nous enseigner à utiliser notre avoir, à mettre

oratoires qui tenaient tant de place, quand nous étions jeunes, en rhétorique et en philosophie. M. Boissier, dans un livre où nul ne songerait à chercher une défense du *discours* (français ou latin), a sur ce sujet une page fine et juste. « Ces exercices oratoires, dit-il, étaient fort utiles. A ne les prendre que comme un moyen d'éducation générale, pour former non seulement l'orateur, mais l'homme, et le préparer à tout, il n'y en a guère de plus efficace. Quand on veut composer un discours, faire parler un personnage réel ou imaginaire dans une circonstance donnée, il faut d'abord trouver des raisons et les mettre en ordre; c'est une nécessité qui force les esprits paresseux à un travail salutaire. Ce qu'il y a d'un peu romanesque dans le sujet qu'ils ont à traiter est pour eux une excitation de plus. On s'imagine aujourd'hui qu'il sera plus facile à un jeune écolier d'exprimer ses sentiments véritables que d'entrer dans ceux des personnages d'autrefois : c'est une grande erreur. La vie ordinaire le frappe très médiocrement... c'est en sortant un peu de lui qu'il se connaît mieux. L'effort qu'il lui faut faire pour parler au nom d'un autre éveille et ouvre son esprit, et il lui arrive qu'il apprend à distinguer ses impressions propres en essayant d'exprimer celles d'un étranger. Sans compter que, pour prêter à un personnage de l'histoire le langage qui lui convient, il faut le connaître, et qu'il faut connaître aussi ceux auxquels il parle, démêler leurs dispositions, deviner leur caractère, si l'on veut trouver les raisons qui pourront les convaincre : ce qui suppose une première observation du monde et de la vie. Il est donc certain que l'exercice de l'art oratoire n'est pas inutile aux jeunes intelligences, puisqu'il développe chez elles la fécondité de l'esprit, l'habitude de la réflexion, la connaissance d'elles-mêmes et des autres. » *La fin du paganisme*, t. I, p. 216.

notre monnaie en cours. Combien ne savent pas grouper les faits pour en déduire quelque chose, combien, mis en demeure d'expliquer ou de prouver une pensée, ne savent pas chercher dans leurs connaissances, dans leurs souvenirs, dans leurs réflexions, les faits, les idées accessoires qui leur permettraient de développer autrement que par des phrases creuses et banales !

Donnons donc des compositions sur des sujets précédemment étudiés, de façon que l'enfant ait sous la main les éléments de la réponse ; qu'il n'ait plus qu'à grouper et à construire. Soient, en ce genre, quelques études sur une tragédie qu'on vient d'étudier ; jugement sur un personnage d'après des événements dont on vient d'entendre ou de lire le récit ; comparaison, avec les textes sous la main, du récit de la mort de Britannicus dans Tacite et dans Racine ; discours du vieil Horace dans Corneille et dans Tite-Live, etc.

On le voit, les sujets littéraires, l'analyse littéraire en particulier, répondent très bien au but. Ils sont aussi un excellent moyen d'apprendre à lire avec fruit et à se rendre compte de ses impressions. Mais c'est à une condition : qu'ils se fassent sur des sujets connus et précédemment étudiés. Autrement nous tombons dans les devoirs de baccalauréat, où l'enfant plaque tant bien que mal des jugements tout faits, pillés dans les manuels. Dès lors aussi ces devoirs doivent être sur un petit sujet. L'enfant ne peut embrasser par lui-même un grand ensemble, ni rapprocher des faits trop éloignés.

Enfin beaucoup de ces matières ne peuvent se traiter qu'avec l'auteur entre les mains, pour que l'enfant puisse le feuilleter et y trouver les données nécessaires. Comment étudier par exemple le sentiment de la nature dans Horace ou dans Virgile, à moins d'avoir un

Horace ou un Virgile que l'on puisse fouiller à loisir [1] ?

Car on ne prétend pas, je pense, que le jeune candidat sache Horace et Virgile par cœur, ni qu'il ait prévu à l'avance et le devoir et les textes qui lui serviront pour le faire. M. Boissier lui-même serait-il bien à l'aise pour traiter pareil sujet sans note et sans livre?

Très bons aussi, dans le même genre, les sujets qui consistent à *transposer*, pour ainsi dire, des faits ou des idées, de façon que l'élève ait les matériaux sous la main, mais soit obligé de les disposer, de les ordonner autrement et pour un autre but.

Reste une autre qualité précieuse à cultiver chez l'élève par la composition française, c'est le talent de développement méthodique et de composition. Sans cela, l'on marche au hasard, on piétine sur place, on recule au lieu d'avancer, on s'égare, on ne sait où se tourner. Choisissons donc des sujets qui prêtent ; préparons-les soigneusement, faisons bien saisir le procédé. La meilleure préparation ici est peut-être l'analyse littéraire soignée, et les meilleurs sujets, ceux qui feraient appliquer sur un objet différent tels ou tels procédés étudiés dans un auteur [2].

Tous ces devoirs, du reste, doivent d'ordinaire avoir été préparés en classe, si l'on veut épargner à l'enfant les pertes de temps et les efforts infructueux. Cette préparation a un autre avantage : elle empêchera le professeur de donner des devoirs trop difficiles, et que lui-

---

1. Des devoirs comme celui-là dépassent même la portée d'un enfant ordinaire, sauf le cas où les textes auraient été étudiés auparavant

2. On trouvera, sur tout cela, ample matière de remarques et de petits exercices pratiques dans les cours de littérature, et notamment dans la *Théorie* du P. Longhaye et dans les *Conseils sur l'art d'écrire* de M. Lanson.

même ne pourrait peut-être faire sans beaucoup de temps et de recherche.

De temps en temps seulement, on laisserait l'enfant complètement à lui-même. On pourrait même donner pleine liberté pour le choix du sujet et pour la façon de le traiter, dialogue, dissertation, lettre ou discours, prose ou vers [1].

La correction aura toute sa valeur, si le professeur, au lieu de donner seulement lés notes et quelques remarques, de lire et de critiquer une copie, fait une correction *positive*, et montre pratiquement comment il fallait s'y prendre. Cela revient à refaire le devoir en classe, en tout ou en partie.

Un bon moyen, entre autres, c'est de partir d'une copie d'élève, ni très bonne, ni trop mauvaise.

Après une première correction par interrogations et insinuations, quand on a déjà entrevu, à travers les imperfections, l'idéal qu'il fallait atteindre, reprenez la copie, et, la suivant pas à pas dans le détail de la composition et du style, indiquez et faites trouver les moyens d'amener l'idée à maturité, d'achever tel trait simplement ébauché, d'ajouter telle pensée qui sortait comme nécessairement du sujet; de tout relier, de remplacer une expression vague ou banale par une autre plus personnelle, plus précise, pleine d'intention, de délicatesse, de profondeur [2].

1. Autrefois certains professeurs donnaient ou permettaient des devoirs en vers français. C'est un moyen d'obtenir de plusieurs élèves un effort sérieux, de leur donner l'élan, ou, pour employer le mot de Tyndall, de leur attacher des ailes. Ajoutons qu'il n'est pas de meilleur exercice de style et de pensée. Mais il est au-dessus de quelques-uns; pour d'autres, il est dangereux. Peut-on au moins permettre l'essai à quelques-uns? Je dirais oui, si des professeurs graves ne répondaient décidément non.

2. On connaît la jolie page où L. Veuillot fait ce travail sur un

Quelle que soit la méthode suivie, on voit qu'il s'agit de montrer pratiquement la façon de s'y prendre, de développer le sens de l'idéal et de faire saisir sur le vif les moyens de le réaliser, d'unir enfin le travail conscient et réfléchi avec l'inspiration et le jet spontané.

IV

EXERCICES DIVERS

Il y a bien d'autres exercices possibles. Contentons-nous d'en indiquer quelques-uns moins connus ou moins pratiqués. On peut défaire un texte et faire trouver le mot propre, le tour voulu, c'est-à-dire le texte même de l'auteur.

On peut présenter simplement l'idée, les circonstances, les matériaux, et faire reconstituer de même un texte choisi.

D'autres fois on variera une pensée en changeant les mots, les tours, en la condensant ou la développant, en la mettant en style oratoire, poétique, familier, en la tournant à la façon du XVIIe siècle, ou, au contraire, du XIXe; on verra ce qu'elle deviendrait en vers, ce qu'elle serait chez La Bruyère, chez Bossuet, chez Voltaire, etc. Mais ayons soin de montrer toujours que la pensée varie avec les variations du mot et du tour; dégageons chaque fois la nuance différente [1].

L'étude des variantes de Corneille, de Racine, etc., est aussi très précieuse pour nous faire entrer dans l'intime du style et de la pensée.

morceau de M. Étienne, alors professeur de rhétorique au lycée de Versailles. *Mélanges*, 2e série, t. I, p. 261.

1. Je ne dis rien ici des exercices d'imitation, mais ce n'est pas pour les proscrire. Tel professeur a obtenu des calques charmants de La Bruyère en donnant à tracer, sur modèle, le caractère du collectionneur de timbres, du bavard, du paresseux, etc.

Enfin, n'oublions pas la comparaison entre les auteurs dans l'expression d'une même pensée. Voyons en quoi ils se ressemblent, en quoi ils diffèrent, comment l'un imite l'autre, ou s'en inspire.

D'autres fois, nous dégagerons les influences visibles dans le style de tel auteur; nous montrerons, par exemple, Bossuet tout pénétré de l'esprit biblique[1]. Il est même possible, de temps en temps, de voir l'influence du rythme ou de la rime sur la pensée[2].

C'est assez d'avoir indiqué rapidement ces exercices, sans exclure maint autre que le professeur trouvera lui-même, ou que les livres lui suggéreront.

V

LECTURES

Inutile d'insister sur ce point. Quelques remarques seulement. D'abord constatons encore une fois la nécessité d'apprendre à lire au collège, pour ne lire plus tard que ce qui mérite d'être lu, pour bien lire ce qu'on lit, c'est-à-dire en vue, non de satisfaire à la hâte une vaine curiosité, mais d'acquérir des connaissances, de se faire des idées, de former son style. Alors la lecture, au lieu d'être une plaie, peut devenir le complément de la formation.

Le professeur n'a pas d'ordinaire à composer lui-

1. Dans bien des cas on a des études spéciales, souvent de grande valeur. Pour l'exemple indiqué dans le texte il y a maint sujet d'observation ou d'exercice dans le beau livre du P. de la Broise, *Bossuet et la Bible*.

2. La chose est visible dans V. Hugo à qui plus d'une fois une rime ou une image a suggéré de beaux vers. Les classiques fourniraient maint exemple du même fait.

même la bibliothèque des élèves; mais qu'il la connaisse pour régler ses indications.

Sous une sage direction, la lecture en particulier peut seconder efficacement la classe. En vain, on multiplie les cours d'histoire, de géographie, d'histoire littéraire. Jamais les enfants n'en sauront assez et ne sauront bien, s'ils ne lisent hors de classe. Puis un peu de science acquise par l'effort personnel vaut mieux que des trésors versés à pleines mains par le maître.

Il faut donc intéresser à ces lectures sérieuses. C'est facile si l'on s'en occupe activement, si l'on indique des livres bien faits, intéressants, à la portée d'une jeune intelligence[1].

Ce sera double profit si ces lectures touchent par quelque côté à la classe, et complètent l'enseignement de l'année.

Enfin le moment viendra d'aborder les livres littéraires, les classiques français. Il y faudra beaucoup de discrétion, dans les débuts surtout; on pourra sans danger affectionner d'abord à Louis Veuillot. La Fontaine, Boileau, les pièces classiques de Corneille, de Racine, de Molière, intéresseront; quelques lettres de Mme de Sévigné, quelques pages de La Bruyère, de Fénelon, etc., seront bien reçues.

Le Siècle de Louis XIV (édition classique) intéresse un élève de seconde ou de rhétorique ; et aussi, à un autre point de vue, des passages de Pascal, des passages ou des discours de Bossuet, la chanson de Roland, mise, s'il le faut, en français moderne. Ici encore, on crie

---

1. Ce dernier point a son importance, car certains élèves sérieux entreprennent parfois des lectures au-dessus de leurs forces, et perdent un temps qu'ils auraient pu employer d'une façon plus fructueuse et plus intéressante. Sans compter que le dégoût arrive vite, et, avec lui, le retour aux livres frivoles.

contre les *Morceaux choisis;* on ne peut cependant proposer autrement les auteurs du xvi⁰ siècle ; et même ceux qui ont suivi ne sont souvent abordables que par extraits. Du reste, ici les programmes mêmes de l'Université donnent l'exemple en ce sens. Il serait désirable aussi qu'on pût faire connaissance avec les littératures étrangères.

En somme, nos élèves ont à leur portée relativement peu de classiques français, j'entends de prosateurs ; leurs lectures intéressantes seront presque toujours des ouvrages modernes : histoire, surtout par biographies ou récits spéciaux, voyages et missions, sciences vulgarisées ; parfois quelques romans[1].

Comment obtiendra-t-on ces lectures? Comment formera-t-on à bien lire? Par les moyens ailleurs indiqués pour les classiques latins : conseils et direction, contrôle amical et intérêt, petits travaux provoqués. Mais ici le succès est plus facile. Pour que l'enfant ne lise pas trop vite, et ne se laisse pas emporter par la curiosité, on le poussera à résumer, à rendre compte en classe, oralement ou par écrit, à prendre des notes, à dire son appréciation, etc.

Tout cela n'est pas impossible, dès que le professeur y prend intérêt, aide la bonne volonté, et récompense en faisant paraître, de façon ou d'autre, le savoir spécial.

Pour les classiques, c'est par des exercices de classe, par des devoirs choisis exprès que l'on obtiendra les premières lectures. De quelques élèves, de plusieurs peut-être, on pourra espérer davantage : ils s'intéresseront

---

1. On voudra bien ne pas chercher en tout cela une théorie complète des lectures au collège. Je n'ai voulu qu'une chose, jeter en passant quelques remarques destinées soit à suggérer des idées utiles, soit à remettre au point des questions souvent mal posées.

aux grands auteurs, ils les liront. Pour tous, les exigences du baccalauréat seront un utile stimulant ; et l'on fera quelque chose.

Ainsi préparé par le collège, formé aux lectures sérieuses, ayant déjà goûté, selon le mot de Joseph de Maistre, l'ambroisie des classiques, on peut espérer que l'élève sera plus fort contre les séductions des lectures frivoles ou mauvaises : il lira les bons, il lira bien.

LA QUESTION DU GREC

Il est d'usage, dans les questions pédagogiques, de prendre le latin et le grec comme un tout indivisible, de les adopter ensemble ou de les rejeter ensemble. Il y a là, semble-t-il, une confusion regrettable. L'étude du grec ne va pas nécessairement avec celle du latin ; elle peut avoir un autre but, et, par conséquent, sinon des méthodes différentes, au moins une manière différente d'appliquer les méthodes. L'âge d'or des études latines en France, je veux dire la première moitié du xviie siècle, faisait la part relativement petite à l'étude du grec dans les classes ; en Angleterre, où les études latines sont faibles, le grec a de chauds partisans.

La question du grec mérite donc d'être traitée à part. Il faut distinguer plusieurs questions partielles.

I

Première question : *Le grec ne devrait-il pas marcher de pair avec le latin, ou même lui être préféré dans les études classiques?*

La thèse affirmative a été souvent soutenue ; il n'y a pas longtemps, l'*Association pour l'encouragement des études grecques* la défendait encore. Et certes, rien ne serait plus juste, si la valeur pédagogique d'une étude était en rapport avec la valeur de l'objet étudié. La langue et la littérature grecques l'emportent infiniment sur la langue et la littérature latines ; le temps n'est plus où, par une double erreur, historique et esthétique, on nommait la langue latine « fille plus belle encor d'une mère très belle »[1] ; le temps n'est plus où les chefs d'œuvre du génie latin étaient généralement préférés aux chefs-d'œuvre du génie grec, où l'on mettait Virgile avant Homère et Cicéron avant Démosthène. La tendance serait plutôt à rabaisser les Latins pour élever les Grecs[2].

Quoi qu'il en soit, le mérite intrinsèque d'une langue et d'une littérature n'est pas la seule ni la principale mesure de son utilité pédagogique. D'autres considérations s'imposent. Il faut consulter les besoins des jeunes gens, leur capacité, l'utilité des connaissances. Or, de ce triple chef, le latin mérite la préférence.

Merveilles incomparables, j'en conviens, que ces poèmes homériques, ces odes de Pindare, ces tragédies de Sophocle et d'Eschyle, ces comédies d'Aristophane, ces récits d'Hérodote et de Thucydide, ces dialogues de Platon, ces discours de Démosthène, ces œuvres philosophiques d'Aristote. Jamais langue ne fut si belle et si riche, si souple et si variée, instrument dont l'âme se sert comme sans y songer, et qui jamais ne trahit l'intention de l'artiste. Jamais littérature n'eut tant et de si beaux monuments de tout genre, et n'exprima si bien sans effort et sans recherche toutes les pensées, tous les sentiments de l'âme humaine. Nulle part ailleurs je ne trouve tant de créations artistiques, ni cette

1. C'est Scaliger qui appliquait en ce sens le vers d'Horace :
   O matre pulchra filia pulchrior.
2. Sur les causes de ce revirement, déjà observé par Sainte-Beuve dans son *Étude sur Virgile*, voir quelques sages remarques de Sellar dans son beau travail sur Virgile, *The poets of the Augustan Age, Virgil.*

composition développée d'un germe vivant, ni cette disposition souple comme celle d'un être organisé, ni cette expression où l'âme invisible, mais partout présente, règne, anime et gouverne tout comme dans le corps humain. Grâces et beautés de premier ordre, toutes naturelles, jet spontané d'un génie heureux, qui créait le beau comme en se jouant.

Il est cependant un spectacle et des exemples plus utiles à proposer aux jeunes gens. La culture intellectuelle ne donne pas cette nature heureuse que nous admirons chez les Grecs ; elle ne peut que tirer parti de ce qui existe déjà : ceci est œuvre d'effort, de méthode, d'exercice continuel et bien dirigé. On ne forme pas l'enfant à marcher en lui faisant admirer le vol des oiseaux [1], ni les colons à défricher un sol aride en leur montrant un pays heureux où la terre donne tout en abondance, presque sans travail et sans soins. Voilà pourquoi les Latins sont d'un meilleur exemple : nous les voyons lutter contre une nature rebelle, se dégrossir peu à peu, arriver, à force d'étude et d'essais, à produire aussi des chefs-d'œuvre. Ils nous apprendront à tirer parti des modèles grecs, qui, une fois l'âme préparée, peuvent la féconder merveilleusement ; sans cette préparation par le travail méthodique et par l'effort conscient et réfléchi, sans cette discipline fortifiante et salutaire, le spectacle de ces allures libres, souples, spontanées, amènera les écarts d'un esprit indompté, qui n'a de règle que le caprice, qui s'égare, se néglige, bref, n'aboutit à rien de bien [2].

1. C'est le cas de répéter avec M. Thring : *Legs, not wings.* On ne fait pas pousser des ailes à l'esprit, mais on peut le former au travail méthodique, aux procédés ordinaires et communs de l'activité intellectuelle. C'est souvent pour vouloir donner des ailes, au lieu d'apprendre à marcher, que la culture intellectuelle manque son but.

2. Sainte-Beuve, dans son *Étude sur Virgile,* sentait déjà le

Si les qualités de l'esprit grec ne sont pas de celles qui puissent servir exclusivement ni sans danger à la formation classique, les beautés de la langue et de la littérature ont l'inconvénient plus grave encore de n'être pas à la portée des enfants.

La langue grecque est difficile. Sans parler de la multiplicité des formes flexionnelles, dont un enfant peut venir à bout sans trop de peine, comment distinguer dans une série de formes verbales celles qui sont usitées et celles qui ne le sont pas [1], comment saisir les nuances si délicates de la synonymie, comment manier cette syntaxe, si capricieuse dans ses mouvements qu'elle semble échapper à toute règle, si sensible à toutes les impressions de l'âme, et en même temps si jalouse des droits de l'usage, qu'il faut toute la souplesse grecque pour satisfaire à des exigences presque inconciliables? Il y a là des merveilles artistiques du premier ordre; mais il faut être préparé pour les voir, et quelques rares initiés seulement les goûtent et les connaissent à fond; un enfant s'y perdra. Sans maniement facile de la langue, sans connaissance approfondie de ses délicatesses, les auteurs ne sont guère accessibles, ou ne se laissent voir, pour ainsi dire, que de loin. L'étude littéraire offre donc les mêmes difficultés que l'étude grammaticale; et les qualités mêmes de la littérature grecque, comme celles de la langue, ce

besoin pour les Français de revenir à l'étude des modèles latins, sous peine de tomber dans tous les excès du romantisme, en s'excusant par Homère et par Eschyle.

1. Figurez-vous le français avec des centaines de verbes aussi variés que *je vais*, *nous allons*, *j'irai*, *j'ai été*, vous aurez une idée du verbe grec empruntant ici un temps, là un mode, sans le moindre souci des paradigmes réguliers : les séries comme φέρω, οἴσω, ἤνεγκον, sont fréquentes en attique.

Voir Curtius, *Das griechische Verbum*, préface, et Rutherford, *The new Phrynichus*, passim.

naturel sans effort et sans artifice, cette facilité souple
et régulière, cette mesure exquise, demandent, pour
être goûtés et pour exercer une influence salutaire, des
esprits déjà plus mûrs et plus ouverts.

Enfin, et c'est un point qu'il suffit d'indiquer, le latin
s'impose par des raisons d'utilité pratique, qui parlent
beaucoup moins haut en faveur du grec.

On pourrait étendre ces considérations et d'autres
semblables, mais ce qui précède suffit à montrer que le
grec, malgré la beauté supérieure de sa langue et.de
sa littérature, ne peut prétendre, aux dépens du latin,
à la première place dans la culture classique.

A plus forte raison, ne peut-on pas songer à mener
de pair l'étude des deux langues. Le temps manque
déjà pour faire au latin la part qui lui convient. La
question se pose bien plutôt s'il ne faut pas supprimer
le grec pour laisser d'autant plus de temps au latin,
aux langues vivantes, à l'histoire et à la géographie,
aux sciences [1].

II

Deuxième question : *Ne faudrait-il pas supprimer le
grec dans l'enseignement secondaire?*

Beaucoup de bons esprits trouveraient la mesure
heureuse et désirable. Joseph de Maistre était déjà dans
ces idées : « Croyez-en, écrivait-il à M. le comte Ra-
soumowski, ministre de l'instruction publique en Russie, les hommes laborieux qui ont cultivé cette langue
si belle et si difficile : il n'y a pas un jeune homme en
Russie, né dans la classe distinguée, qui n'aimât mieux

______

1. On sait que dans plus d'un pays (Angleterre, Amérique, etc.),
le choix est laissé aux élèves, avec avantages égaux, entre le grec
et une langue vivante ou une science.

faire trois campagnes et assister à six batailles rangées, que d'apprendre par cœur les seules conjugaisons grecques. Le relâchement général de la discipline moderne avait déjà chassé le grec de l'enseignement commun, parce que réellement les jeunes gens élevés dans ce que nous appelions *mollesse* ne suffisaient plus à ce travail ajouté à celui du latin, mais ces mêmes jeunes gens étaient des *trappistes* en comparaison des vôtres. Les six ans de lycée ne suffiraient pas pour leur apprendre très médiocrement le grec, sans s'occuper d'aucun autre objet. On ne leur apprendra rien, parce qu'on veut leur apprendre tout. » En conséquence, il propose de le « retrancher sans balancer[1] ». Il est vrai qu'il parle pour la Russie de 1810 ; mais ses raisons valent pour la France de 1897. D'une part, la surcharge évidente et les exigences nouvelles ; d'autre part, le peu de succès pour presque tous : on en apprend juste assez, selon le mot de Fleury, pour dire que le grec ne sert à rien et qu'il s'oublie en sortant du collège ; ce qui montre, ajoute malicieusement le bon Rollin, qu'ils n'en ont pas beaucoup oublié.

Ce sont là des raisons sérieuses. Cependant elles ne semblent pas convaincantes. Celles qui militaient autrefois pour le grec sont encore valables aujourd'hui. Il est des choses dont l'utilité se sent surtout par le vide que cause leur absence, le grec en est. Je ne dirai pas que notre langue scientifique est pleine de grec, car la science du grec ne donne pas du premier coup la clef de ces mots techniques, et souvent on saurait gré à nos inventeurs de nous faire grâce sur ce point et de met-

---

1. *Cinq lettres sur l'éducation publique en Russie*, 2e lettre. On ne saurait, du reste, assez recommander cet opuscule. Rien de plus sage, ni de plus juste. On y verra, une fois de plus, que les novateurs n'ont rien imaginé de nouveau et que la *réforme Ferry* avait été faite en Russie dès 1810.

tre à leurs trouvailles des étiquettes moins bizarres et moins *exotiques*. Mais les choses grecques — que nous les devions aux Latins ou aux Grecs mêmes — occupent une grande place dans notre civilisation et dans notre vie ; tout esprit cultivé gagnera à remonter vers la source elle-même. Le grec, par exemple, éclaire souvent le texte latin de l'Écriture Sainte et de la liturgie : raison grave pour un homme sérieux qui sent le besoin d'étudier sa religion et de s'expliquer sa prière [1].

Dans le domaine littéraire, ne serait-ce pas dommage que nous fussions aussi étrangers à la plus belle et à la

---

1. Puisque beaucoup de ceux qui voudront bien lire ces pages sont ou seront prêtres, je puis ajouter que la liturgie latine est pleine d'énigmes pour qui ne sait pas le grec. Certains passages du bréviaire aussi sont inintelligibles si l'on ne se reporte au grec d'où ils sont traduits. Sans parler des mots comme *chamæeuniæ*, que l'on rencontre souvent, comment s'expliquer, par exemple, cette phrase de saint Cyrille d'Alexandrie (*Oct. Corp. Christi*, l. 7) : *Sicut parum fermenti totam massam fermentat, sic parvula benedictio totum hominem in seipsam attrahit et sua gratia replet*, si l'on ne songe que *benedictio* est la traduction de εὐλογία et que l'eulogie désigne ici l'hostie consacrée, le corps même de Notre-Seigneur ? Le même mot se représente dans les leçons 8 et 9, avec le même sens. Un sermon de S. Sophrone (9 déc. 2 *infra Oct. Imm. Conc. B. M. V.*, l. 7, 8) contient, à propos de l'*Ave* de l'Ange, un beau développement qui roule tout entier sur *gaudium, gaude*. Le mot de l'énigme est dans le grec χαῖρε, qui s'emploie, comme *ave*, pour saluer, mais qui signifie *gaude*.

Autre exemple qui tire davantage à conséquence. On trouve souvent dans la Bible latine le mot *forte* ou *forsitan*, et parfois dans des cas où l'idée de *peut-être* est un vrai contresens. Ainsi : *Si scires donum Dei... tu forsitan petisses ab eo* (Joan. iv, 10). *Si crederetis Moysi, crederetis forsitan et mihi* (Joan. v, 46). Il est des théologiens et des commentateurs qui suent sang et eau pour concilier ce *forsitan* avec la science infaillible de Notre-Seigneur. Or tout s'explique par une règle bien connue de syntaxe grecque, l'emploi de ἄν dans le mode irréel. Ce *forsitan* est une traduction servile de la particule ἄν, et cette particule n'a d'autre effet, dans des phrases de ce genre, que d'indiquer l'apodose : elle fait l'effet de notre finale du conditionnel : *tu aurais demandé, vous croiriez*. On dit en grec : εἰ εἶχον, ἐδίδουν ἄν, si j'avais, je donnerais (mais je n'ai pas).

plus riche des langues et des littératures, que nous le sommes au sanscrit et au chinois? Et cela d'autant plus que, sans le grec, le latin et même le français offriraient mainte énigme indéchiffrable.

Figurez-vous, si vous le pouvez, le vide que causerait dans le monde cultivé l'ignorance absolue d'Homère, d'Eschyle, de Sophocle, d'Euripide, d'Hérodote, de Thucydide, de Démosthène, de Platon, d'Aristote. Il est vrai, on les connaît mal, mais on sait qu'ils existent, on les a vus, on a eu commerce avec eux, et l'on peut renouer amitié, dès qu'on le voudra. Ce monde nous est ouvert, nous y avons jeté les yeux, et nous y avons respiré, sans nous en douter peut-être, un parfum de beau idéal. On dira qu'il y a les traductions; mais, qui ne le sait? nulle traduction ne reproduit complètement le modèle et n'en donne une idée nette et exacte : les beautés de langue et d'expression s'évaporent quand on veut les transvaser; et qui dira la part de la langue et de l'expression dans la littérature grecque [1]?

L'étude même de la langue et de la littérature grecques, si elle vient à son heure et à sa place, peut avoir de grands avantages pédagogiques. Rien n'éveille davantage le sens esthétique; rien ne met en contact plus intime avec le beau : rien ne donne mieux le goût du naturel, de la simplicité, de la mesure, de la clarté sereine; rien n'offre à toutes les facultés tant d'ouvertures sur la nature et sur l'homme, dans les traits universels et généraux.

Les avantages sont donc considérables : ils ne sont pas hors d'atteinte dans certaines limites et à certaines conditions, qu'il nous faut déterminer.

1. Je parle de littérature et de poésie, non de science; celle-ci est beaucoup plus indépendante des mots.

CONTROVERSES ENTRE AMIS DU GREC

D'accord pour admettre le grec, mais non au premier plan, il reste encore place à la dispute sur une foule de questions importantes.

On me permettra de dire mon mot sur les principales. La plupart se résolvent, dans la pratique, plutôt d'après les circonstances et d'après les exigences de la situation que d'après des considérations purement pédagogiques. Il me semble pourtant qu'une discussion théorique peut avoir son intérêt et son utilité.

La controverse roule principalement sur quatre questions : quand commencer le grec? quel compte tenir des différences dialectales? que faire pour la prononciation et les accents? que chercher avant tout dans cette étude?

1

A QUELLE ÉPOQUE CONVIENT-IL D'ABORDER LE GREC?

On est tout surpris de voir tant d'auteurs se prononcer pour la priorité du grec sur le latin. Sans rappeler Quintilien, qui parle pour de jeunes Romains, ni les pédagogues allemands, dont on peut voir les opinions dans Eckstein, on sait que Henri Estienne rend grâces à son père, qui, dit-il, « m'y fit instituer quasi dès mon enfance, et même avant que d'apprendre rien de latin, » et il ajoute qu'il conseillera toujours à ses amis de faire la même chose « pour plusieurs bonnes et importantes raisons, combien que la coutume soit aujourd'hui autrement [1]. » Le P. Jouvency a souvent été cité comme étant du même avis. Il dit en effet : *In linguis præsertim duabus opera ponenda est, Latina et Græca, quarum hæc, quia plusculum difficultatis habet, priore loco perdiscenda erit* [2]. Mais Jouvency parle au jeune professeur qui se prépare à l'enseignement, en refaisant, pour ainsi dire, ses études par lui-même. Je crois que les Jésuites ont toujours commencé par le latin, et ont été dans les idées que le P. Perpinien exprime ainsi [3] : *Quintiliano minime assentior qui grammaticam græcam latinæ vult ordine vræponi. Fuerit hoc utile tum illis hominibus quibus latinus sermo patrius et naturalis erat. Nunc certe non expedire confitendum est. Itaque non prius initium discendi græcarum literarum existimo faciendum esse quam et tota grammatica latina sit animo comprehensa, et latine scribendi ratio usu atque exercitatione firmata.*

Tenons-nous-en à l'usage actuel. Nous ne commencerons pas par le grec « pour plusieurs bonnes et importantes raisons » qu'il serait trop long de développer ici, et que chacun trouvera par lui-même. Nous ne le mettrons pas avec les commencements du latin ; la charge serait trop lourde. Mais il ne faudra pas non plus, selon le projet de M. Ferry, en différer l'étude jusqu'en quatrième ou en troisième, parce qu'alors la mémoire est déjà moins docile, l'intelligence plus éveillée : l'enfant répugne à l'effort requis pour apprendre les déclinaisons et les conjugaisons. Il est

1. Cité par Eckstein, *Latein. und Griech. Unter.* p. 357.
2. *Ratio discendi et docendi*, 1ª p. c. 1, art. 1.
3. *Petri Joann. Perpiniani aliquot epistolæ*, Paris, 1683, p. 112.

vrai, au XVIe siècle, l'habitude était assez générale de
ne pas commencer le grec avant la seconde ou la rhétorique ; de nos jours, ce serait le moyen de rendre le
travail inutile [1].

II

LA QUESTION DES DIALECTES

D'abord, on entrera le plus tôt possible en commerce
avec les auteurs. Mais quels auteurs choisir ? La question
se complique par la multiplicité des dialectes. Peut-on
les mêler, ou se contenter du dialecte commun, ou
faut-il s'attacher à l'attique pur, ou ne vaut-il pas
mieux aborder Homère tout d'abord ? Tous ces systèmes
ont eu ou ont encore leurs partisans.

Autrefois on commençait souvent par des passages
de la Bible, sans se préoccuper de la pureté de la
langue, ni des dialectes [2]. Après tout, Ésope, par lequel
on commence généralement aujourd'hui en France,
n'est ni plus attique ni plus grec [3].

En Allemagne, Ahrens, en 1852, proposa de commencer par Homère, et son opinion, déjà hasardée
autrefois, mais abandonnée ensuite, par Wolff, a eu
des tenants jusque dans la pratique. Aujourd'hui, on
est généralement revenu à l'attique.

---

1. Cf. *Ratio studiorum et institutiones scholasticæ Soc. Jesu*, par
le P. Pachtler, tomes II et V des *Monum. Germ. pædagogica*. Plan
d'études pour le Collège Romain, 1566. Pour la Germanie, 1580.
Rien de plus instructif que ces premiers essais des Jésuites et ces
premières esquisses du *Ratio*.

2. C'est encore le système suivi en partie par l'abbé Conguet.
Voir sa *Chrestomathie*.

3. J'entends le vieil Ésope de notre enfance, celui de Planude, et
non celui que M. Ragon *a préparé*, comme disent les Allemands,
avec la science et le tact qu'on lui connaît.

Les Anglais tiennent aussi pour l'attique, mais pour l'attique pur, au moins en théorie. On bannit des grammaires, non seulement les formes barbares qu'on forgeait à plaisir autrefois pour avoir des paradigmes réguliers et complets, mais encore toute forme qui n'a pas pour elle le témoignage d'un attique. L'attique même est épuré : Xénophon est convaincu d'*ionismes* et de *dorismes;* Lucien n'est pas pur, ni aucun des *atticistes* [1].

En France, Congnet avait déjà été vivement attaqué comme peu attique. La question a été reprise, en 1889, entre M. Maunoury, qui ne veut exclure ni Homère, ni la Bible, ni les saints Pères, et M. J. Messire, qui lui a fait sagement remarquer qu'il ne s'agit pas d'exclure, mais de différer [2]. En somme, la cause de l'attique semble aujourd'hui gagnée partout. Est-ce un grand avantage pour les études grecques? Je ne le crois pas. Quelques observations à ce propos. Autre chose est l'étude scientifique du grec, autre chose est l'étude dans les classes. La première doit évidemment distinguer soigneusement les dialectes; elle peut amener à des conclusions fort intéressantes sur la langue et la littérature grecques, sur le génie attique, sur le texte même des auteurs tel qu'il nous est parvenu. La revue de Cobet, *Mnémosyne,* et le *New Phrynichus* de Rutherford

1. On donne ce nom à certains auteurs de la *période antonine* (Lucien, Arrien, etc.), qui prétendaient revenir au pur attique du IVe et du IIIe siècle avant Jésus-Christ. Voir sur le vrai langage attique des remarques et des distinctions singulièrement fines et profondes dans le savant ouvrage de Gunion Rutherford, *The new Phrynichus.* Le travail est digne de Cobet. Du reste, depuis quelques années le dialecte attique est étudié de bien plus près dans les textes, dans les grammaires, dans les inscriptions.

2. Voir l'*Univers* des 10, 15, 17, 25 octobre 1889. L'occasion de la discussion a été la *Grammaire grecque* de M. l'abbé Ragon, qui s'attache à l'attique, ainsi que MM. Tournier, Riemann, etc.

sont singulièrement instructifs à cet égard. Mais cela ne peut être pour les enfants.

Dans l'étude du grec au collège, que faut-il chercher avant tout, que peut-on espérer? On devra, ce me semble, s'estimer heureux, si l'on met l'enfant en état de comprendre les classiques sans trop de peine, et si on lui donne le désir de les lire. Pour cela, il faut une certaine connaissance de la syntaxe, il faut savoir reconnaître et analyser les mots qui se présentent, il faut même faire la distinction, dans les grandes lignes, entre les formes dialectales et celles de la langue commune, entre les mots de la poésie et ceux de la prose. Mais le principal est la connaissance des mots. C'est donc là que doit porter l'effort, non sur les délicatesses de détail, qui arrêteraient et décourageraient l'enfant.

Dès lors, je ne l'embarrasserais pas, au moins dans les débuts, sur des formes comme λύσειας, λύσεις, et je ne m'inquiéterais guère de savoir si les attiques écrivaient τελῶ ou τίω, s'ils disaient toujours, au futur, εἶμι et jamais ἐλεύσομαι, etc. Que l'enfant reconnaisse les formes quand elles se présenteront, et qu'il sache le sens des mots, je le tiens quitte du reste.

Dès lors, où est le mal à commencer par saint Luc ou par Ésope? Aussi bien, devriez-vous, pour être conséquent, rejeter Xénophon, Lucien, Arrien, Élien : ce n'est pas attique. En somme, prenons les formes attiques, mais sans purisme mal placé, et n'embarrassons pas l'enfant dans des détails infinis. Si le fond est intéressant et proportionné, je passe volontiers sur un mot, sur une forme, sur une construction qui ferait reconnaître un étranger par la poissarde d'Athènes [1].

1. En pratique, il faut toujours en venir là; car le dialecte attique, en tant que distinct de la κοινή hellénistique, est encore imparfaitement connu.

III

DE LA PRONONCIATION ET DES ACCENTS

Notre prononciation grecque n'est pas parfaite, sans doute [1]. Est-ce une raison de la changer ? Il faudrait lui substituer la prononciation grecque moderne. Mais celle-ci ne ressemble pas davantage à celle de Périclès ou de Démosthène [2], et nous lancerait dans des difficultés presque inextricables. Tout au plus pourrait-on demander quelques réformes très simples : la distinction entre αυ et ω, entre ο et ω, entre τ et θ, entre κ et χ.

La question des esprits et des accents est plus complexe. Il semble utile d'exiger dès les débuts l'aspiration des mots commençant par l'esprit rude ; après quelque temps, l'enfant marquera les signes comme sans y penser. Qu'on lui apprenne tout d'abord la règle pour ὑ, qu'on l'aide et qu'on l'habitue à s'aider par la comparaison du latin et du français. Ainsi c'est l'esprit rude qui répond d'ordinaire à *s* ou *h*, l'esprit doux à *v* : ἕρπω (*serpo*), ἥρως (*héros*), ἱστορία (*histoire*), οἶνος (*vinum*), οἶκος (*vicus*) ; mais ἑσπέρα (*vespera*), ἔννυμι (*vestis*), etc.

Les accents sont plus difficiles. Cependant, si l'on s'y prend de bonne heure, l'enfant s'y fera comme aux

1. Il peut être intéressant de noter que cette prononciation dite *érasmienne* ne paraît pas être celle d'Érasme. A preuve, l'Écho grec qui dans un dialogue célèbre (*Ciceronianus*) du grand humaniste, raille plaisamment le jeune fanatique de Cicéron. Le jeune homme : *Magnum quiddam pollicentur astrologi.* L'écho : Λόγοι. Le jeune homme : *At strenue laborant Grammatici.* — L'écho : Εἰκῆ. C'est l'iotacisme du grec moderne.

2. Cette question de la prononciation du grec reste toujours ouverte. L'essai de réforme tenté dans les Lycées n'a pas réussi, et une récente circulaire ministérielle remet les choses à peu près au même point qu'autrefois.

signes français, il apprendra à élever la voix sans prolonger le son, et, pour ne rien dire ici des renseignements utiles à tirer de l'accent pour la distinction de certains mots et pour l'analyse grammaticale [1], il prendra une idée plus exacte et plus approfondie de la langue grecque. C'est pour ces raisons que Rollin recommande de leur donner quelque teinture des accents. Et il ajoute : « Un peu d'attention et d'exactitude dès les commencements rendrait cette prononciation facile. La connaissance des accents n'est pas d'un grand travail et elle est souvent trop négligée, même par les savants [2]. » Telles sont les vues dominantes aujourd'hui. Tout homme qui se respecte marque les accents grecs, dût-il les copier machinalement [3]. Si cette servitude n'est pas plus gênante qu'utile, c'est une autre question.

Gail, qui a tant fait, aux débuts du siècle, pour relever les études grecques en France, souhaitait que l'on pût se débarrasser de la tyrannie des accents, puisque, aussi bien, les Grecs anciens ne les écrivaient pas, pas plus que les Anglais ou les Allemands n'écrivent le leur, pas plus que nous n'écrivons l'accent latin, tout en le prononçant.

1. On pourrait ajouter « et pour l'analyse littéraire ». Villemain, dans ses longs développements sur le sens moral chez Pindare, cite à l'appui de sa thèse un passage où le poète met, dit-il, pour condition essentielle à la loi qu'elle soit bonne et juste. Pindare, à cet endroit, dit précisément le contraire : la loi, selon lui, justifie tout. D'où vient le contresens? D'une confusion entre δικαίων (génitif pluriel) et δικαιῶν (participe présent). Cela prouve que Villemain n'était pas fort sur l'accent grec; mais cela prouve aussi qu'il savait le grec et lisait les textes, ce qui vaut mieux que de savoir ses accents.

2. *Traité des études*, t. I, p. 133, édit. Estienne, 1705.

3. Quand ils sont bien copiés et bien imprimés encore. Mais rien n'est triste comme de voir les accents confondus avec les esprits, jetés à tort et à travers sur des syllabes tout étonnées de les recevoir.

C'est aller un peu loin, ce me semble. Nul aujourd'hui ne songerait à mettre aux mains des enfants des textes non accentués ; ce serait contre l'usage des Grecs eux-mêmes pour les livres de classe. Même nécessité des accents dans tout livre qui touche de quelque façon à la philologie ou à la linguistique ; bref, toutes les fois que l'on écrit du grec pour le grec même, et non en vue d'autre chose. Quand on se mêle d'écrire et de manier le grec pour l'usage du public, il faut être assez fort pour que l'accentuation ne soit pas une gêne. Je serais moins affirmatif pour des livres où il ne s'agit ni de langue ni de littérature grecque [1] ; mais ce n'est pas ce qui nous intéresse pour le moment.

Avec les enfants faut-il exiger qu'on prononce et qu'on écrive en accentuant?

Pour la prononciation, ce serait peut-être possible en prose ; mais, en poésie, l'accent doit, ce me semble, céder devant l'*ictus* métrique et la quantité, car un enfant est incapable de tout marquer. D'autre part, faire écrire les accents amène des ennuis nouveaux et des pertes de temps. Voici peut-être ce qu'on pourrait essayer. Que le professeur en prononçant marque lui-même l'accent ; qu'il le fasse marquer d'abord sur des mots, puis sur des phrases choisies : les exercices en chœur y seront fort utiles (même, si c'est possible, en levant le doigt à la syllabe accen-

---

1. Dans les ouvrages de théologie ou d'exégèse biblique, il est assez reçu, surtout parmi les Italiens, de ne marquer que les esprits, non les accents. Ne serait-il pas à souhaiter que cet usage devînt général quand on cite en passant ? Un théologien, tout occupé des choses, peut sans honte ignorer ces petits détails. Mais, si l'on marque les accents, ils doivent être bien marqués. Il est fâcheux que des livres de première valeur soient déparés, à cet égard, par des fautes qui indiquent chez l'auteur ou peu de soin, ou peu de science : l'inexactitude en ces petites choses fait douter de l'exactitude en de plus grandes.

tuée); mais la lecture accentuée a déjà ses avantages. On donnera de bonne heure les règles générales d'accentuation (et de prosodie) sans s'occuper de l'accent premier.

Dans les exercices au tableau, veillons à ne jamais écrire nous-mêmes sans accentuer. L'élève, à son tour, accentuera les mots isolés qui viendraient dans un devoir grammatical, puis tous les verbes dans un devoir suivi; puis enfin tous les mots, mais après qu'on aura indiqué en classe l'accent premier. Dans cette indication, le professeur questionnera quand le mot aura déjà été vu, et il distribuera à petites doses les règles les plus importantes.

Mais je ne voudrais pas qu'il fût trop exigeant sur ce point; beaucoup d'enfants s'y mettront peu à peu sans effort; d'autres n'y arriveront jamais, de même probablement qu'ils n'apprendront jamais le grec.

En résumé, distinguons entre la question des esprits et celle des accents. Occupons-nous des esprits : c'est facile, et les avantages sont considérables, surtout pour l'étymologie. Donnons quelques notions sur la prononciation moderne du grec; mais insister pour en obtenir la pratique serait peut-être plus nuisible qu'utile. Attirons l'attention sur l'accent, mais sans nous perdre dans les détails; montrons surtout les principes, les règles générales, ce qui est facile, et ce qui montre la différence entre les lois de l'accentuation grecque et celles de l'accentuation latine; mais évitons tout ce qui pourrait surcharger et encombrer un enseignement qu'il faut viser surtout à rendre facile et attrayant.

IV

BUT PROPRE ET CARACTÈRE DE L'ÉTUDE DU GREC

Il ne s'agit pas ici, comme pour le latin, de former par l'étude même et l'exercice. On apprend le grec à cause de son utilité scientifique, on l'apprend surtout à cause de ses chefs-d'œuvre littéraires. Le but immédiat est la lecture et l'intelligence des auteurs. De là le caractère de l'étude. On facilitera les abords autant que possible, on mettra le plus possible en contact immédiat avec les textes. Les notions de grammaire, les devoirs écrits n'arrêteront les élèves que dans la mesure requise pour les familiariser avec les formes, avec les mots, avec les tours, pour faciliter, en un mot, l'intelligence des auteurs.

A côté de ce but principal, on peut avoir en vue un but secondaire, accessoire, et qui est, du reste, un bon moyen d'atteindre le premier. On peut profiter de la nature même du grec et de l'âge plus avancé des enfants pour donner certaines notions de grammaire comparée et de linguistique, pour montrer aussi le sentiment esthétique présidant à la formation de

> Ce langage sonore aux douceurs souveraines,
> Le plus beau qui soit né sur les lèvres humaines.

Mais, encore une fois, ce second but est accessoire avec les enfants, et il n'influera sur le caractère de l'enseignement que par des remarques et des explications de circonstance distribuées, avec choix et mesure, par un professeur bien maître de sa matière, en vue surtout d'intéresser, d'aider la mémoire, de donner la raison des choses à l'intelligence déjà plus éveillée et de la stimuler par là à observer elle-même les faits du langage.

LIVRES DE GREC ET MÉTHODES GRECQUES

Nous allons faire aujourd'hui un peu de bibliographie et de critique. Une revue rapide des essais tentés pour rendre le grec abordable peut suggérer au professeur des industries et des idées utiles. Comme nous ne faisons pas ici œuvre de science, je me suis peu soucié d'être complet. Des livres de valeur ont dû être omis, d'autres sont indiqués dont le mérite est fort mince. Je n'ai voulu que dire ma pensée sur ceux que j'ai pratiqués.

I

MÉTHODES GRECQUES

Nous avons eu en France dans ce siècle deux méthodes complètes d'introduction aux auteurs grecs, lesquelles méritent examen.

La première est celle de M. Congnet, l'autre celle de M. Maunoury.

Le cours du chanoine Congnet [1] forme un bel en-

---

1. Les titres seuls de M. Congnet donnent l'idée de son cours. Les voici *in extenso* ou à peu près : *Cours théorique et pratique, analytique et synthétique de langue grecque, comparée avec la langue latine.*

CLASSE DE SEPTIÈME — *Simples éléments* (de grammaire) ; *Enchi-*

semble et amène l'élève, au bout de ses classes, à une connaissance très étendue de la littérature grecque. Le

ridion de ceux qui commencent le grec, contenant : 1. Une méthode *positive* pour enseigner d'une manière facile les premiers principes. 2. Des *thèmes grecs*. 3. Un texte grec pour l'explication. 4. Les *nomenclatures analytiques et synthétiques*. L'auteur appelle ainsi les listes des mots à connaître pour faire les excercices; ces mots sont mis par ordre alphabétique au début du volume avec renvoi à la place où ils sont analysés et expliqués; ils se retrouvent ensuite à côté de chaque exercice avec toutes les explications nécessaires. 5. La traduction littérale du texte grec.

CLASSE DE SIXIÈME — *Simples éléments.* — *Joseph, Ruth et Tobie* (1840), augmenté plus tard de morceaux choisis des auteurs profanes (Ésope, Babrius, Élien, etc.) et publié sous le titre de *Chrestomathie* (1850) : ce volume contient des *Exercices grammaticaux* à la fin de chaque chapitre, et l'indication de *remarques diverses* (grammaticales) qu'on peut faire sur le texte. Un *Lexique* y est joint. — *Cours de thèmes grecs élémentaires*, propres à familiariser avec les premiers principes, précédés de l'index alphabétique français-grec, de la *nomenclature analytique*, et de la *nomenclature* synthétique de tous les mots employés dans les thèmes; et suivis de deux questionnaires sur les *Simples éléments.*

CLASSE DE CINQUIÈME. — (On récite toujours les *Simples éléments*, et on se contente de lire la *Grammaire complète.*) *Auteurs grecs*, ad libitum, p. e, Xénophon, Lucien ou Isocrate. Lecture particulière : le *Nouveau Testament. Grammaire de la langue grecque* comparée perpétuellement avec la grammaire latine *et disposée à la fois en vue du thème et de la version. Manuel des verbes irréguliers. Cours de thèmes grecs*, 2ᵉ vol.

CLASSE DE QUATRIÈME. — Grammaire. On récite toujours les *Simples éléments*, et on se contente de lire la *Grammaire*. Auteurs, ad libitum, par exemple, Homère, que l'on achèvera en troisième. Pour la lecture particulière, outre Homère, les auteurs de l'année précédente. On contrôlera en classe. Auteur accessoire : *Le pieux Helléniste*. Étude méthodique du dictionnaire.

CLASSE DE TROISIÈME. — (On continue à lire la grammaire grecque.) Auteur, ad libitum, par exemple : On achève Homère, on lit de l'Hérodote, du Plutarque, du Platon. Prosodie. En particulier : *Le pieux Helléniste.*

CLASSE DE SECONDE. — On prépare avec ou sans traduction, puis on explique plusieurs tragédies de Sophocle et d'Euripide, un choix d'Aristophane, quelques poésies pastorales et lyriques, quelques beaux poèmes de saint Grégoire de Nazianze, enfin des morceaux de Thucydide. Puis on relira au point de vue littéraire et poétique les plus belles narrations d'Homère et d'Hérodote, ainsi que *Joseph,*

jeune rhétoricien connaîtra par des extraits considérables la Bible, surtout les Évangiles et les Actes, Lucien, Xénophon, Hérodote, Isocrate, Aristophane et autres poètes ; il aura lu tout Homère plusieurs fois, les plus belles tragédies de Sophocle et d'Euripide, les plus beaux discours de Démosthène et des Saints Pères; ce qui est mieux encore, il saura le grec et il goûtera les maîtres.

Voilà certes de beaux résultats (trop beaux peut-être pour avoir été autre chose qu'une utopie en 1840, trop beaux sans doute pour paraître autre chose aujourd'hui que le plus invraisemblable des rêves). Comment y arriverons-nous sous la direction de M. Congnet?

Par la concentration intelligente de l'effort sur des textes choisis, que l'on approfondit, que l'on applique, et qui deviennent le centre du travail particulier comme du travail commun, des applications comme de l'explication. Tout revient à préparer ou à revoir la classe.

Par l'application continuelle des connaissances acquises, par des thèmes dont les mots sont pris dans l'auteur de classe, et qui ne sont qu'un moyen nouveau de se familiariser avec lui.

Par des répétitions fréquentes et variées, par le retour d'une année sur l'autre, afin de bien assurer ses derrières.

Par une gradation intelligente qui met de l'intérêt dans la classe, qui fait apprendre dès l'abord les mots,

Ruth et Tobie. Auteur accessoire : *Marie* (d'après les Pères grecs).

CLASSE DE RHÉTORIQUE. — On prépare avec ou sans traduction, puis on explique plusieurs discours de Démosthène, des discours choisis de saint Chrysostome, de saint Basile, de saint Grégoire de Nazianze. *Conciones græcæ*. On relira, au point de vue oratoire les plus beaux discours d'Homère. L'étude se continuera sur un plan analogue pendant la philosophie et la théologie.— Voir, en tête de la 4ᵉ édition de la *Chrestomathie*, le *Plan d'études grecques* de M. Congnet.

puis les formes irrégulières et dialectales, et qui enfin lance à pleines voiles dans la lecture des poètes et des orateurs.

Enfin par le commerce intime avec les auteurs, non pas découpés et morcelés, mais vus par grands ensembles, *in extenso* si l'on peut.

Avec ces moyens, la marche est suffisamment rapide, car elle est continue, et toujours dans une direction suivie; elle est assurée aussi, grâce aux applications et aux répétitions continuelles; elle est agréable enfin, car on se sent à l'aise au milieu de ces grands maîtres, on a le plaisir d'avancer sans cesse et de faire quelque chose par soi-même.

Pour réaliser ce beau plan, M. Congnet demande une heure et demie ou sept quarts d'heure par jour, tout compté, ce qui n'est pas exorbitant. Il permet les traductions, mais dans des conditions qui me semblent en rendre l'usage moins dangereux.

M. Maunoury n'a pas esquissé comme M. Congnet un plan complet d'études grecques, mais, ce qui est le principal, il a donné dans son *Anthologie* une introduction pratique.

Lui aussi a été frappé de la nécessité d'assurer les fondements et de faire apprendre dès les débuts l'ensemble des mots nécessaires pour comprendre les auteurs. Les moyens qu'il emploie sont à peu près les mêmes que ceux de M. Congnet : maniement et remaniement d'un texte choisi par explications et applications, par traductions et retraductions, par analyse grammaticale et analyse étymologique. Ses textes sont bons, mais beaucoup ont été faits ou retouchés par lui, ce qui n'est jamais sans inconvénient ; de plus, ils n'offrent pas d'ensemble suivi. Je crains même que l'enfant en abordant un auteur grec, après être resté longtemps sur l'Anthologie qui lui promettait de les lui rendre tous accessibles, n'éprouve une déception en voyant par expérience que tout le grec n'est pas dans quelques racines.

Il y a donc là un effort méritoire, un progrès immense sur Lancelot, sur Giraudeau même, mais nous avons, comme dans Congnet, l'inconvénient d'un grec peu attique, parfois même peu classique.

Pourquoi, au lieu de choisir ou de faire ainsi des textes, ne pas employer la même méthode, qui est excellente, sur un auteur grec, sur Lucien ou sur Xénophon?

II

GRAMMAIRES GRECQUES

Que la Grammaire soit écrite en français ou en latin, la chose importe assez peu en soi : Gretser ou Wordsworth n'en sont ni moins bons, ni meilleurs pour être en latin. Mais il est clair qu'aujourd'hui elle ne peut être qu'en français.

Il faut demander dans la première partie l'exactitude des formes, et, si tant est qu'on en donne, l'exactitude des explications.

Pour les formes, la plupart des grammaires de classe ont été défectueuses jusqu'ici. Sans doute, on a renoncé à la déplorable habitude des paradigmes complets et des formes inventées, mais bien des formations de décadence s'étalaient encore jusque dans les meilleures grammaires, comme celle de Burnouf, celle de Koch, celle de Curtius. Bailly, le P. Janssens, Guardia, Tournier et Riemann, Rutherford, l'abbé Ragon [1], Riemann et Gölzer, le P. Sengler dans l'édition de 1897, sont plus exacts : ils distinguent avec soin les formes attiques, et mettent les autres entre parenthèse.

Quant aux explications, c'est encore une question de savoir s'il faut leur donner une part. En Allemagne, Curtius seul la leur a faite avec succès [2] ; en France, Bailly et Chassang l'ont suivi, le premier avec un véritable esprit scientifique, le second avec certaines qualités plus pédagogiques, dit-on. Guardia est allé de l'avant, comme toujours. Le P. Janssens n'a pas reculé non plus devant certaines explications discrètes.

Depuis quelque temps, les philologues, comme MM. Tournier, Riemann, Ragon, Rutherford, ont réagi contre ces tendances linguistiques. Ils profitent de la linguistique pour mieux classer, pour éviter les erreurs d'autrefois. Mais c'est tout. Peut-être ont-ils raison, en pratique. Sans doute, les explications scientifiques peuvent être précieuses pour les élèves. Mais il y faut beaucoup de science et de tact pédagogique [3]. Or qu'arrive-t-il quand elles sont dans les livres ? Tout professeur en prend une teinte, il veut tout expliquer, il embrouille tout. Ajoutons que pas une grammaire élémentaire

1. Je ne connais pas la grammaire grecque de P. Thomas et Rœrsch ; mais on la dit bonne.

2. Curtius a été traduit en français par M. Clairin. Ce qui est plus précieux que la grammaire de Curtius, ce sont les *Éclaircissements* publiés dans un volume à part, qui est un chef-d'œuvre de science, de bon sens et de discussion loyale. Ils n'ont pas été traduits en français.

3. Voir dans les *Mélanges de Mythologie et de linguistique* de M. Bréal (Hachette 1877), p. 322, le discours d'ouverture au Collège de France, 1872, sur cette question : *Quelle place doit tenir la grammaire comparée dans l'enseignement classique ?* et comparer les préfaces de Chaignet, de Burnouf, de Curtius, de Bailly et de Chassang, de Guardia, de Farrar, mais aussi celle de M. l'abbé Ragon.

n'est sûre à cet égard. Toutes sont attardées, toutes sèment à profusion les explications hasardées, inexactes. Mieux vaudrait ne rien dire. Alors le professeur ignorant se taira lui-même. Le professeur qui sait ne sera pas en peine pour choisir et ne sera pas obligé à chaque instant de redresser son auteur[1]. Mais, en principe, il faut reconnaître l'utilité grande de quelques notions courtes, sûres et précises, d'explications phonétiques ou morphologiques claires et discrètes, de rapprochements faciles soit avec le latin, soit avec d'autres langues ; et cela non seulement dans l'enseignement oral (cf. p. 109), mais dans le livre même (groupées à part, ou disséminées en notes à travers le texte), pour rappeler et prolonger l'enseignement oral.

Les petites syntaxes élémentaires, comme celle du P. Sengler, risquent de ne guère donner que des choses déjà connues par le latin. Cependant on dit du bien de celle de Tournier et Riemann dans les *Premiers Éléments*, et de celle de M. Ragon. Les syntaxes plus développées comme celles de Janssens, Farrar, Burnouf, Guardia, l'abrégé de Kühner par Theil, sont déjà bien compliquées pour des enfants.

Les *Règles fondamentales de la syntaxe grecque*, par MM. Cucuel et Riemann (c'est l'ouvrage de MM. Seyffert et von Bamberg traduit et remanié), sont-elles assez simples et claires? Dübner semble pratique, mais manque de précision. On loue beaucoup Riemann et Gölzer, *Deuxième année de grec*. Le meilleur pour les élèves semble être encore la comparaison avec le latin ou avec le français, groupant en quelques pages les principales différences. Pour l'explication des auteurs,

---

1. On ne saurait guère donner d'explications utiles sur les formes et sur les sons, si l'on ne connaît à fond le *Précis* de M. V. HENRY, et même G. MEYER (*Griechische Grammatik*) et BRUGMANN.

le professeur a les bonnes syntaxes de Matthiæ, de Madvig, de Koch, traduites en français, et les *Greek Moods and Tenses* de Goodwin. Il trouvera dans les quelques pages de Brugmann (*Handbuch* de M. Iwan Müller, t. II, ou réédition à part) des indications utiles sur le développement des usages syntaxiques.

Précieux aussi, encore de nos jours, pour le professeur le *De Idiotismis linguæ græcæ*, du P. Viger (+ 1647), surtout dans la réédition de G. Hermann [1]. Les particules font toujours grande difficulté. Il y a quelques indications excellentes dans la *Revue de Philologie* [2]. Paley dans son petit opuscule, *The Greek Particles*, a étudié avec soin l'usage des tragiques grecs sur ce point.

Les verbes irréguliers sont proposés diversement aux enfants. On procède généralement par listes alphabétiques. D'autres les distribuent en tableaux [3]. Le P. Janssens, mieux inspiré, les divise en classes, ce qui aide la mémoire et l'intelligence. Peut-être vaut-il mieux n'y pas attacher trop d'importance. Donnons seulement les notions nécessaires, quand l'occasion se présente.

Le *Verbe grec* de Curtius, le *New Phrynichus* de Rutherford, les *Irregular and Defective Verbs* de Veitch, peuvent apporter au professeur des secours précieux et lui fournir l'idée de remarques à la fois utiles et intéressantes.

Il ne faudra s'occuper des dialectes qu'à propos des auteurs, et surtout d'Homère.

1. Gail en a donné un petit résumé en français, Paris, 1808.
2. *Rev. de Philol.*, 1883, signé Y (Tournier ?).
3. *The chief Tenses of irregular Greek verbs, tabularly arranged*, by the Rev. J. Day Collis. London, Longman 1881.

III

EXERCICES GRECS

Il y a d'abord les recue... de phrases pour versions,
que les Anglais nomment *readers*, et les recueils pour
thèmes (en anglais *writers*). Ils ne peuvent être utiles
que dans les premiers commencements. Encore vau-
drait-il mieux peut-être aborder directement un auteur.

On ne peut nier, du reste, qu'il n'y ait des recueils
bien faits [1] : en Allemagne, celui de Jacobs, celui de
Schenkl ; en Angleterre, celui de J. E. B. Mayor, le frère
du savant éditeur de Cicéron et de Juvénal ; en France,
celui de l'abbé Ragon ; en Belgique, ceux du P. Muûls.
Un mot sur quelques-uns de ces recueils.

Le *First Greek Reader* de Mayor est une série de phrases
grecques détachées à traduire, pour être ensuite retra-
duites oralement. Ces phrases sont presque toujours
des sentences, des proverbes, des bons mots, choisis
dans les auteurs anciens, parfois avec quelques modifications en vue de garder les mots et les formes attiques. La marche est progressive. Le § 1 exerce la première déclinaison. Tous les autres mots sont expliqués
en note. Le § 2 exerce la seconde. Tous les mots qui ne
sont ni de la seconde ni de la première sont expliqués
en note, et ainsi du reste. A la fin, un vocabulaire. Le
travail ne porte que sur les formes, la syntaxe n'est pas
touchée [2].

1. Voir une longue liste dans le *First Greek Reader* de J. E. B. MAYOR,
London, Macmillan, 1878 (p. V). F. D. Morice a publié chez
Rivingtons un livre élémentaire de lectures préparées par lui, en
petits récits : *Stories in attic Greek*.
2. Du même genre est la *Nouvelle Chrestomathie grecque* de

Ne portent aussi que sur les formes les *Premiers Exercices grecs* de M. l'abbé Ragon (1889) [1].

Mais ils contiennent des thèmes aussi bien que des versions, le tout rangé selon les déclinaisons et les conjugaisons : seulement au lieu de tout expliquer en note, l'auteur fait apprendre dès les débuts l'indicatif présent de εἰμί, certains temps de λύω, quelques règles indispensables de syntaxe. Les autres renseignements nécessaires sont dans le texte même. Les pensées sont généralement heureuses et prises des auteurs anciens. Certains mots à retenir sont mis en tête de chaque exercice ; les autres sont dans les lexiques de la fin. Il y a un volume de corrigé pour le maître. Bref, admis le principe des phrases détachées, l'exécution me semble très bonne.

Plus utiles encore, au moins pour le professeur, sont les *Exercices grecs* adaptés à la grammaire du P. Janssens, 2 volumes, par le P. Muls (1882-1883).

La disposition est la même, mais :

1° Nous avons la syntaxe, où les exemples sont si précieux ;

2° Toutes les phrases sont prises des auteurs, avec renvois ;

3° Le thème est fait avec des éléments déjà vus dans la version.

1. J'ai connu trop tard pour en parler les *Thèmes grecs sur la syntaxe* et la *Chrestomathie grecque* de M. l'abbé Ragon.

M. Chassang (Paris, Garnier, depuis 1874) avec quelques différences : 1° les points de syntaxe sont indiqués en note quand l'occasion s'en présente ; 2° il y a à la fin de petits récits ; 3° les exemples sont beaucoup moins nombreux et d'ordinaire moins saillants, ils portent davantage la trace d'un rédacteur moderne ; 4° l'auteur dégage, à la fin de chaque série d'exercices, les mots primitifs nouveaux employés dans cette série. On le voit, l'ouvrage a quelques avantages ; mais, sur d'autres points, il est inférieur à Mayor.

Le procédé est le même que dans les *Exercices* du P. Bauwens : il est bon.

Une courte description de l'*Elementarbuch* de K. Schenkl donnera l'idée de la façon dont les Allemands préparent à la lecture suivie.

Le livre comprend, avec renvois continuels à Curtius et à Kühner :

A) Des exercices préliminaires de lecture et d'accentuation, p. 1-2.

B) Des exemples grecs et allemands pour la pratique des formes, bien choisis et disposés selon l'ordre grammatical, p. 3-91.

C) Des morceaux de lecture (pris des auteurs), p. 92-116, ainsi répartis :

I. Fables; II. Petits récits, anecdotes, traits de caractère ; III. Morceaux plus considérables.

Appendice poétique, p. 117-131, comprenant :

I. Des épigrammes; II. Des ïambes; III. Des fables de Babrius.

D) Des devoirs de syntaxe, p. 132-138, consistant en phrases allemandes à mettre en grec.

Un vocabulaire grec-allemand et allemand-grec.

Des notes abondantes sont placées après chaque exercice.

IV

COURS DE THÈMES

Dans bien des cas, ils ne diffèrent en rien des livres d'*Exercices* dont il vient d'être question ; mais souvent, ils sont moins strictement grammaticaux.

La plupart s'appuient à la fois sur les auteurs et sur la grammaire, et donnent le vocabulaire, de façon à éviter les longues recherches dans les dictionnaires.

Ainsi, grâce sans doute à la difficulté plus grande, les méthodes d'exercices et de thèmes grecs sont de beaucoup supérieures aux méthodes latines dont nous sommes inondés depuis 200 ans.

Ces méthodes grecques ne diffèrent que par la façon de faciliter la traduction des phrases françaises. Œuvre délicate : car il ne suffit pas de savoir le mot, ni même la règle, le tour est bien plus important dès que la phrase se prolonge ou prend une allure plus libre.

M. Vendel-Heyl, dans son excellent *Cours de thèmes grecs* (1823-1824), me semble avoir résolu heureusement la difficulté.

Après l'introduction grammaticale nécessaire, les thèmes marchent parallèlement avec la grammaire, et, dans la partie syntaxique, sont immédiatement précédés des règles. Les phrases sont données en bon français ; mais, dans les notes qui suivent chaque exercice, sont indiqués tous les moyens de les traduire en bon grec.

M. E. P. M. Longueville, dans son *Cours complet de thèmes grecs gradués, adaptés à la méthode de M. Burnouf et accompagnés du texte des règles* (1re partie, 1828), suit une voie analogue. Mais ses phrases sont moins françaises et moins saillantes.

Son adaptation d'Eutrope, dans la première partie, donne un bon fonds ; mais le travail ne devient-il pas trop machinal ?

M. Maunoury, dans ses *Thèmes gradués*, mêle les petites phrases de son cru, composées, du reste, avec beaucoup d'art (1re partie), et les textes pris des auteurs (2e partie). Après quelque temps, ces textes deviennent des passages suivis, choisis surtout dans les saints Pères, avec renvois aux sources dans les *corrigés*. L'ensemble forme un tout qui me semble intéressant et pratique.

Je n'oserais faire le même éloge du *Cours de thèmes grecs avec questionnaire, adapté à la grammaire de M. Chassang*, par Ad. Bouillon. Sans doute, il y a là un travail méritoire. Le questionnaire surtout peut être utile aux mains d'un professeur habile. Mais nous perdons les textes significatifs, et traduits du grec; puis, dès qu'on avance, les secours manquent, et je crains que le professeur lui-même, s'il n'a les *corrigés*, ne soit incapable de diriger fructueusement le travail.

Avec M. Bouillon, nous n'avions ni l'assurance que donne l'appui du vrai grec, ni, sauf à la fin du second volume, l'intérêt que donne un texte suivi. C'est l'intérêt surtout qu'a cherché M. A. Sidgwick. Aussi donne-t-il, dès les débuts, de petites historiettes, choisies et composées, il est vrai, avec un goût douteux. Mais le mérite de M. Sidgwick n'est pas, selon moi, dans ses Exercices; il est dans l'introduction [1] ou dans les commentaires. Son *First Greek writer* contient, en 64 pages, un résumé très net des principales choses que l'enfant doit savoir en abordant le thème, ou plutôt qu'il apprendra en faisant les exercices, à mesure que l'auteur l'y renvoie.

Même chose, mais à un degré supérieur dans les 103 pages de notes à son *Introduction to Greek Prose Composition*.

---

[1]. Nous avons déjà vu ce procédé d'introduction employé par M. Bradley et autres dans leurs cours de thèmes latins. — M. Sidgwick lui-même a senti que le travail restait trop difficile, car il a publié un nouveau cours de thèmes grecs (*Lectures on greek composition*) où il donne et commente une traduction faite par lui-même.

V

ÉTUDE DES MOTS; L'ÉTYMOLOGIE

La grande difficulté dans l'étude du grec est la connaissance des mots [1]. C'est contre cet obstacle surtout qu'ont eu à lutter les auteurs d'*Exercices* et de *Thèmes*. On connaît les principaux moyens employés : Dictionnaires des racines, recueils de mots, recueils de phrases.

Le P. Labbé, Jésuite, avait composé au xviie siècle un dictionnaire des racines grecques; Lancelot n'a guère fait que le mettre en vers bizarres, dans son fameux *Jardin des racines grecques*. Rien ne prouve la force de la méthode et de la constance comme le succès que certains professeurs ont eu, même avec ce livre si mal rédigé et qu'on apprenait plus mal encore. Mais enfin on l'apprenait et l'on avait la clé du grec.

Le P. Giraudeau eut l'idée de faire venir les mots principaux de la langue grecque dans un récit versifié, des aventures d'Ulysse. C'était un progrès. Mais le travail reste pénible, et la constance manquera généralement.

L'*Anthologie* de M. Maunoury poursuit le même but; mais la variété est plus grande, et la difficulté moindre.

Cependant ici encore, il faut pour réussir beaucoup d'effort et d'esprit de suite. C'est peut-être, avec la décadence générale des études, la raison de l'oubli où tombe peu à peu l'*Anthologie*.

1. Un Français se trouve, en face du grec, à peu près dans la même situation qu'un Allemand en face du latin. Voilà pourquoi il nous faut ici des études de vocabulaire. Mais de ce qu'elles sont nécessaires à des Allemands pour apprendre le latin, on a parfois conclu trop vite que des Français ne peuvent s'en passer même pour cette langue.

Elle a un autre défaut grave : les étymologies et les explications grammaticales sont par trop fantaisistes.

Depuis quelque temps, on revient aux recueils de mots : quelques-uns sont faits avec tact, et présentent des dispositions ingénieuses. Ainsi *Les Mots Grecs*, par MM. Bréal et Bailly, la *Clef du vocabulaire grec* par M. Tournier. Mais je doute qu'il soit utile de les faire apprendre aux élèves ; d'autre part, le professeur ne pourrait s'en servir qu'au prix d'un travail énorme. Tels qu'ils sont, ils ne lui fournissent guère que des listes de mots à faire décliner en classe.

Tout le monde est d'accord sur l'utilité de l'étymologie pour apprendre les mots grecs, j'entends cette étymologie qui groupe ensemble les mots de même famille. L'analyse étymologique n'est pas moins nécessaire que l'analyse grammaticale, et elle est plus intéressante. Le professeur en fera donc grand usage.

Jadis les dictionnaires classaient les mots par familles : ainsi le *Thesaurus* de Henri Estienne. Par malheur, les éditeurs modernes ont adopté l'ordre alphabétique, ce qui fait perdre à l'ouvrage une grande partie de son utilité. Il existe encore de vieux abrégés du *Thesaurus* disposés selon l'ordre ancien. Si le professeur n'en a pas sous la main, il peut s'aider des *Principes d'étymologie grecque* de Curtius [1], ou, s'il le trouve, du *Manuel pour l'étude des racines grecques* de M. Bailly, ou enfin de la liste des racines grecques et des dérivés dans les dictionnaires de Chassang ou de

______

1. Il en existe une traduction anglaise : *Principles of greek etymology*, by G. Curtius, 5th édition translated by A. S. Wilkins and E. B. England. London, Murray, 1886, 2 gros volumes in-8°. Plus simple et plus accessible est le petit livre de Wharton, *Etuma græca* (en anglais).

Bailly. Mais ces ouvrages ne donnent qu'un nombre restreint de dérivés, et omettent généralement les composés ; puis les faussetés et les conjectures hasardées y abondent, il faut donc savoir choisir.

En somme, il nous manque pour le grec quelque chose d'analogue au *Dictionnaire étymologique latin* de MM. Bréal et Bailly. Au professseur de suppléer par son travail.

VI

TEXTES GRECS

Plusieurs moyens ont été employés pour les rendre accessibles : traductions interlinéaires, traductions juxtalinéaires[1] ; notes de toute sorte ; analyses de tous les mots, etc.

Les traductions se justifient mieux pour le grec que pour le latin. Cependant Rollin les repousse énergiquement, et ses raisons sont toujours valables, car elles sont fondées sur la nature des enfants : « On ne doit, dit-il, jamais leur permettre les gloses interlinéaires, qui ne sont propres qu'à entretenir l'esprit dans une espèce d'engourdissement, en leur présentant l'ouvrage tout fait, et ne laissant rien au travail ni à la réflexion. Je ne sais même s'il ne serait pas avantageux qu'ils se servissent toujours de textes purement grecs. Car pour lors, quand il se présente quelque difficulté, ils sont

1. J'ai sous les yeux les *Dialogues des morts* de Lucien avec texte grec d'un côté, texte latin en face. A la fin de chaque dialogue est une analyse de tous les mots, et le renvoi au primitif. C'est une édition scolaire, comme on en faisait au xviiᵉ siècle. *Luciani selecti mortuorum Dialogi cum interpretatione Latina et grammatica singularum vocum explanatione. In usum iuventutis φιλέλληνος,* Cramoisy, 1631.

obligés de faire effort par eux-mêmes pour la surmonter, au lieu que s'il y a une version à côté, l'esprit étant naturellement paresseux, les yeux, comme d'intelligence avec lui, se tournent d'abord de ce côté-là pour lui épargner toute la peine. C'est ce qui arrive ordinairement à ceux mêmes qui sont plus avancés en âge, et l'expérience ne fait que trop connaître qu'il est très difficile de résister à cette tentation [1]. » — Conclusion : jamais de traduction pour les textes que l'on voit en classe. Mais si l'on avait l'espoir fondé d'obtenir ainsi la lecture des auteurs, pourquoi refuser à l'élève un secours dont le professeur sent lui-même le besoin ?

Et les textes annotés ? Grosse et difficile question ; d'autant plus compliquée qu'il y a, ce me semble, une sorte d'antinomie entre les exigences de la classe et celles du travail particulier. A l'étude, une édition annotée est presque indispensable ; et j'en sais que les excellentes notes de M. Ragon ont amenés à lire avec autant de plaisir que de profit le *Coq* de Lucien, ou tel chant d'Homère. Mais en classe un livre avec notes paraît à beaucoup plus nuisible qu'utile. L'enfant, au lieu d'écouter, lit les notes ; ou bien encore, il n'écoute ni ne lit, espérant se tirer d'affaire en temps opportun à l'aide de ces précieuses notes. Les Anglais essayent de remédier au mal en mettant les notes non pas au bas des pages, mais à la fin du volume : ainsi le professeur peut voir si l'on suit, et l'enfant est moins tenté. Mais il est clair que le remède est insuffisant.

A tout prendre, qui ne préférerait ces jolies éditions si bien annotées ? A défaut de l'élève, le professeur peut en tirer grand profit, et ce profit finit par revenir à l'élève. Ainsi l'annotateur travaille surtout pour ses

1. *Traité des Études*, t. I, p. 130, édition de 1765.

collègues. Cette remarque suffirait à montrer quel soin, quelle exactitude, quelle science de bon aloi sont requis pour faire une bonne édition. On ne l'a pas toujours compris ; mais on le comprend enfin ; et si les enfants n'apprennent pas le grec, ce ne sera pas faute d'éditions excellentes.

Ce serait le moment de dire un mot des *Grammaires homériques* et des *Clefs d'Homère*. Ici encore deux systèmes sont en présence : celui des petits traités spéciaux en tête du volume, celui des explications courantes, soit au bas des pages, soit à la fin du livre. Les Anglais préfèrent le premier ; Munro, par exemple, a joint à son *Iliade* une *Grammaire homérique* qui est un chef-d'œuvre. C'est là que renvoient toutes les notes grammaticales. Sidgwick, Merry et d'autres suivent le même procédé. En France, on préfère les explications au bas des pages, quitte à recourir à la *Grammaire grecque*, pour avoir à l'occasion une vue d'ensemble du sujet. Quelle que soit la disposition adoptée dans les livres, n'oublions pas que le travail utile sera le travail de classe, celui que font ensemble élèves et professeur.

C'est toujours là qu'il faut en revenir. Il y a de bons livres et de bonnes méthodes, il y en a de mauvais. Mais avec les bons livres et les bonnes méthodes, le profit a souvent été minime ; avec les mauvais, comme le *Jardin* de Lancelot, certains professeurs ont obtenu les plus beaux succès. C'est que pratiquement tant vaut le maître, tant vaut le livre. Cependant le livre peut être un secours, il peut être une gêne. Voilà pourquoi il fallait en parler.

UNE MÉTHODE GRECQUE AD LIBITUM

Quelques-unes des *Méthodes grecques* sont excellentes, celle de M. le chanoine Congnet, par exemple ; excellents aussi plusieurs des livres d'*Exercices grecs*, celui de M. l'abbé Ragon, celui du P. Muûls, celui de M. Maunoury, etc. Mais ces *Méthodes* sont parfois un peu factices, elles gênent la liberté du professeur, elles demandent une constance rare ; ces *Exercices* sont en dehors du mouvement de la classe, sans lien avec les textes que l'on explique. Ne pourrait-on pas faire aussi bien, faire mieux peut-être, en concentrant tout l'effort sur la *Grammaire* et sur les *Auteurs* ? Une *Grammaire* bien faite, comme celle de M. l'abbé Ragon, ou du P. Janssens, toujours la même ; des *Auteurs* gradués selon les classes et distribués de façon à faire connaître avec le temps les plus beaux morceaux et les grands auteurs. Le professeur aurait toute liberté dans le détail ; voici comment on pourrait tracer les grandes lignes de cet enseignement. Ce sera, si l'on veut, une méthode *ad libitum*, une méthode sans *Méthode*.

I

MARCHE GÉNÉRALE

Avant tout, c'est-à-dire dès qu'on sait lire, vue rapide de la déclinaison et de la conjugaison régulières.

Il faut mettre l'enfant en état de distinguer la nature des mots, les cas, les temps, les modes, les voix, les personnes ; il n'est pas nécessaire qu'il sache réciter encore imperturbablement. Donc beaucoup d'analyses sur de petites phrases courtes, écrites au tableau, et dont on lui donnerait le sens. Déjà même, on peut l'exercer sur les formes, en variant les cas, les personnes, etc., avec les mots donnés. Petites analyses, petites versions, petits thèmes en classe, et répétition à l'étude, voilà les débuts. On aurait soin, du reste, de choisir les mots dans l'auteur qui sera mis prochainement aux mains de l'enfant.

Au bout d'un mois environ, on peut aborder un auteur facile, Ésope, si l'on veut, ou mieux des extraits faciles, gradués, intéressants ; ou mieux encore peut-être les *Dialogues des morts* de Lucien. Ils sont trop difficiles, mais le professeur est là.

Il donne d'abord le dialogue en français, pour intéresser l'enfant, puis il lit le texte grec, un élève relit. Alors commence le débrouillement analytique et la *construction*. La plupart des mots sont connus par les exercices préliminaires ; ceux qui ne le sont pas seront écrits et traduits au tableau. Ce travail achevé sur une phrase, on relit, le professeur ou un enfant traduit, et l'on passe à une phrase nouvelle, que l'on traite de même.

Après avoir expliqué ainsi quelques lignes, on y revient par un thème au tableau, puis par un thème oral ; on finit par de petites variations du cas, du temps, du mode. Bref, l'enfant sortira de classe, sachant à peu près par cœur le texte expliqué, tout heureux d'avoir fait du grec et de ne l'avoir pas trouvé trop difficile.

Le devoir du soir consistera, au moins en partie, à

mettre en français ou en latin [1] le texte expliqué; à traduire en grec quelques phrases, déjà faites ou à peu près, en thème oral; à bâtir de petites phrases grecques, toujours avec des mots choisis dans l'auteur; à faire l'analyse des mots, écrivant quand on a oublié, et portant sur un cahier les mots dont on a dû chercher le sens. Le contrôle ne sera pas difficile en classe. De plus, le professeur choisira, toujours dans le même texte, quelques mots de la première ou de la seconde déclinaison, que l'on devra décliner le lendemain. Peut-être aussi pourra-t-il donner le texte grec à réciter. Le jour suivant, répétition et exercices nouveaux sur le même texte, puis on passe outre, débrouillant, traduisant, exerçant, appliquant et répétant de la même façon.

Il semblerait utile que, pour lancer le mouvement, on donnât dans les débuts beaucoup de temps au grec. Ainsi, les élèves sentiront mieux la nécessité de faire un bon effort, ils prendront intérêt à la lutte contre les premières difficultés, ils auront le plaisir d'avancer, ils marcheront allègrement à travers les premières broussailles, jusqu'à ce que le travail devienne par lui-même plus facile et plus intéressant.

On aura pu se ménager ce temps en retardant les commencements du grec; tel professeur a même su profiter de ce retard pour stimuler les enfants, pour leur faire désirer la grammaire grecque, puis l'auteur

1. C'est une question de savoir s'il est bon d'expliquer le grec en latin. Au début, il faudra peut-être, pour l'intérêt et la facilité, expliquer en français. Plus tard, l'explication latine semble avoir des avantages sérieux pour le premier débrouillement et la première traduction du texte, mais il faut toujours donner une traduction française. Il sera utile aussi de proposer en latin les petites phrases à traduire, et de faire décliner à la fois le grec et le latin, au moins quand on répète : ἡ μοῦσα, *musa*, τῆς μούσης, *musæ*, etc. Cela grave aussi les formes latines et familiarise avec la syntaxe.

grec, pour obtenir enfin un élan plus fort et plus joyeux.

Il va sans dire que la marche se proportionnera aux forces, s'arrêtant quand c'est nécessaire, avançant dès que c'est possible, revenant souvent sur le passé. La devise sera : mouvement continu et exercices variés, dans le même champ ou dans la même direction.

A mesure qu'on avancera, les formes se graveront dans la mémoire, l'auteur deviendra plus familier. L'analyse sera facile ; les mêmes mots se représenteront et il faudra toujours les signaler et rappeler la phrase où ils se trouvaient ; la part de l'inconnu finira par être minime et la préparation en classe pourra devenir très rapide. Dès lors, rien n'empêche de donner des passages assez étendus, ainsi débrouillés, à préparer pour la classe suivante. Il ne semble pas nécessaire d'exiger que l'enfant écrive tout ; mais seulement ce qu'il a été obligé de chercher [1]. Ainsi préparée, l'explication de classe marchera rapidement, faite par les élèves eux-mêmes, et il restera du temps pour les exercices, oraux ou écrits, de déclinaison et de conjugaison, de traduction, de reproduction et d'application.

Pour les élèves plus forts, le professeur indiquera des passages, qui ne seront pas vus en classe, à lire, peut-être même à traduire par écrit, au moins dans les débuts. Ainsi quelques-uns auront vite vu tous les dialogues de leur recueil, surtout si le professeur contrôle et encourage, fût-ce en exemptant de telle partie du devoir, donnée surtout pour les plus faibles. Si la bonne volonté et l'entrain sont grands, il y aura un auteur accessoire. Saint Luc me semblerait excellent

---

1. Il est facile de contrôler en classe si le travail d'étude a été sérieux.

pour le travail particulier, et l'on pourrait permettre l'usage d'une traduction.

On voit la méthode : concentration des efforts autour d'un texte pour l'étudier sous toutes ses faces, variété d'exercices, union du travail commun en classe et du travail individuel, l'application et l'explication, la règle et l'exemple concret se donnant partout la main; enfin part laissée à l'initiative, mais dans le sens de la classe; liberté, mais contrôlée. C'est, si l'on veut, la méthode de Congnet et de Maunoury, mais appliquée sur un texte classique.

Quelques mots suffiront maintenant sur chacun des points particuliers où doit porter l'étude.

II

POINTS PARTICULIERS

1) Grammaire.

On l'étudiera méthodiquement, mais en vue surtout de l'utilité pratique, c'est-à-dire de l'intelligence des auteurs. Nous nous occuperons donc fort peu des exceptions et des particularités. Il n'importe guère pour le débutant de savoir s'il faut dire ἡδέος ou si l'on peut dire ἡδέως comme πόλεως; si πλέω fait πλεύσομαι, ou si l'on peut dire πλεύσω, etc. Le principal est de reconnaître les formes quand elles se rencontreront, et de pouvoir en faire l'analyse étymologique et grammaticale. On donnera vite un aperçu général des principaux points, de façon à rendre possibles la lecture et les observations en classe. Puis on recommencera encore et encore ce travail méthodique, mais en profitant de l'auteur pour les applications, en ajoutant à

chaque fois quelque détail utile, et en distribuant la
clarté par des explications choisies. En revenant ainsi
à différentes reprises sur les mêmes choses, on finira
par les mieux savoir que si l'on avait toujours piétiné
sur place : l'ennui serait venu, et le progrès eût été nul.
Comme certaines notions de phonétique sont nécessaires pour comprendre les formes et les étymologies,
le professeur pourra les distribuer par degrés, même
méthodiquement, surtout celles qui touchent les alter-
nances vocaliques (πατήρ, πα-τέρ-α, πα-τρ-ός, πα-τρά-σι,
εὐπά-τωρ, εὐπά-τορ-ος), et celles qui regardent le σ, le F,
le y, et les « compensations ».

Il faudra de bonne heure rompre l'enfant aux décompositions intelligentes comme λυ-θη·σ-ο-ί-μεθα, à la connaissance exacte des désinences et des syllabes forma-
tives.

On procédera par questions, par exercices au tableau,
et aussi par petits travaux en particulier bien préparés
par la classe. Mais, à tout prix, éloignons de l'enfant la
tentation de forger à sa fantaisie des explications étymologiques et phonétiques; mieux vaudrait ne rien en
dire.

On verra de même méthodiquement les principales
règles de syntaxe nécessaires à l'intelligence d'un texte,
ce qui n'est pas bien long.

A côté de cet enseignement méthodique, il y en aura
un autre d'occasion; il s'appuiera aussi sur les auteurs:
une remarque jetée à propos préparera ainsi des explications subséquentes; on reviendra aussi sans cesse sur
le passé, rapidement et avec entrain, de manière que
tout se grave enfin dans la mémoire, et devienne comme
partie de l'esprit. Ce n'est pas tout : dans ces remarques
sur l'auteur, le professeur attirera discrètement l'attention sur la grammaire comparée, il fera mille observa-

tions pleines d'intérêt et propres à donner quelque idée du génie grec.

Ainsi la grammaire s'apprendra sans trop de peine, elle pourra même devenir intéressante.

2) Étude des mots, étymologie.

Non moins importante que l'étude des formes, est l'étude des mots ; c'est faute de vocabulaire, en grande partie, que la plupart des élèves n'apprennent pas le grec.

Ici encore l'auteur servira de fond. A force d'explications et d'applications, de traductions et de retraductions, de questions, de répétitions, d'exercices de toute sorte, il faudra que tous les mots de l'auteur deviennent familiers. Non seulement l'élève doit être en état de traduire les phrases, il devra savoir le sens du mot détaché du contexte et sous une autre forme ; non seulement il devra dire le français ou le latin, quand on lui proposera le grec, mais il faudra que sur le français ou le latin il puisse retrouver le mot grec, la phrase grecque. On ne saurait dire, pour ce sujet, comme pour les formes, quel parti le professeur peut tirer des *concertations*, c'est-à-dire de ces interrogations d'élève à élève dont il a été question ailleurs.

Ainsi le trésor de l'enfant s'enrichira peu à peu, et comme les mêmes mots reviennent sans cesse, au bout de quelque temps un dialogue de Lucien, par exemple, présentera peu de termes nouveaux.

A une condition cependant, c'est que l'enfant sache reconnaître les mots de même racine comme il reconnaît les mots de même thème, qu'il soit familier avec l'analyse étymologique comme avec l'analyse grammaticale.

Il faudra donc sans cesse décomposer les mots, les ramener non pas nécessairement à la racine abstraite, mais aux primitifs. Οἰκοδόμημα, par exemple, se résoudra en ses deux éléments οἶκος et δέμω. Mais il faut, dans ces cas, analyser exactement, et suivre la filière. Ainsi οἰκοδόμημα n'est pas un composé, mais un dérivé de οἰκοδομέω[1]; οἰκοδομέω lui-même n'est pas un composé, mais un dérivé de οἰκοδόμος lequel enfin est composé[2]. On pourra montrer le procédé analogue dans l'équivalent latin *ædificium*, *ædes facere*, puis *ædifex* (archaïque), puis *ædifico*, *ædificium*.

Grâce à ce procédé, l'enfant saura reconnaître dans un mot d'aspect étranger un mot déjà connu, et il s'habituera à deviner le sens. C'est double profit : on apprend des mots nouveaux, et le mot ancien s'éclaire lui-même d'une lumière plus vive. Sans doute ce moyen n'est pas infaillible, car le dérivé peut ne refléter que de loin le sens du primitif ; mais il vaut le plus souvent, toujours il intéresse, il parle à l'esprit et soulage la mémoire.

Pour que le procédé ait toute sa valeur, il faut donner *grosso modo* et sur des exemples concrets, pris dans l'auteur quand c'est possible, le sens général des principaux préfixes et des principaux suffixes, ainsi que des notions sur la dérivation et la composition [3]; sans

---

1. Plusieurs aujourd'hui citent les verbes sous leur forme contracte, la seule usitée en attique. On enlève ainsi aux enfants une précieuse ressource pour savoir les temps primitifs, et la nature vraie du verbe.

2. C'est la loi des composés grecs (et latins) déjà reconnue par Scaliger : Hors la simple *juxtaposition*, avec une préposition ou autrement, les Grecs ne composent ni verbes ni substantifs abstraits. Des deux termes se fait un nom d'agent, d'où dérive le verbe, et généralement par le verbe, les autres mots formés des mêmes éléments. Les exceptions sont rares.

3. Les grammaires récentes fournissent généralement le nécessaire sur ce sujet. On peut voir celle du P. Janssens, ou celle de Curtius;

subtiliser, du reste, et sans vouloir expliquer les énigmes.

On choisit de temps en temps une série intéressante,
et l'on groupe tous les mots d'une même famille. Mais
le principal est l'analyse étymologique dont nous avons
parlé, et l'habitude d'éclairer un dérivé ou un composé
par le primitif ou par les composants.

On peut aussi demander des lumières à d'autres
langues connues, au latin, au français, aux langues
germaniques. Mais ici surtout, soyons prudents, ne
donnons que des choses sûres, ne permettons pas les
conjectures hasardées; et, pour que l'enfant s'habitue à
voir là autre chose que des jeux et des fantaisies, qu'il
ait quelques notions exactes et précises de phonétique.
Sans la loi de Grimm, par exemple, la comparaison avec
les langues germaniques est impossible [1]. Mais ici
encore, soyons exacts, et ne laissons jamais dire, par
exemple, que tel mot latin ou tel mot allemand *vient de
tel mot* grec, à moins qu'il ne s'agisse d'un mot emprunté;
il y a parenté, non filiation.

Ce qui est plus utile encore peut-être que les rapprochements étymologiques, ce sont les rapprochements de procédés [2].

à moins qu'on ne préfère l'étude de M. Ad. Régnier en tête de son
édition du *Jardin des Racines grecques*, ou les listes de MM. Chassang ou Bailly dans leurs Dictionnaires; il va sans dire que le
Précis de M. V. Henry devra être familier au professeur.

1. On connaît cette loi : Quand le même mot se retrouve dans le
fonds grec et dans le fonds germanique, aux sourdes grecques correspondent des aspirées germaniques, aux sonores grecques des
sourdes germaniques, aux aspirées grecques des sonores germaniques : πατήρ *father*, κυνός hun-d ; δέκα *ten* (de *lehen*); γέρανος crane;
φέρω *bear*, χήν *gans*, θυγάτηρ daughter. Les dentales, surtout en
allemand, ont subi une autre modification dans le même sens. Cf.
daughter et *tochter*, *ten* et *zehn*

2. Exemples : ὑπακούω formé comme *obœdio*, συνίημι comme *cogito*, etc. Cf. p. 47, n.

Dans le cas où le professeur ne fait pas apprendre les mots par listes, un excellent moyen d'en assurer la connaissance et d'intéresser l'enfant lui-même au travail, est celui-ci : chacun a son cahier, où il écrit dans sa préparation du soir les mots qu'il a dû chercher, avec leur sens et celui du primitif.

Les interrogations de classe montreront assez bien si le travail a été fait avec conscience. On doit revoir ces listes; de temps en temps, on passe son cahier à un condisciple qui interroge sur les mots recueillis. A chaque bonne réponse, une croix sera mise devant le mot. Quand on constate qu'un mot déjà vu a été oublié, il faut le consigner aussitôt pour le revoir. Les mêmes mots reviendront peut-être souvent sur le cahier, mais on finira par les apprendre. Chaque élève aura ainsi comme un vocabulaire mobile qui passera peu à peu de son cahier dans sa mémoire, jusqu'à ce que la possession en soit bien assurée. Ils prendront facilement plaisir à ces listes, et il y aura là une excellente matière à concertation. Même travail pour les formes et pour l'analyse, surtout pour les temps primitifs des verbes.

Quand on abordera Homère, ce sera comme un nouveau début du grec ; il faudra donner encore un coup de collier, et renouveler sur les formes et sur les mots poétiques le travail déjà fait sur la langue courante. Ici encore chacun aura sa grammaire et son dictionnaire homériques, jusqu'à ce qu'il soit bien maître des mots et des formes usuelles. Le professeur montrera le rapport avec les formes communes, il mettra Homère en dialecte attique ; il indiquera même de temps en temps les correspondants attiques des mots homériques, surtout quand ils ont déjà été vus.

Dès lors, l'explication grecque marchera toute seule, l'élève se trouvera moins dépaysé chez les Grecs ; il verra et goûtera les principaux chefs-d'œuvre. Le travail sera désormais littéraire et esthétique : il sera donc intéressant et fructueux.

3). Exercices.

Il n'y aura pas en grec d'exercices de style, sauf le cas si désirable où un élève voudrait composer quelques vers en style homérique, ou quelques phrases bien tournées dans la langue de Démosthène.

Les exercices généraux seront en vue des connaissances grammaticales, du vocabulaire, et de la pleine intelligence des auteurs. Ils porteront, comme il a été dit, sur le sens des mots et sur les flexions, le tout en s'appuyant sur l'auteur de classe.

Les thèmes seront nécessaires, mais comme moyen d'acquérir des notions précises et le maniement facile des formes, des mots, des principales règles de la syntaxe.

On pourra aussi, de temps en temps, poser de petits problèmes grammaticaux, demander l'explication de telle déclinaison, de tel temps primitif, ou montrer la parenté de tel mot latin, anglais ou allemand, avec tel mot grec. Mais surtout qu'il y ait analyse des formes un peu compliquées, en marquant nettement le rôle de telle lettre, de telle syllabe, etc.

Ces devoirs peuvent être très intéressants. Ce sera, du reste, si l'on sait s'y prendre, le caractère général de l'étude du grec. Ce sera aussi la meilleure condition de profit et de succès. Plus d'un, sans doute, se récriera : « L'étude du grecque intéressante ! » Je crains même qu'on se refuse à voir dans les pages qui précèdent autre chose que naïveté ou illusion volontaire. Je pourrais répondre avec Caton, dans le *de Senectute : Si erro, libenter erro*. Mais j'aime mieux en appeler au vieux principe : *Ab actu ad posse*. Cela s'est vu. Soyons des professeurs excellents, et cela se reverra peut-être, non pour tous, mais pour une élite.

LES MATHÉMATIQUES DANS LES COLLÈGES

(*Par le R. P. Poulain.*)

Peu de discipline, peu de devoirs, et partant peu de résultats sérieux : telle est la situation dont gémit plus d'un professeur de mathématiques.

Le mal a généralement deux causes : 1° le *plan d'études* a oublié de spécifier que certaines difficultés doivent être aplanies par une *préparation éloignée*, et en ménageant les *transitions* ; 2° on néglige certaines industries dont je parlerai plus loin.

Occupons-nous d'abord du *plan d'études*.

***

On peut donner un avant-goût de la géométrie, dans les classes d'arithmétique.

Pour exercer sur les quatre premières règles, les fractions ou le système métrique, adressez-vous à la géométrie. Faites mettre en nombres ses formules de *surfaces* et de *volumes*, avec les combinaisons diverses qu'on peut en faire. Vous aurez ainsi une mine de problèmes numériques.

Appliquez aussi les formules sur les *angles* et les *longueurs*, et les formules inverses. Ajoutez quelques formules de physique sur la *chute des corps*, sur le *pendule* et les *combinaisons chimiques*.

Est-ce que de tels problèmes ne sont pas aussi utiles que d'autres, au point de vue de l'arithmétique? N'élèvent-ils pas plus l'intelligence que ceux qui consistent à calculer éternellement des mètres de drap, des litres de vin, etc.? N'abandonnez pas, je le veux bien, le vieil arsenal de l'arithmétique; mais ajoutez enfin des armes modernes aux vieux fusils à pierre que j'y vois toujours mettre au premier rang.

Quand vous arriverez aux racines carrées, sachez les utiliser en les appliquant à des calculs de *moyennes proportionnelles* et au *carré de l'hypoténuse*. Qu'après avoir mis bien du temps à apprendre l'extraction des racines, les élèves n'aient plus à demander : « A quoi cela sert-il ? » Cessez de leur répondre majestueusement : « Vous le saurez plus tard », — oui, bien tard. Montrez-leur tout de suite qu'un ingénieur est souvent amené aux extractions de racines par les problèmes que je viens d'indiquer.

Que de *mots appartenant à la langue géométrique* les élèves apprendraient ainsi, et *sans s'en apercevoir* !

Mais surtout ils commenceraient à *goûter* la géométrie. *La curiosité s'éveillerait.* « Comment peut-on, se diront-ils, arriver à démontrer ces singulières formules de cylindres, etc., auxquelles nous n'aurions jamais pensé ? » Et ils demanderont dans quelle classe de tels mystères leur seront révélés. Si le professeur encourage ces sentiments (et il a ici un rôle important), ils arriveront dans cette classe, non plus en gémissant d'avoir à apprendre une langue barbare, mais se promettant d'avoir le dernier mot de ces questions qui commencent à leur être familières.

Voilà des élèves gagnés à la géométrie, grâce à votre plan d'études !

* *
*

On peut donner un avant-goût de l'algèbre, dans les classes d'arithmétique.

Pendant qu'on prépare ainsi l'avènement de la géométrie, on peut commencer à insinuer l'algèbre sans bruit. Déjà l'élève s'est habitué insensiblement à voir des formules, des expressions littérales. Il y prendra goût, trouvant que c'est bien plus commode que les lourds raisonnements.

Mais il faut faire un pas de plus : *l'initier à la résolution des équations,* qui est l'art capital de l'algèbre. Il n'y a pas besoin de chercher des cas compliqués. Dans l'étude des règles de trois, on lui apprendra à tirer x d'une proportion toute simple, telle que

$$\frac{3}{4} = \frac{5}{x}$$

ou d'une formule de géométrie, ou des formules d'intérêt.

Quand il y sera rompu, il connaîtra une des deux règles pour la résolution des équations à une inconnue, celle du « facteur montant et descendant ». C'est déjà la moitié de la besogne, et surtout on a fait entrer dans son esprit *une idée nouvelle* et une partie du *vocabulaire* de l'algèbre. Ce sont là des résultats importants. Et vous les devrez à votre plan d'études.

Cela ne veut pas dire que, dans les règles de trois, il faille abandonner la méthode classique de réduction à l'unité. Il faut seulement habituer à faire tous les problèmes par les deux méthodes au lieu d'une, — comme cela est indiqué très sagement dans la grande arithmétique pratique des Frères. La réduction à l'unité exerce au raisonnement ; elle est donc excellente.

Mais l'*autre prépare les études de l'avenir*, ce qui est, tout au moins, aussi important.

.·.

Le plan d'études doit-il placer l'algèbre avant la géométrie?

C'est l'opinion commune, s'il s'agit de l'algèbre pratique, du mécanisme des calculs. La géométrie a ceci en sa faveur qu'elle parle davantage à l'imagination, et que beaucoup de ses théorèmes sont évidents. Mais elle exige des raisonnements que l'on commence à peine à bien comprendre en troisième. L'algèbre pratique n'a pas cet inconvénient ; mais elle est assez aride ; il faut que le professeur se mette davantage en frais d'enthousiasme.

Il y a moyen de concilier à peu près les deux systèmes opposés, en commençant la géométrie peu de temps après l'algèbre.

Si pourtant on veut débuter par la géométrie, rien n'empêche de le faire. On dit parfois : c'est impossible, puisqu'en géométrie on recourt sans cesse à des règles d'algèbre.

Oui, mais celles de ces règles qui ne sont pas déjà connues par l'arithmétique se réduisent à trois ou quatre ; et, parmi elles, une ou deux seulement sont nécessaires dans les deux premiers livres (1). Rien n'est plus simple que d'en enseigner la *pratique* dans une *classe d'introduction*, en les justifiant par des raisons de bon sens ou par des exemples numériques. Ainsi il faut cinq minutes pour apprendre la mise en facteur commun, c'est-à-dire l'identité

$$ma + mb - mc = m\,(a + b - c).$$

1. Voir la préface de mon *Traité de Géométrie*. (1re édition, Lille, Desclée.)

L'on dira, par exemple : supposons que le premier membre exprime que l'on prend 3 boules, plus 5 boules, moins 2 boules. L'égalité signifie qu'on obtient ainsi une boule répétée $3 + 5 - 2$ fois.

. .

Devra-t-on commencer l'algèbre par les premières pages du livre, c'est-à-dire par les quatre premières règles ?

« C'est l'usage, me répondez-vous, et le bon sens indique cette marche. »

J'ai le regret d'être de l'avis contraire [1]. C'est qu'en effet les traités sont composés en vue d'enchaîner les *démonstrations* de certains théorèmes et d'*éviter les redites*. Mais on peut se proposer un but tout différent : vouloir enseigner d'abord la *pratique*, puis mettre les règles dans un ordre tel qu'*elles intéressent davantage* et que leur utilité éclate aux yeux, au lieu de se cacher. Voilà l'ordre vraiment naturel pour des enfants. S'il y a des redites, ce serait un inconvénient dans un livre, mais non dans un cours oral, au contraire.

Cela posé, je dis qu'*on a avantage à débuter par les équations numériques*. Il ne faut que deux petites règles pour les résoudre. Or, les problèmes *numériques* qu'on arrivera par là à traiter feront *une transition presque insensible avec l'arithmétique*, qui n'opère que sur des chiffres. Bien plus, ce seront exactement les mêmes énoncés, et l'élève sera charmé de voir que, maintenant, il arrive plus vite aux solutions et d'une manière mé-

---

1. Sous ce rapport, je suis d'accord avec le programme des lycées qui place la résolution des équations avant le calcul des polynômes. Seulement il va plus loin en voulant qu'on débute par le calcul des nombres négatifs; ce qui n'est pas sans difficulté (voir les *algèbres* de Neveu, Cor, Bourlet, Grévy).

canique, sans raisonnement. *Le voilà gagné à l'étude de l'algèbre*, ce qui est un résultat immense ! Au lieu de se plaindre sans cesse que cette étude ne mène à rien, il voudra s'y perfectionner.

Vous en profiterez pour introduire quelques lettres dans les équations et *trouver des formules*. C'est un pas de plus, quoique petit. Mais bientôt l'élève rêve une nouvelle marche en avant. Il reconnaît avec vous qu'il a un nouvel art à apprendre, celui de manier ces expressions littérales ; *de lui-même il vous demande à étudier les quatre règles*. Vous cédez à de si nobles aspirations et vous terminez le cours comme vous l'avez commencé, par les équations ; seulement, et c'est là le progrès, ce sont les équations *littérales*.

Si on vous empêche de suivre ce plan rationnel, tâchez du moins de vous en rapprocher le plus possible en glissant sur les quatre premières règles. Omettez surtout la division des polynômes, qui est difficile et ne sert à rien en élémentaires (sauf la division par $x - a$, pour faire certaines décompositions en facteurs). Ne passez pas trois mois, comme cela s'est vu, à lasser votre classe par des exercices sur la multiplication. Déclarez qu'à Pâques vous reprendrez ces matières plus à fond, et marchez d'assez bon train.

.·.

Et les théories d'arithmétique, où les placer ? — Le plus tard possible. Il faut avoir l'esprit déjà très formé au raisonnement pour comprendre les subtilités de cette science, ces *définitions, réduites au minimum* comme des pointes d'aiguille, et sur lesquelles, *uniquement*, il faut faire reposer les démonstrations *en s'interdisant sévèrement le recours à l'évidence directe*. Jusque-là les enfants n'ont jamais employé ces procédés *minimistes* et presque contre nature. La nature de l'esprit humain est de recourir à toutes ses facultés et à *toutes ses connaissances antérieures*, conscientes ou non, quand il veut étudier un nouvel objet. Les enfants ont donc beaucoup de peine à se mouvoir dans cette étroite armure. Il est vrai que la méthode est la même en géométrie et en algèbre. Mais aussi on y insiste principalement sur la pratique, ce qui est déjà une forte besogne, et l'on rencontre une foule de démonstrations moins délicates. Enfin l'imagination vient, en géométrie, apporter son appui.

Mon opinion est que l'*on ne comprend bien qu'en philosophie le savant mécanisme de l'arithmétique théorique*. Auparavant, on ne fait guère que réciter les raisonnements de mémoire, sans en bien saisir la portée. Et l'on prend cette science en dégoût. Car c'est en seconde et en rhétorique que l'imagination a son charmant épanouissement. On ne séduira pas des poètes naissants en leur présentant les syllogismes les plus secs que les abstracteurs de quintessence aient pu inventer.

Pour comble de malheur, n'arrive-t-il pas parfois que le professeur de troisième n'a pas saisi toutes les nuances de ces théories et ne donne que des à-peu-près ? Par exemple, a-t-il toujours examiné à la loupe les définitions, pour constater que les mots *division* et *quotient* ont au moins cinq significations fort différentes en arithmétique [1] ? S'il n'a compris tout cela, il répandra des idées confuses. Alors, à quoi bon tant d'ambition ? Pourquoi avoir voulu monter à ces hauteurs ?

---

1. Il y a pour les nombres entiers : 1° le quotient sans reste ; 2° le quotient avec reste ; 3° le quotient appelé complet, qui est une fraction ordinaire. Ajoutez à cela les quotients décimaux limités et ceux qui sont illimités ; ce qui fait déjà cinq espèces ; et, pour deux des opérations précédentes, les quotients par excès. La difficulté de la théorie de la division vient, en partie, de ce qu'il y en a plusieurs espèces. Il en est de même pour la racine carrée.

Au fond, que veut-on lorsqu'on met cette matière si difficile en troisième et en seconde? On part de ce principe purement utilitaire : « Ce sera de la besogne faite d'avance pour le professeur de baccalauréat, déjà trop chargé. » Oui, à condition que la besogne soit bien faite ; mais je répète que ce cours ne sera pas compris. Vous déchargerez bien davantage le futur professeur, en lui livrant des élèves qui sachent à fond l'algèbre et la géométrie et n'aient pas l'air de tomber de la lune quand on leur demande d'élever un polynôme au carré ou de résoudre une équation du second ou même du premier degré. Et puis, faites porter cet allègement sur les parties principales, usuelles du cours, sur les règles ou théorèmes qui reviennent sans cesse. L'arithmétique théorique ne joue qu'un rôle secondaire dans la préparation à un examen.

Passons à l'examen de quelques *difficultés* de détail qu'on rencontre dans l'enseignement, et indiquons certaines *industries* qui permettent de les vaincre.

1re *difficulté*. « Il faut bien donner des *devoirs de géométrie*. Mais ceux qu'on trouve dans les recueils spéciaux sont trop difficiles. »

Réponse : 1° Pourquoi ne pas indiquer la marche à vos élèves? Supposez, j'y consens, que, grâce à cette méthode, l'élève ne fasse plus qu'un acte d'intelligence au lieu de trois ; l'exercice n'aura pas été inutile. *L'esprit aura travaillé;* pas beaucoup, soit, mais il aura travaillé, et vous l'aurez enrichi comme *érudition*, ce qui est important pour résoudre quantité d'autres problèmes.

J'irai plus loin. Quand même vous auriez expliqué d'avance toute la solution et demandé uniquement qu'on la rédigeât avec *clarté, brièveté* et *rigueur*, l'élève n'aura pas perdu son temps. Il aura encore des difficultés à vaincre, si bien que vous serez parfois effrayé des sottises que renfermeront les copies; tout au moins vous constaterez qu'au lieu des trois qualités indiquées ci-dessus, vous trouverez des *obscurités*, des *bavardages* et des *inexactitudes*. Certes, ce n'est pas perdre son temps que de réformer tant de défauts, fréquents chez les commençants.

En résumé, posons un principe qui est naïf, mais très méconnu : *l'élève profite plus, comme effort d'intelligence et comme érudition, à réussir cent problèmes où on l'a aidé, qu'à en manquer vingt-cinq, où il a été laissé à sa faible intelligence et à son inexpérience.*

Je dis : vingt-cinq. Car remarquez bien que, si vous ne l'aidez pas, il fera beaucoup moins de problèmes dans un temps donné.

2° C'est une erreur de croire que les problèmes proprement dits sont les seuls devoirs qu'on puisse donner. Tant s'en faut.

Un devoir est utile par le seul fait qu'il oblige l'élève à relire dans son livre les énoncés ou les démonstrations.

Or il est aisé de trouver une foule d'exercices de ce genre. Par exemple, on demandera de dire si tel théorème aurait pu être placé deux ou trois rangs plus tôt. Voilà l'élève obligé de faire l'anatomie de la démonstration pour constater si on n'y a pas besoin des énoncés qu'on voudrait remettre plus loin.

Surtout on donnera des questions de *récapitulation*, par exemple, faire la liste, soit des démonstrations où l'on prouve que des angles ou triangles sont égaux, qu'un triangle est isocèle, etc..., soit des théorèmes dans lesquels on prouve, par telle ou telle considération, que deux droites sont perpendiculaires. Faites ainsi relire vingt fois chaque livre de géométrie. Il finira par entrer même dans les têtes volontairement fermées.

3° En géométrie, il y a une foule de problèmes de calcul. Ils demandent non de l'inspiration, mais l'emploi patient d'une formule. Tous les élèves doivent être capables de les résoudre.

Ajoutons qu'on rend les problèmes plus faciles en y intéressant. Pour cela, il faut prendre des données concrètes : celles de l'arpentage[1], celles des plans d'édifices, charpentes, jardins ou objets usuels. On inventera des triangles formés par des cordes passant dans des poulies, etc.

* *

2e *difficulté*. « J'avoue, dit le professeur, que les *devoirs d'algèbre* ne sont pas bien difficiles. C'est une suite de règles connues à appliquer. Ils ne dépendent pas d'une inspiration de la muse mathématique, comme les problèmes de géométrie. Mais combien ils sont monotones ! Après avoir donné trois ou quatre devoirs sur chaque règle, je n'ose plus continuer, de peur d'ennuyer mes élèves. »

1. On remplacera les formules par des constructions graphiques sur lesquelles on mesurera les distances et les angles. On peut même donner les deux ou trois formules qui servent au levé des plans. On se servira non de logarithmes, mais des tables de lignes trigonométriques naturelles insérées dans la petite édition de Dupuy. Tout au plus définira-t-on ces lignes vaguement, soit comme des nombres insérés dans une table, sans qu'on cherche plus leur provenance que celle des logarithmes eux-mêmes, soit comme des côtés de *certains* triangles rectangles. Suivant la pensée de Carnot (*Géométrie de position*, n° 120), si on résolvait tous les triangles rectangles dont l'hypoténuse égale l'unité, les deux autres côtés formeraient les tables des sinus et cosinus d'un des angles; le rapport de ces côtés donnerait la table des tangentes. — Pour que les élèves comprennent l'utilité de l'arpentage, on leur dira qu'on en a souvent besoin à la campagne, et qu'il est humiliant pour des gens instruits d'être obligés de recourir, pour cette opération, à l'instituteur primaire.

Et pourtant il faut en donner non pas trois ou quatre, mais vingt sur la même règle. Les enfants ne s'en étonneront pas, pourvu que vous leur fassiez constater que la plupart d'entre eux n'ont pas encore su l'apprendre. Dites-leur : « Je ne demande pas mieux que d'aller de l'avant. Mais cela dépend de vous. Si je reste stationnaire, à qui la faute ? »

Principe : *Tant qu'il y a au moins un quart de vos élèves qui ne fait pas une opération sans broncher, et presque sans réfléchir, il faut continuer à y exercer.*

Je ne dis pas de le faire à toutes les classes, mais d'y revenir souvent. Pour dérouter l'élève, changez les lettres : au lieu de a, b, mettez x et y ou m ou n, ou α et β.

Autre raison : chaque fois qu'on aborde un nouveau type de problèmes, il faut s'attendre à ce que les deux premiers devoirs soient manqués. Le troisième le sera encore à moitié.

Ce principe permet de consoler les élèves qui se découragent quand ils manquent un problème nouveau. Mais il montre aussi qu'il faut exercer sur chaque problème plusieurs fois de suite.

Malheureusement certains professeurs n'ont pas cette ténacité froide. L'ambition les pousse à courir après les « belles questions », au lieu d'assurer la connaissance solide des choses fondamentales. Les élèves sont ravis de voir du nouveau et se font souvent l'illusion de s'en croire capables ; — combien j'ai vu de ces illusions ! Par là, le professeur rend, sans s'en douter, le plus mauvais service à celui de ses successeurs qui aura à préparer aux examens, surtout s'il s'agit d'examens des écoles. Sans cesse, dans cette classe supérieure, l'ignorance des élèves se dévoilera. Le temps se passera à leur reprendre des principes qu'ils n'ont jamais bien sus.

Leurs devoirs fourmilleront des fautes les plus grossières. Tandis que, s'ils arrivaient dans ce cours sachant appliquer les règles du calcul ou certains théorèmes, *sans jamais se tromper*, on pourrait aller de l'avant.

Revenons aux devoirs d'algèbre. Un moyen d'y intéresser, c'est de les choisir toujours de manière que les résultats soient curieux par leur symétrie ou leur simplicité inattendue. Si une multiplication aboutit à trouver $18\,a^2b^3$, l'élève s'y montrera indifférent. Mais que le résultat soit $a^4 - b^4$ ou $\dfrac{1}{a+b}$, il dira : « c'est joli, c'est élégant », comme il le dirait d'un dessin ou d'un ornement. Dans aucun de ces cas, il ne pourra expliquer bien clairement pourquoi il parle ainsi ; il invoquera des raisons générales de symétrie, etc., mais il aura éprouvé l'impression, et il n'en faut pas plus pour que désormais il cherche les résultats avec plaisir et curiosité.

.·.

3ᵉ difficulté. « Comment arriver à bien connaître le niveau de sa classe? Les devoirs ne suffisent pas, car les élèves s'aident souvent les uns les autres. »

En classe, on peut interroger tout le monde collectivement, par écrit. Vous donnez un problème, en classe. Tous doivent le résoudre sur une copie. Quand la plupart ont fini, vous leur demandez combien il y en a, parmi eux, à avoir trouvé tel résultat. S'ils sont peu nombreux, vous expliquerez de nouveau la solution, puis vous dictez un second problème du même type, et ainsi de suite. Bien entendu, vous recueillez les copies à la fin de la classe, pour vous assurer qu'on n'a pas fait semblant de travailler.

Ce genre d'exercice, outre qu'il est très profitable,

passionne les élèves et les met forcément au silence, s'ils sont un peu indisciplinés.

**

4° *difficulté.* — « Mes élèves ne retiennent rien. »

Un premier moyen d'aider la mémoire, en même temps que l'intelligence, c'est d'obliger les élèves à répéter le cours deux à deux. C'est de l'enseignement mutuel. Or, un proverbe dit que, pour bien apprendre une science, il faut l'enseigner.

Quand nous travaillons seuls, la fatigue et l'indolence nous empêchent de faire un *effort soutenu*, soit d'intelligence, pour comprendre les menus détails, soit surtout de mémoire. Si l'on veut donner à d'autres une explication, on est tout surpris de constater le déficit des deux facultés. Mais, dans ce cas, la nécessité vous secoue, et l'effort énergique auquel on est contraint vous fait comprendre et retenir, *pourvu, toutefois, qu'on opère sans cahier.* Aussi, dans les grandes écoles préparatoires, il est d'usage de couvrir de tableaux noirs les murs de la salle d'étude, pour que les élèves puissent travailler ensemble.

D'ailleurs l'expérience semble prouver qu'on retient mieux les phrases apprises à haute voix[1]. C'est pour ce motif que les races chinoises et arabes, c'est-à-dire près de la moitié du genre humain, font étudier de cette façon les leçons dans les écoles. Les enfants crient ou chantent le texte donné, sans que personne s'inquiète du vacarme qui en résulte.

Un second moyen, très puissant, d'aider la mémoire,

---

1. La psycho-physiologie en donne des raisons. Si on a mis fortement en jeu les organes de la voix, la mémoire des mouvements, qui a un centre spécial dans le cerveau, viendra ensuite renforcer et provoquer la mémoire imaginative (voir la *Revue scientifique* du 28 décembre 1896). Il en est de même de la mémoire auditive.

c'est de faire précéder chaque démonstration d'un petit résumé, indiquant *l'idée dirigeante ou une construction importante*, et de faire répéter ces résumés à satiété. Au lieu d'avoir à retenir quinze lignes en bloc, dans certains théorèmes, on n'en aura plus que deux. On peut réduire ainsi un grand nombre de démonstrations à quelques idées-mères.

Par là aussi vous arrivez à graver dans les esprits les *méthodes générales*. Quand les élèves auront vu que sept ou huit théorèmes se démontrent à l'aide d'un triangle isocèle, ils penseront d'*eux-mêmes* à appliquer ce procédé à un cas nouveau. Ils finiront par se faire des idées d'ensemble, ce qui est un résultat considérable comme formation intellectuelle.

Pour les mêmes motifs, vous exigerez que, dans les devoirs, on commence par indiquer un *résumé de la méthode suivie*. Sans compter qu'ainsi les devoirs deviendront plus faciles à corriger.

Troisième remède. Le manque de mémoire tient souvent à une cause qui est assez délicate à saisir : c'est que *les démonstrations périlleuses renferment ordinairement quelque idée inattendue et en apparence peu naturelle*, soit au début, soit au milieu. Alors la mémoire n'est plus aidée par les associations et filiations d'idées, auxquelles notre esprit aime à s'abandonner comme une paille au courant d'un ruisseau.

Par exemple, il y a, en arithmétique, un théorème dont les élèves ne retiennent presque jamais la démonstration : *tout nombre qui divise un produit de deux facteurs et qui est premier avec l'un d'eux divise l'autre*. Cela tient à ce qu'il faut recourir à une idée bizarre, qui semble n'avoir aucun rapport à la question, la considération du plus grand commun diviseur. Qui plus est, cette idée revient trois fois.

Le remède à ce manque de liaison, c'est d'abord d'attirer fortement l'attention sur ces idées initiales qui mettent tant de brusquerie à se présenter, et d'y revenir à plusieurs reprises, afin de les planter comme un clou dans la mémoire. Rien que le fait de faire constater leur bizarrerie aidera à les retenir

Un second moyen, qui va à la racine du mal, c'est de retravailler ces idées initiales, *pour les rendre plus naturelles*, pour leur inventer une filiation quelconque avec d'autres plus familières.

Exemple : les élèves se trompent souvent en exposant les deux cas d'égalité des triangles rectangles. Guidés par un besoin exagéré d'uniformité dans les méthodes, ils veulent faire la superposition en commençant, ou toujours par l'hypoténuse, ou toujours par le côté de l'angle droit. Prévenez l'élève que ce procédé ne peut réussir. Mais surtout inventez une rédaction qui rende *naturelle* et, s'il se peut, nécessaire, la marche légitime. Dites-lui : quand les triangles ont un *angle* aigu égal, je commence par superposer cet *angle*; quand c'est un *côté* de l'angle droit, je commence par ce *côté*. Il n'oubliera pas facilement cette idée si simple[1].

Pour comble de malheur, il arrive parfois — et l'exemple précédent en est la preuve — que, non seulement l'idée initiale ne s'offre pas naturellement à l'esprit, mais qu'une autre s'y présente avec toute sorte de bonnes apparences et donnant confiance. Malheureusement, comme le feu follet de la légende, elle égare le voyageur. Donnons-en un second exemple. Après

---

1. De même, dans le théorème des obliques égales, l'élève ne sait jamais quelle est, des deux propositions à établir, celle qui est directe et celle qui est réciproque; et il ne peut se tirer de la démonstration. Faute de mieux, dites-lui : la première des deux propositions est, non la plus utile, mais la plus simple.

que l'élève a démontré par une superposition les deux premiers cas d'égalité des triangles quelconques, si vous lui demandez le troisième cas, il continuera, en vertu de la vitesse acquise, à répondre bravement : « Je fais une superposition. » Or, l'idée est détestable ; elle ne mène à rien. En pareille occasion, il y a non seulement une difficulté pour la mémoire, mais un piège. Ce n'est plus une pente abrupte à escalader on ne sait comment, c'est un écueil sous-marin dont on doit se méfier. Il faut signaler ces dangers, dresser la carte de ces écueils et surtout chercher quelque raison qui avertisse comme un fanal[1].

Je ne sais s'il y a beaucoup de professeurs de sciences à songer à ce genre de difficultés. Leur préoccupation semble concentrée sur ce point : *être clairs*, se faire comprendre. Mais ce n'est que la première moitié de leur tâche, au point de vue des examens. Après avoir fait *comprendre*, il faut faire *retenir*. On semble dire : « Cette seconde moitié, c'est l'affaire des élèves. Qu'ils se débrouillent ! » C'est bien vite dit.

Pour la clarté, le professeur est amené forcément à la chercher dans son propre intérêt. Il sent que, s'il n'a pas bien compris lui-même, son exposition sera embrouillée. Il est donc porté naturellement à tirer ses idées au clair, à rendre lumineuse sa rédaction. Il se complaît à aligner le régiment des définitions, théorèmes et corollaires, parce que l'ordre mène à la clarté et charme l'esprit ; mais fixer tout cela solidement dans sa mémoire est une peine qui lui paraît superflue. Pour savoir son cours en classe, il lui suffit de le relire au dernier moment. Il le possède ainsi pour une heure. Il

1. On est averti que le troisième cas dépend d'un artifice nouveau, puisqu'il faut toujours le faire précéder d'un lemme qui interrompt d'une manière fâcheuse la série des trois cas d'égalité.

n'en cherche même pas tant ; il se contente de retenir les développements faciles ; car il emporte son cahier, et le consulte soigneusement aux passages critiques. Par là il ne se rend compte que très vaguement de la difficulté de ces passages ; mais elle se révélera à lui d'une manière terrible si, avant la classe, il veut se réciter les démonstrations sans cahier. Qu'il ait alors la sagesse et la charité de se dire : ce qui m'arrive à moi, professeur, familiarisé avec ces questions, arrivera bien davantage à ces pauvres enfants. Étudions donc la carte de ce pays dangereux. Établissons des ponts pour rétablir certaines liaisons et plantons des poteaux indicateurs.

S'il m'est permis de citer un fait personnel, je dirai que ce qui jadis attira mon attention sur l'étude critique des difficultés, c'est que j'y fus forcé par ma mémoire rebelle. Je ne pouvais arriver à retenir les démonstrations telles qu'elles étaient rédigées dans les livres connus. Il me fallait y rendre plus naturelle la suite des idées, en faire une chaîne unique, dont chaque anneau appelât le suivant, comme nécessairement, presque sans mémoire. C'était pénible. Seulement, une fois ce travail fait, je n'oubliais presque plus, et il m'est arrivé de retrouver en un clin d'œil certaines démonstrations laissées de côté pendant vingt-cinq ans.

Parfois je regrettais ce labeur si rude et j'enviais le sort d'un de mes amis, qui me disait : « Ma mémoire est si heureuse que je me charge de faire, pendant une heure, un cours sur des formules dont je ne comprendrais pas le premier mot. » Cette faculté précieuse lui procurait beaucoup de temps libre. Seulement, quand on a tant de facilité, on est bien porté à croire que tous les élèves sont dans le même cas. Beaucoup, tout au contraire, ont une mémoire médiocre ou mauvaise. Et pour cette raison ils réussissent peu aux examens, pendant que d'autres, qui ont moins d'aptitude intellectuelle, obtiennent de brillants succès. C'est une erreur de croire que les examens classent uniquement les candidats par leur degré d'intelligence. La mémoire y est au moins pour la moitié. En revanche, il y a deux autres qualités qui n'entrent pas en ligne de compte : l'esprit pratique et l'élévation du caractère. Ces éléments auront pourtant une grande importance quand on sera devenu officier ou ingénieur, tandis qu'on pourra suppléer à la diminution de la mémoire.

Les énoncés doivent être retenus comme les démonstrations. Quand on questionne sur les énoncés, il faut les indiquer à peine, de manière que l'élève constate la difficulté qu'il y a à les tourner en bon français et à n'oublier aucune des restrictions qui s'y trouvent. Pour eux aussi, il faut en rendre le souvenir naturel. Exemple : Les formules de certaines surfaces renferment le facteur $\frac{1}{2}$, et celles de certains volumes le facteur $\frac{1}{3}$. Il faut en donner une raison toute simple aux élèves, c'est que les unes dérivent de la surface du triangle, et les autres du volume de la pyramide.

.•.

5° *difficulté*. — « Pour intéresser les élèves, il serait bon de compléter le texte qu'on explique, en donnant quelques idées à soi. Comment les découvrir? »

Vous pouvez trouver beaucoup de développements personnels : 1° en signalant les difficultés des démonstrations, comme je l'ai conseillé ci-dessus; 2° en disant à quoi servira chaque énoncé que vous démontrez. Par exemple, un théorème vient de proclamer que deux droites sont égales. Vous faites remarquer que désormais cet énoncé devient un *outil* pour établir d'autres théorèmes du même type. Et vous profitez de l'occasion pour passer en revue tous les outils du même genre que vous avez déjà accumulés dans votre atelier. Chaque théorème devient ainsi le prétexte d'un *inventaire*, ce qui est fort utile pour se pénétrer des méthodes générales. Vous ne trouverez pas ces indications dans les livres usuels, — ce qui est fâcheux, suivant moi ; — mais enfin cela vous donne le moyen de dire du nouveau. Et si l'auteur que vous suivez a eu le bon esprit de sortir çà et là de la routine, vous avez une ressource, c'est d'insister sur ces remarques et de les développer ; car autrement l'élève n'en aura cure.

.·.

6ᵉ *difficulté*. — « Comment acquérir de l'ascendant sur les élèves ? »

Voici un moyen de produire sur eux une grande impression, comme science. Allez en classe sans apporter ni livre ni cahier, et récitez tout de mémoire, comme en vous jouant. Cela paraît très difficile. Quoi ? Énoncer à la file quinze propositions de géométrie, sans oublier un corollaire, sans être désarçonné dans aucune démonstration ? — Oui, cela semble un tour de force, et c'est bien là ce qui émerveillera vos élèves et leur fera dire : « Quel homme ! Comme il sait son cours ! »

Et, en réalité, c'est très facile. J'avais peine à croire cette vérité lorsque je fis mes débuts de professeur. Mais un ancien (les marins diraient : un vieux loup de mer) me répétait souvent : « Essayez ! Vous verrez que ce n'est rien. Il suffit de préparer votre classe pendant cinq à dix minutes de plus. » Je finis, tout tremblant, par tenter la fortune, cachant prudemment mon cahier dans la chaire, pour y recourir en cas de détresse. Or, tout alla à souhait.

A ceux qui prétendraient que ce procédé n'a d'autre but que de jeter de la poudre aux yeux, je répondrais que j'en tirai de solides avantages. La surveillance de ma classe gagna à ce système ; car en parlant et dictant de mémoire, je tenais les yeux braqués sur l'assistance. De plus j'étais obligé d'être plus pénétré, plus sûr de mes matières.

En revanche, ce qui diminue l'estime des élèves, c'est de se tromper *souvent* au tableau dans la solution des devoirs ou autres exercices. Ces erreurs qui arrivent, *mais en passant*, aux meilleurs professeurs, viennent toujours par notre faute : *nous voulons improviser*. Or, en pareille matière, c'est très difficile, même pour les spécialistes les plus expérimentés. L'histoire de l'École Polytechnique en renferme plus d'un exemple célèbre. La raison, c'est que, si la mémoire ne vous indique pas, au moins en gros, la marche à suivre — et c'est là ce que nous supposons en disant qu'on se livre à une vraie improvisation — vous êtes obligé de demander trop à votre intelligence. Même dans le silence du cabinet, il faut quelques instants pour bien saisir l'état de la question, pour trouver ensuite à quel principe il faut la rattacher. Et quand vous avez adopté une rédaction paraissant lumineuse, la réflexion vous montre bientôt que certaines explications y ont été oubliées, que d'autres sont superflues. Voilà les opérations que vous voudriez réaliser presque instantanément au tableau ! Et en même temps, vous avez à contenir une foule railleuse qui s'agite par derrière et jouit de votre embarras ! Non vous perdez la tête ; tout d'un coup votre esprit se trouve comme immobile et paralysé au milieu d'un brouillard. — Il fallait préparer votre classe [1].

1. Voir dans *l'Enseignement chrétien* du 1er mars 1897, la discussion des difficultés que présente la Cosmographie.

L'ENSEIGNEMENT DE L'HISTOIRE

(Par le R. P. Lionnel)

Je veux inscrire en tête de ces quelques notes le nom
vénéré du P. Olivaint, qui a rempli si excellemment la
charge de professeur d'histoire, dans l'Université et au
collège de Vaugirard. Il nous a laissé par écrit ses vues
sur l'enseignement de cette science ; je m'en suis inspiré en plusieurs endroits.

Pour lui, les études historiques sont de grande conséquence, au temps où nous vivons : c'est là en effet
que les incroyants et les sectaires vont chercher de préférence leurs armes contre l'Église catholique. Cet arsenal leur semble même beaucoup mieux pourvu que
celui des sciences philosophiques. « La philosophie
« rationaliste, écrit le P. Olivaint, n'est pas tant à
« craindre ; contre elle on a au moins la ressource de
« l'oubli et du scepticisme qu'elle inspire. On ne croit
« pas à la philosophie, dans les écoles dont je parle,
« — celles de l'Université, — mais on croit à l'histoire,
« surtout quand elle calomnie la Religion et le
« prêtre... [1]. »

Ce qui était si vrai, aux jours des Quinet, des Miche-
let, des Henri Martin, des Mignet, ne l'est pas moins à
l'heure présente. L'histoire ne rencontre pas toujours

1. *Pierre Olivaint*, par le P. Charles Clair, S. J., ch. xi.

pour interprète un Montalembert, un Broglie, un Gail-lardin ou un Allard ! Trop souvent elle se transforme en machine de guerre, que l'on manie avec peu ou point de loyauté.

La conséquence, c'est que, dans les collèges catholiques, il faudrait apporter une sérieuse attention, je dirai mieux, un zèle véritable à l'enseignement de l'histoire. Il a été longtemps de mode de le confier au premier venu, de le négliger, de n'en prendre qu'un fort médiocre souci.

Dans ces pages, je n'ai pas la prétention de faire la leçon, ni de tracer une ligne de conduite à des professeurs expérimentés, qui se sont créé une méthode et qui en tirent d'heureux fruits. Mon but est bien plus modeste : donner quelques indications pratiques aux débutants, et les mettre par le fait en garde contre des procédés par trop vieillis, contre des méthodes vicieuses.

I

LA PRÉPARATION DU COURS

Pour ceux qui se contentent de faire apprendre à leurs élèves le manuel adopté, la préparation de la classe est très simple : elle consiste à lire une ou deux fois la leçon que l'on doit faire réciter. Et voilà tout ! C'est une pauvre méthode, fastidieuse pour le maître qui sait à peine ce qu'il enseigne, fastidieuse pour le disciple qui oublie ce qu'il a récité en perroquet.

Il en est qui préfèrent dicter un cours, pendant des classes entières, sans presque une explication orale. Le professeur compose alors, souvent en grande hâte, avec des lambeaux pris çà et là, un récit plus ou moins long, plus ou moins sec, d'ordinaire bien décoloré. L'élève ne prendra jamais grand intérêt à une leçon aussi impersonnelle, et qui lui coûte de longues heures de dictée.

Je suppose ici que le maître parlera son cours, exposera, racontera, discutera les faits, devant son petit auditoire, en imposant à ses disciples de prendre quelques notes. Quel mode de préparation lui conseiller, dans cette hypothèse?

Avant d'entreprendre son enseignement, il devra se rendre un compte exact du chemin à parcourir, et se dresser un plan général. Mais ici prenons garde : une première précaution, essentielle, c'est de se borner, de ne pas vouloir tout étudier, tout approfondir. Lisons avec soin notre programme d'études, en essayant de pénétrer l'importance respective des paragraphes qui le composent. Ceux-ci exigent un plus ample développement, ceux-là en demandent moins, tel autre a besoin d'être simplement indiqué en peu de mots, ce dernier pourra même être passé sous silence, si le temps fait défaut. Le long du chemin, nous choisissons les faits remarquables, les institutions politiques ou sociales, les grands capitaines, les grands ministres, que nous devrons nécessairement faire connaître à nos élèves. Ce premier travail nous permettra d'élaguer tout ce qui semble inutile ou superflu.

Par là même, le professeur renonce volontiers à faire étalage d'une érudition ennuyeuse, à charger la mémoire de ses élèves de menus faits, de dates, de détails secondaires, qui ne leur serviraient de rien. Il s'attache aux événements décisifs, majeurs, qui aident à mieux comprendre une époque, qui font mieux saisir la genèse, le mécanisme, la portée d'une institution politique, le caractère d'un personnage, le jugement vrai à établir sur une période qui prête à discussion.

Cette sélection une fois opérée, — et elle coûte du travail, — le maître voit clairement où il va, il se rend un compte plus exact des matières qu'il aura lui-même à étudier, il est plus assuré aussi de pouvoir remplir le programme annuel qui lui a été départi.

Mais ce n'est là que la préface de la préparation. Le programme est connu dans son ensemble; il faut à présent l'examiner par parties, le pénétrer, le comprendre; il faut chercher à découvrir comment les événements naissent les uns des autres, comment ils s'enchaînent, comment ils influent les uns sur les autres, comment ils sont le résultat, la conséquence des passions mises en jeu, dés intérêts rivaux, du caractère et du tempérament des personnages ou des peuples en présence. Travail où la raison a bien plus de part que la mémoire. Sans nul doute, la mémoire revendique une large place dans ces études, mais l'intelligence doit l'éclairer, la guider, lui ouvrir la route, là tout comme ailleurs.

Alors, mais alors seulement, après cette étude plus profonde, le professeur pourra réduire en un certain nombre de *précis*, courts, bien clairs, substantiels, l'histoire des faits et des institutions qu'il aura à enseigner. Ces résumés, que le maître a élaborés lui-même, qui lui sont bien personnels, formeront (comme le texte, le fond, le thème du cours, il les développera presque mot par mot. Nous dirons tout à l'heure le moyen de les utiliser pratiquement.

Enfin, tout en rédigeant ses précis méthodiques, le professeur prendra des indications de lectures à faire, en rapport avec chaque partie principale du résumé. Les écrits des chroniqueurs, les mémoires, les recueils anecdotiques, les lettres des contemporains, les revues, voire même les journaux fourniront de précieuses ressources. Tel récit de Joinville, de Froissard ou de Montluc, telle lettre de Mme de Sévigné, tel portrait pris au cardinal de Retz ou à Saint-Simon, telle page de Thiers ou de Taine, du duc de Broglie ou de Louis Veuillot, résumeront heureusement une leçon bien faite et la graveront pour longtemps dans la mémoire des jeunes auditeurs [1].

Telle peut être, à notre humble avis, la préparation pratique et sérieuse d'un cours d'histoire. Il est à propos maintenant d'entrer en classe et d'assister à une leçon du maître.

II

LA CLASSE D'HISTOIRE

Il est utile d'ordinaire de commencer par des interrogations sommaires sur les matières déjà étudiées, non pas seulement pour s'assurer que l'élève a bien écouté et suivi, mais pour relier la leçon présente avec celle qui l'a précédée. Le professeur s'en réfère, comme de juste, au résumé dicté et développé par lui, il insiste sur les points qu'il a particulièrement signalés à l'attention de ses disciples, il rectifie ce qui a été mal compris; il refuse les phrases creuses, le verbiage, les récits inutiles, il exige des faits précis et nettement exprimés. Cet exercice de récitation sera nécessairement de courte durée; quitte à consacrer, de temps à autre, une classe entière à des interrogations plus étendues.

Ensuite le professeur peut dicter le précis qui va faire l'objet de la leçon. C'est l'affaire de quelques minutes. La dictée finie, il fait relire lentement, à haute voix.

1. Plusieurs éditeurs ont fait paraître des recueils de *Lectures historiques*, analogues à ceux que M. Lanier a composés pour la géographie.

Ainsi, tous les auditeurs sont mis au courant de ce qui sera exposé en détail, ils en ont déjà une idée d'ensemble, ils sont en mesure de mieux suivre les développements.

Un exemple, pour concréter ces conseils théoriques. Je suppose que je doive expliquer le mécanisme de la *Constitution anglaise*, à l'avènement des Tudors. Je remonterai avec profit jusqu'au règne de Jean sans Terre, afin de faire connaître les sources mêmes des libertés anglaises, et je dicterai le précis suivant :

La Constitution anglaise, à la fin du XVe siècle.

A. — Elle se trouve en germe :

1° Dans la *Grande Charte* (1215) imposée au despotique Jean sans Terre par les barons et le haut clergé, et qui limite le pouvoir royal.

2) Dans les *Statuts d'Oxford* (1258) que le Parlement *enragé* adopte contre le gouvernement déloyal de Henri III. Ces statuts donnent bientôt naissance à la *Chambre des Communes*.

3) Dans les libertés que le Parlement s'arroge durant la *Guerre des deux Roses*, où il fait et défait les souverains.

B. — A la fin du xve siècle, elle comprend :

Trois pouvoirs rivaux.

1) Le *Roi*, avec ses ministres responsables.

2) La *Chambre des Lords*, composée des lords héréditaires, des lords ecclésiastiques, des lords de fonction.

3) La *Chambre des Communes*, composée des chevaliers des Comtés, des députés élus par les villes et les bourgs.

Le *Parlement* formé de la réunion de ces deux chambres — vote et répartit l'impôt — discute et vote les lois, surveille et peut juger les agents du roi, est le gardien des libertés publiques (Libertés de l'Église, liberté individuelle, Jury).

Encore un exemple, pris du règne de Louis XIV, la *Guerre de Dévolution* (1667-1668) :

A. — *Intérêts en lutte*. La renonciation de Marie-Thérèse à la succession espagnole semble nulle. Philippe IV, son père, meurt en 1665. Louis XIV invoque le *Droit de dévolution*, fait écrire le *Traité des droits de la Reine*, et revendique une partie des Pays-Bas et la Franche-Comté (1666). — Lionne isole l'Espagne par des *traités* avec l'Angleterre, l'Empire, le Brandebourg, les Provinces-Unies.

B. — *Phases de la guerre* (1667-1668).

1) Campagne en *Flandre* (juillet-août 1667). Aumont, Turenne et Créqui prennent Furnes, Courtray, Charleroy, Douai, Lille, etc.

2) Campagne en *Franche-Comté* (février 1668). Condé, le Roi, Luxembourg, prennent Besançon, Dôle, etc.

C. — *Paix d'Aix-la-Chapelle* (1668).

Elle consacre les conquêtes de Louis XIV en Flandre, et rend la Franche-Comté. Elle a été amenée par la formation de la *Triple Alliance* de La Haye (Angleterre, Hollande, Suède).

Après avoir dicté et fait relire le résumé, le professeur reprend phrase par phrase, explique et développe, d'une manière claire et vivante, réveille l'attention par quelque anecdote, par une lecture bien choisie. C'est là le cours proprement dit. Et ici une question se pose : faut-il parler de mémoire, ou d'après des notes que l'on a sous les yeux? Si l'on possède bien son sujet, il vaut beaucoup mieux parler son cours. Rien n'est intéressant comme de suivre, sur une carte faite au tableau, le récit d'une campagne, lorsque le maître raconte de mémoire, et indique de la main les mouvements divers des armées en présence. Le plus souvent, le maître préférera dire son cours, d'après des notes qui développent le canevas dicté. Mais que ces notes ne soient pas rédigées en bonne forme, avec les phrases bien alignées, car alors on succombera à la tentation de dire tout ce qui est écrit, et à moins que l'on ne sache à peu près par cœur, on deviendra vite fatigant, ennuyeux même. Il est plus pratique de n'avoir sous les yeux que des indications, des repères, des phrases ébauchées, inachevées, des dates; le tout codifié clairement et avec ordre. Le professeur, n'étant pas bridé par un texte rigide et trop soigné de forme, gagnera en entrain et en spontanéité.

J'ai indiqué tout à l'heure les cartes au tableau. Quelle ressource excellente pour l'étude des campagnes, des grandes guerres, des partages politiques! Que les maîtres s'y exercent avec soin, et ils verront, par expérience, comme il leur est aisé de captiver l'attention des élèves et de leur faire apprendre les détails stratégiques ou tactiques d'une campagne même compliquée ou d'une bataille célèbre.

Et que fera l'élève, pendant que le professeur parle? Il écoutera, il prendra des notes. S'il écrit le résumé sur le verso d'un cahier, le recto voisin recevra ses notes personnelles, qui n'ont pas besoin d'être étendues, mais qui doivent être précises. Au professeur de dire, de temps à autre, à ses élèves : Prenez une note sur ce point, sur cet événement, ils sont importants; rectifiez cette erreur de votre manuel; rappelez-vous ce synchronisme, etc.

Qu'on me permette encore un conseil, peut-être impertinent au sens de quelques-uns! Le professeur se résignera à ne pas parler trop longtemps de suite. Celui-là même qui a la parole facile, agréable, qui raconte avec esprit, gagnera à ne jamais dépasser un quart d'heure, vingt minutes d'exposé oral. Qu'il s'arrête un moment, pour poser une interrogation, pour lire un passage intéressant, un trait piquant, une anecdote qui se rapporte à ce qui vient d'être dit [1]. Cet arrêt repose les élèves, réveille leur attention et les prépare à mieux écouter la suite des développements.

En tout ce qui précède, je n'ai fait que décrire la méthode d'un excellent professeur que j'ai connu jadis et qui m'a donné le goût des études historiques. Nous aimions ses cours, nous nous y rendions avec un véritable plaisir, et combien souvent, à la fin de la classe, nous sommes-nous pris à murmurer : Déjà ! L'histoire est par elle-même une science pleine d'utilité et d'intérêt, facilement elle captive les esprits lorsqu'elle est enseignée avec talent et avec entrain, elle peut faire du bien aux âmes lorsque talent et entrain sont mis au service de la vérité.

1. Souvent le professeur trouvera meilleur de faire lire par un élève, surtout s'il s'absorbe trop en lisant lui-même, ou s'il a besoin de garder à l'œil des auditeurs un peu remuants.

L'ENSEIGNEMENT DE LA GÉOGRAPHIE

(Par le R. P. Lionnel)

La vieille méthode géographique, aux nomenclatures arides et indéfinies, celle que nous avons subie, durant nos jeunes années, a heureusement fait son temps. Des professeurs éminents, comme MM. Vidal de la Blache, Marcel Dubois, E. Quillot, ont rompu avec les errements du passé, et se sont permis des innovations dignes d'éloge.

Il est vrai que les méthodes préconisées par chacun de ces maîtres ne sont pas identiques ; mais enfin elles reposent sur un même principe, que nul ne saurait nier : « La Géographie est avant tout une œuvre de logique, « parce qu'il n'est pas de recherche plus rationnelle et « rigoureuse que celle des rapports entre la terre et « l'homme. » (M. Dubois.)

Arrivons bien vite au pratique, c'est notre but.

Quelle méthode employer pour l'enseignement de la Géographie ? Il en est qui commencent par déterminer, pour un pays, des *régions caractéristiques*, qu'ils décrivent ensuite successivement. Je me permettrai, avec des maîtres habiles, de critiquer la méthode *régionale :* elle peut être un procédé facile, mais elle n'offre pas les garanties d'une méthode logique.

Rien n'est en effet plus malaisé que de diviser tout un pays en compartiments soi-disant naturels, et cela de prime abord, presque *a priori*, sans avoir fait à l'avance une étude d'ensemble. C'est une tâche bien ardue de segmenter, par exemple, notre France en régions distinctes, et de faire comprendre à l'élève ce partage, si au préalable on n'a pas considéré avec lui les harmonieuses proportions, le magnifique ensemble du sol français. Le futur médecin ne s'applique-t-il pas aux principes généraux de la physiologie, n'étudie-t-il pas le corps humain complet, avant d'en venir à l'examen des parties composantes, à la dissection raisonnée de la tête, du tronc, des bras et des jambes? Il en va tout de même en géographie : avant de fractionner un pays en régions distinctes, il faut le connaître dans son ensemble.

D'autres débutent par la description du cadre extérieur des côtes, pour bien délimiter le territoire à parcourir. Ensuite viennent, en leur lieu et place, l'orographie et l'hydrographie. Cela ne me semble guère rationnel. Pourquoi donc les côtes de Bretagne sont-elles si différentes des côtes normandes ou landaises? Pourquoi un tel contraste entre la côte provençale et la côte languedocienne de la Méditerranée? C'est l'étude géologique et orographique de la France qui donnera la raison de ces dissemblances; elle devra donc précéder la description des côtes.

L'ordre logique, en géographie, consistera d'un mot *à montrer aux élèves les phénomènes naturels dans l'ordre où l'on peut plus aisément en donner l'explication*. Cette loi, si bien mise en lumière par M. Marcel Dubois, est le meilleur guide pour un professeur de géographie. Développons-la en quelques mots.

Afin de ne pas rester dans de vagues généralités, nous prendrons nos exemples en France, nous appliquerons à la France les principes énoncés.

L'étude géologique *sommaire* des formes de la France, la « morphologie » de la France, est la préface obligée, indispensable. Mais je mets à dessein : *sommaire*, car ici l'abus serait à craindre. Donnons des notions courtes et très claires sur les diverses époques géologiques, sur les terrains qui les distinguent, mais ne nous perdons pas dans les nomenclatures superflues. Le maître peut exposer brièvement, avec de nombreux exemples, des comparaisons prises des phénomènes actuels, le système du monde d'après Laplace. Cela permet d'expliquer la succession des terrains et leurs caractères particuliers, la formation des montagnes, l'élaboration lente du sol français, du bassin de Paris, du golfe du Rhône, du passage du Poitou, les collines concentriques du bassin de Paris, le travail des glaciers dans les Vosges, dans les Pyrénées, dans la vallée du Rhône, etc. Il est bon d'avoir à sa disposition une bonne carte géologique, une coupe théorique de l'écorce terrestre, des cartes hypothétiques de la France aux diverses périodes géologiques, des échantillons de roches et de fossiles, que l'on peut montrer aux élèves [1]. Ces vues géologiques *sommaires* donnent raison de la structure des montagnes, de la formation et du régime des fleuves, de l'emplacement des bassins miniers et des stations thermales, voire même de l'aspect général des diverses régions et de leurs cultures.

Après cette préface géologique doit venir l'étude orographique, qui sera rendue bien facile. Montrons d'abord la structure générale d'une chaîne, comme les Pyrénées, d'un massif montagneux, comme les Alpes,

---

1. Les professeurs consulteront avec profit les *Leçons de géographie physique*, par M. A. de LAPPARENT, et le grand *Traité de géologie* du même auteur (Paris, Masson). — Cf. *Études religieuses*, mars 1897 (article du P. Ch. NOURY, S. J.).

d'une suite de chaînes parallèles, comme le Jura, en nous servant encore de la géologie. Ensuite nous pourrons sectionner la chaîne ou le massif, en plusieurs parties, pour en faciliter l'étude. Mais surtout dessinons des cartes, au tableau noir, des coupes longitudinales et transversales, des figures schématiques. C'est le moyen de parler aux yeux et de rendre le cours plus varié, plus attrayant.

A l'orographie doit succéder logiquement, non pas l'hydrographie, mais l'étude du régime des pluies et du climat. Pourquoi? parce qu'un fleuve est « le résultat du ruissellement d'une quantité d'eau donnée sur des pentes de nature particulière. » Donc du relief du sol nous passons naturellement aux précipitations atmosphériques, aux vents qui les modifient et les dirigent, au climat, qui dépend non seulement de la latitude, de la chaleur solaire, mais des vents dominants, de l'altitude, des pluies plus ou moins abondantes.

Nous pouvons ensuite aborder le régime des eaux, l'hydrographie, en remarquant avant tout l'admirable variété de notre système fluvial. Le sol français est sculpté, fouillé, modelé à l'excès; d'où ces bassins hydrographiques d'allure et de forme si différentes. Ici les pentes raides et les roches dures donnent à nos cours d'eau une marche désordonnée et des crues dangereuses. Là des fleuves plus tranquilles, plus bienfaisants coulent sur des pentes à déclivité moyenne et sur des terrains perméables. L'étonnante variété de nos cours d'eau « reflète celle de l'exposition, du relief, de la géologie, du climat » de notre beau pays.

Cette vue d'ensemble nous amènera à remarquer les grands centres de dispersion des eaux en France : le massif central, les collines du Perche, les Pyrénées, les Alpes; les trois régions fluviales qui se partagent la

France : le bassin du Rhône, la Bretagne, la grande plaine extérieure sillonnée par la Somme, la Seine, la Loire et la Garonne. Un seul bassin est bien délimité, bien fermé, celui du Rhône ; inutile de tracer des limites trop rigides entre les domaines drainés par nos autres grands fleuves.

Pour faciliter l'étude particulière des fleuves français, on peut considérer successivement les tributaires de la mer du Nord, ceux de la Manche et de l'Océan, enfin ceux de la Méditerranée. Et il ne sera pas sans profit de comparer les cours d'eau les uns avec les autres, au point de vue du régime, de la navigabilité, de leur liaison mutuelle par les canaux.

La description des côtes et des mers viendra en dernier lieu. C'est le rang qui lui convient. La conformation du littoral ne dépend-elle pas à la fois du relief intérieur, du travail de l'Océan qui apporte des sables ou qui ronge les rivages, des alluvions que les fleuves travailleurs charrient et accumulent vers leur embouchure ? En décrivant les côtes d'un pays, n'oublions pas d'en faire l'histoire, de rappeler « soit à l'aide des traditions humaines, soit à l'aide de constatations scientifiques, dans quelle mesure le continent a empiété sur la mer, ou la mer sur le continent, quelles parties de la terre ferme se soulèvent, quelles régions subissent un affaissement séculaire. » (M. Dubois.)

Tel serait donc, à notre avis, l'ordre à adopter dans l'exposé de la géographie physique.

Quant à la géographie économique, qui doit venir ensuite, elle demande beaucoup de discrétion, beaucoup de réserve, si l'on ne veut pas être infini. Elle n'est pas la simple énumération des produits agricoles et industriels, des facilités commerciales. Mais elle a pour objet de montrer le rapport « entre les richesses d'une région et le parti plus ou moins intelligent qu'ont su en tirer les hommes qui l'habitent ». Elle doit se rattacher intimement à la géographie physique : car l'agriculture dépend du relief, de la composition du sol, du climat; l'industrie, des matières premières extraites du sous-sol ou fournies par la culture; le commerce, des voies de communication plus ou moins faciles, des rivages plus ou moins ouverts.

C'est en traitant de la géographie économique que l'on pourrait utilement diviser un pays en grandes régions naturelles et comparer entre elles ces diverses régions, au double point de vue physique et économique.

Puisque je parle de comparaisons à établir entre pays et pays, entre région et région, je dois dire que rien n'est plus profitable pour les élèves et ne leur grave mieux dans la mémoire les notions données. Le professeur étudie l'Italie, par exemple; il mettra en parallèle cette péninsule avec l'Espagne ou avec la péninsule Balkanique; il étudie la Russie, il la comparera à la France, ou à l'Allemagne, ou à la Sibérie, en opposant fleuves à fleuves, relief à relief, climat à climat, végétation à végétation, littoral à littoral. Il exercera ses élèves à établir d'eux-mêmes ces comparaisons. Il leur demandera un parallèle entre la Loire et la Seine, entre le Rhône et le Pô, entre la Bretagne et la Provence, entre les côtes landaises et les côtes normandes, etc.

Enfin la géographie historique, politique et administrative doit terminer logiquement le cours. Si l'on définissait la géographie, comme tel professeur en renom, « de l'histoire développée en surface », il faudrait donner à cette dernière partie une étendue considérable. Mais la définition est fausse de tout point.

Aussi nous ne ferons qu'une part assez minime à la géographie historique et politique, pour ne pas redire ce qui est du domaine propre de l'historien. Expliquons brièvement l'ethnographie, la formation territoriale du pays politique à travers les âges, les rouages actuels du gouvernement et de l'administration ; comparons les divisions anciennes avec les divisions présentes, ce qui est utile pour la France, pour l'Allemagne, pour l'Italie, etc., et résumons par une grande vue d'ensemble l'état politique, administratif, statistique, du pays que nous étudions.

Mais quelle sera la part des élèves ? Seront-ils donc purement passifs, simples récepteurs ? Non, certes, interrogeons-les souvent, envoyons-les au tableau dessiner une carte ou une figure schématique ; si le professeur fait des cartes au tableau noir, les élèves devront les reproduire ; en tout cas, il est bon de leur dicter quelques notes brèves qui résument la leçon.

Que l'étude de la géographie ne soit pas un pur exercice de mémoire, comme elle le fut jadis ; mais poussons les élèves à réfléchir, à raisonner, en s'appuyant sur des faits précis ; intéressons-les aux grandes explorations contemporaines qui vont porter au loin les biens de la civilisation et l'Évangile de Notre-Seigneur Jésus-Christ, et faisons leur admirer la puissance et la bonté du Créateur qui éclatent si manifestement à la surface de notre globe.

———

LES LANGUES VIVANTES

Pour apprendre une langue vivante, rien ne vaut, à coup sûr, comme de la gazouiller dans les bras d'une mère, sur les genoux d'une bonne, auprès d'une institutrice, avec des frères, des sœurs, des camarades. Un enfant apprend les langues en se jouant, et l'on ne voit pas qu'il ait notablement plus de difficulté pour deux que pour une. Si la langue étrangère n'est pas venue d'elle-même retentir à nos oreilles d'enfants et se poser, pour ainsi dire sur nos lèvres dès le berceau, le meilleur est de l'aller chercher — vivre à l'étranger, n'entendre qu'anglais ou qu'allemand [1], n'avoir à qui parler qu'en cette langue, être obligé de la manier sans cesse comme les *natifs* du pays. A ce compte le progrès est rapide, d'autant plus rapide que l'on s'y prend plus jeune : au bout d'un an ou deux, un enfant de neuf à dix ans en sait plus que le nécessaire ; s'il est bien doué, il peut parler sans que rien trahisse en lui l'étranger. Mais n'est pas qui veut si favorisé : le grand nombre doit étudier l'anglais ou l'allemand comme on étudie le latin et le grec, sur les bancs de l'école, avec des camarades qui n'en savent pas davantage. Dès lors l'enseignement des langues vivantes se trouve sur notre route, et l'on m'en voudrait de n'en rien dire ici [2].

1. Je dirai *anglais* ou *allemand* pour être concret, non pour exclure l'italien, ou l'espagnol, ou le russe.

2. Dois-je m'excuser de parler à des maîtres d'un sujet où toute

I

Les questions de méthode sont dominées par la question du but. Il faut donc chercher tout d'abord à quoi doit viser le professeur de langues vivantes. C'est demander, en autres termes, pourquoi on les étudie. Il y a là bon nombre d'idées courantes à examiner, à préciser, à redresser aussi.

Pourquoi on étudie les langues? Pour les apprendre sans doute. La réponse paraît bien simple, et pourtant les professeurs de langues vivantes en ont parfois donné une autre : ils ont dit que l'étude des langues vivantes devait avoir pour but non le *savoir*, mais l'*exercice*, le profit *pédagogique* et non l'usage *pratique*. N'est-ce pas ainsi, disent-ils, qu'on entend l'étude des langues classiques? Pourquoi n'en serait-il pas de même de l'anglais et de l'allemand? Je ne m'arrêterai pas à discuter une idée qui ne paraît pas destinée à se propager beaucoup : telle qu'ils la présentent, elle n'est qu'à moitié vraie pour le latin (on ne voit pas assez que le profit pédagogique est inséparable du savoir), elle l'est moins encore pour le grec ; quant à son application aux langues vivantes, elle aura toujours l'air

ma science est une science de disciple? A vrai dire, je comptais pour cet article sur de plus compétents. Mais les maîtres à qui je me suis adressé m'ont dit qu'il valait mieux le rédiger moi-même. A défaut de l'article tout fait que je leur demandais, ils m'ont donné toutes les indications utiles, tous les conseils de leur vieille expérience. Puis j'ai consulté les livres et les revues, en particulier les conférences de M. BRÉAL sur *L'enseignement des langues vivantes* (Hachette, 1893), et plusieurs articles de *l'Enseignement chrétien,* parmi lesquels il faut signaler les excellentes *Remarques sur le thème anglais,* de M. CONDELL, 1896, p. 355 et 395. Enfin j'ai fait ou renoué connaissance avec un grand nombre des innombrables livres classiques qui ont paru en ces derniers temps, et qui ne cessent de se multiplier.

d'une mauvaise excuse qui palliera mal, aux yeux des intéressés, l'insuffisance ou l'échec du professeur.

Sans doute, l'étude des langues vivantes peut devenir elle aussi un excellent exercice pédagogique. Mais c'est à condition qu'on y cherche autre chose que l'exercice, c'est à condition qu'on les apprenne. Voilà donc qui doit être entendu, et les meilleurs professeurs de langues vivantes sont de cet avis. On étudie les langues vivantes pour les savoir [1].

Mais il y a savoir et savoir, savoir pour lire et pour comprendre, savoir pour écrire et pour parler. Nous apprenons le grec pour lire Homère ou Démosthène et non pour écouter les avocats d'Athènes ou pour correspondre en grec avec nos amis; devons-nous de même apprendre l'allemand et l'anglais rien que pour lire Gœthe ou Shakespeare, sans nous préoccuper de parler ou d'écrire? A cette question, on répond d'ordinaire par l'axiome de Jules Simon : « On apprend les langues mortes pour les lire, les langues vivantes pour les parler. » Il faudrait dire plutôt, pour ne rien dire ici des langues mortes, qu'on apprend les langues vivantes pour lire et pour parler. Il importe d'insister quelque peu sur ce point, d'autant qu'il y a eu jusqu'à ces derniers temps — je n'ose dire qu'il y a encore — contradiction entre nos principes et notre pratique. On criait bien haut qu'on apprend l'anglais ou l'allemand pour le parler, mais en même temps tous les efforts, tous les exercices étaient pour la lecture et la traduction écrite; presque rien pour la parole. Consé-

---

1. M. Condell, par exemple, se range sur ce point aux idées de M. Bréal, qui a cru nécessaire d'insister sur cette thèse. Les professeurs que j'ai consultés n'ont même pas songé à la mettre en doute. D'autres peut-être sont « plus pratiques » encore (comme ils disent); leur formule serait, s'ils osaient parler franc : on apprend les langues vivantes, parce que c'est nécessaire pour les examens.

quence : il fallait regarder comme perdues — ou peu s'en faut — les heures données aux langues. Combien, en effet, étaient capables, en quittant le collège, de les parler ou de les écrire? Combien, quand ils l'auraient su, avaient occasion de profiter de leur savoir?

Non, tout le profit n'est pas de savoir parler, ni le seul but de l'étude. Dans bien des cas, la lecture sera d'application plus fréquente et de plus grande utilité que la parole. Ainsi pour presque tout ce qui est littérature ou science. A peine est-il une étude qu'on puisse pousser sans savoir lire l'allemand; un savant peut n'avoir jamais besoin de le parler.

Ainsi tout n'est pas fait, quand, à force de répétitions inintelligentes, l'enfant sait dire tant bien que mal en anglais ou en allemand : « Je vous demanderai du pain et du fromage; il était dix heures quand nous arrivâmes à la gare, et nous ne trouvâmes rien au buffet », et autres phrases de même portée. Tout n'est pas perdu non plus par le fait qu'il ne sait ni dire quelle heure il est, ni demander son chemin, ni saluer comme il faut. Il faudrait savoir cela, et qui ne le sait pas, il est probable qu'il ne sait pas grand'chose. Mais enfin lequel est le meilleur d'avoir appris une centaine de phrases *usuelles* dont on *usera* peut-être trois fois dans sa vie, ou d'avoir pris goût à la lecture des maîtres étrangers, de Longfellow ou de Newman, de Weber ou d'E. Curtius, de Dante ou de sainte Thérèse?

Il faut donc, en principe, quand on traite de l'utilité des langues, tenir compte, tenir grand compte de la lecture. Est-ce à dire qu'il faille en pratique faire la part moins large aux exercices de conversation, enrayer le mouvement qui pousse à étudier les langues vivantes en vue de la parole? Non pas. Car on étudie les langues pour les savoir, et savoir ici ne va pas sans pouvoir parler. D'ailleurs on n'arrive à bien comprendre une langue, on ne s'intéresse à l'étude, on ne goûte vraiment les auteurs qu'en s'essayant à écrire et à parler ; écrire et parler (écrire surtout) resteraient des moyens très utiles, quand ils ne seraient pas le but principal de l'étude [1].

La question de but est résolue. On étudie les langues vivantes pour les savoir, et savoir une langue, c'est être en état de la lire et de la parler. Lire est facile pour l'anglais, et tout élève y peut arriver, qui le veut. C'est plus difficile pour l'allemand ; cependant les bons élèves parviennent à déchiffrer un texte ordinaire ; plus tard, eux-mêmes feront le reste au besoin. Parler, c'est-à-dire comprendre la parole et se faire comprendre, est difficile pour l'anglais ; et bien penaud est-on en Angleterre avec son savoir livresque et ses phrases *usuelles*, qui souvent ne sont pas usuelles du tout [2]. On n'entend rien à leur gazouillis, et eux-mêmes, au moins les gens du peuple, n'arrivent pas à deviner dans le mot que vous dites celui que vous voulez dire. Plus vous détachez les syllabes, plus vous articulez, moins on comprend. Vous n'avez pas l'accent, et l'accent est bien ici *l'âme du mot*. Pour l'allemand, comprendre n'est guère plus facile aux débuts ; mais vite on arrive à se faire comprendre.

En somme, il faut toujours une transition du savoir

---

1. *Écrire* ne saurait être, en fait, le but, même secondaire. Ceux avec qui nous aurons à faire comprendront presque toujours le français, au moins le français écrit ; et il vaut mieux leur laisser le plaisir délicat de déchiffrer notre langue, fût-ce avec peine. Du reste, qui sait lire et parler saura écrire à l'occasion.

2. En effet, beaucoup de ces formules changent, et les livres sont généralement en retard. Les Anglais nous ont donné *Wagon*, mais dans les gares on ne parle que de *carriage*. Ils ne disent plus guère *what o'clock is it*, mais *what is the time* ; le fameux *how do you do* est souvent remplacé par *how are you*, etc., etc.

de collège au savoir immédiatement pratique. Le professeur aura fait bonne besogne s'il a rendu cette transition rapide et facile, s'il a donné le goût de la lecture, s'il a fait connaître quelque peu les auteurs, s'il a mis en état de pousser l'étude et de faire usage de ce qu'on a pour acquérir ce qui manque.

II

Le but est donc d'apprendre la langue. Il faut le rappeler sans cesse. Car sans cesse on l'oublie dans l'action : tout est ramené à *l'examen*, et le grand art semblerait être parfois non pas de faire apprendre la langue, pour bien passer l'examen, mais de *chauffer* pour l'examen sans faire apprendre la langue. Mauvaise tactique, en somme ; car la meilleure garantie de succès à l'examen est encore le savoir.

Donc comment s'y prendre pour arriver à savoir une langue étrangère ? Les *Méthodes* abondent et les recettes : méthodes rapides, méthodes faciles, méthodes amusantes, méthodes pratiques, que sais-je encore ?

Le malheur est que ce n'est, en fin de compte, ni rapide, ni facile, ni amusant, ni pratique. Il faut toujours en revenir à la grammaire, à la traduction, à la lecture, à la conversation. Non pas que ces *Méthodes* ne puissent rendre service, mais à leur place. Ne l'oublions pas ; presque tout dépend de la valeur du maître, oui presque tout, et même, en grande partie, la valeur du livre. Du reste, beaucoup de ces livres sont bien faits — d'excellents instruments. On est tout surpris, en les examinant, d'y retrouver des exercices connus, des procédés connus, ceux-là mêmes qu'on employait pour le latin quand on étudiait encore le latin comme une langue vivante, pour l'apprendre ; ceux-là mêmes dont il a été parlé mainte fois dans le cours de ce volume : exercices de conversation, thèmes d'imitation, petits récits à raconter, à reproduire par écrit, questions pour repasser les mots et les règles, traductions et re-traductions, tous ces moyens enfin de manier et de remanier sans cesse la langue réelle, concrète, vivante. J'ai mieux compris, en voyant des cours comme celui de M. Baret pour l'anglais et celui de M. Halbwachs pour l'allemand [1], le mot d'un professeur que je consultais, mot qui n'avait pas laissé de m'inquiéter. « On apprend, me disait-il, les langues vivantes comme les langues mortes. » Il supposait que l'on étudie encore les langues mortes comme des langues vivantes.

Ainsi, il n'y aurait presque qu'à renvoyer le professeur de langues aux *Causeries* sur le latin, sur le français, sur le grec, sur l'art de questionner, sur l'exercice, etc. Quelques indications pourtant [2].

Théorie et pratique. — Un temps fut, dit-on, où l'étude des langues n'était guère que règles abstraites, que distinctions théoriques, que subtilités grammaticales. Il y eut réaction, comme de juste. Robertson, Ollendorff et les auteurs d'arts faciles pour apprendre une langue en 60 leçons crurent que la pratique suffisait. On n'eut plus guère ni règles, ni grammaires... et l'on ne sut pas beaucoup mieux. Maintenant on fait mieux les parts, au moins dans les livres. Il y a les règles et il y a la pratique, la mesure est difficile à garder.

La grammaire est envahissante, et il y a toujours tendance à trop s'y arrêter. Elle ne devrait venir

1. L'un et l'autre chez A. Colin, trois volumes pour trois années.
2. Ces indications, pour avoir toute leur valeur, devraient être éclairées d'exemples nombreux. Il y en aurait à donner, et d'intéressantes ; mais il y faudrait un volume. Je m'en rapporte donc, pour les détails, à l'intelligence et à l'expérience des maîtres.

que pour la pratique, pour l'expliquer, la diriger, la rappeler. Ne la remplace-t-elle pas parfois ?

Règles générales et exceptions. — Une des choses qui rendent trop souvent l'étude des langues difficile et ennuyeuse, qui partant la font échouer, c'est qu'on s'occupe trop des exceptions et des difficultés. Par exemple, on s'arrête sans fin sur les verbes irréguliers, sur les bizarreries de la langue, sur les distinctions subtiles. On a dit que ce défaut est propre aux Français ; je ne le crois pas, et, si j'en juge par les questions posées pour le français aux examens de l'Université de Londres, les Anglais nous dépassent de loin : il faut une préparation toute spéciale, et qui ne se donne qu'en Angleterre, pour répondre à beaucoup de ces questions : j'avoue que plus d'une fois j'eusse été bien empêché. Or les jeunes gens résolvent ces problèmes sans savoir le français.

Il faudrait, et dans les débuts, et longtemps après les débuts, n'avoir guère à se préoccuper des exceptions : ce qui importe ce sont les mots, les formes régulières de déclinaison et de conjugaison, les grandes règles générales d'accord et de construction, l'indispensable enfin et ce qui est d'usage continuel ; *mais que ce nécessaire soit su à la perfection.* Le reste viendra peu à peu à l'occasion. Quel mal si, en attendant, on fait quelque faute sur un temps primitif, si l'on emploie *will* au lieu de *shall* dans un cas difficile, où un Irlandais ne manquerait pas de s'embrouiller ? Les recueils des difficultés d'une langue ne doivent pas être pour les étrangers qui ne savent pas encore. Que de temps épargné, que de dégoûts et que d'échecs évités, si l'on s'en tenait à ce principe de bon sens ! Mais il est difficile qu'on s'y tienne, quand à tous les concours, à tous les examens, partout enfin on compte pour aussi grave ou pour plus grave une faute *dans le sens de la règle* qu'une faute *contre la règle*, l'oubli d'un détail minime que l'ignorance d'un point fondamental.

Comparer et expliquer. — L'étude d'une langue étrangère est nécessairement comparée. Mais on pourrait tirer de la comparaison plus de parti qu'on ne fait souvent. Dans les langues que l'enfant sait, ou dont il a déjà une teinture, il y a presque toujours des mots connus, des tours familiers analogues à ce que lui présente la langue nouvelle. Presque toutes les règles de l'article anglais ont des analogies dans quelques tours de notre vieille langue, dont il reste mainte trace en français moderne. La construction allemande étonne moins quand on en voit comme des reflets chez nous, dans des phrases de ce genre : *Ainsi parla le roi. — On ne sut pas longtemps à Rome Cette éloquence entretenir.— Et la première épée Dont s'est armé Rodrigue a sa trame coupée.* Le jeu des particules séparables n'est pas sans analogie avec celui de nos adverbes *bien, mal,* etc : *Vous dites bien, vous avez bien dit.* Le présent anglais ou allemand après *when* ou *wann,* en face d'un futur, se retrouve chez nous avec *si : s'il vient, nous le recevrons.* Ce qui est vrai de la syntaxe, l'est encore plus des mots, de leur sens et de leur formation : *tirer* et *train* répondent presque partout à *ziehen* et *zug* (comparez aussi *ducere, educare,* etc.); *entretenir* et *unterhalten ; circonstance* et *Umstand,* sont comme calqués l'un sur l'autre.[1] Avec quelque habitude du vieux français, avec quelques notions élémentaires de phonétique (la loi de Grimm par exemple),

[1]. Voir quelques exemples p. 47, note. Ici je n'en veux signaler qu'un. Notre *on (homo)* est un équivalent parfait de l'allemand *man : Man sagt,* on dit.

on arrive à multiplier sans fin les rapprochements : cela ne fait pas *deviner*, je le veux bien, mais cela aide à *retenir* [1].

Mais il faut signaler aussi les différences, montrer les ressources des deux langues, non pas pour les préférer l'une à l'autre dans l'absolu, mais pour dégager une tendance particulière ou pour montrer les avantages respectifs. N'est-il pas curieux que le pronom possessif de la troisième personne continue, dans les langues germaniques, à rappeler le genre du possesseur : *his brother* (son frère à lui), *her brother* (son frère à elle) ? Et que de phrases chez nous sont amphibologiques, faute d'une pareille distinction (p. e. *Elle craignait qu'il ne tuât son frère*) ! Par des remarques de ce genre, les difficultés mêmes de la langue intéresseront l'élève, et si quelques-uns continuent à écrire des phrases comme celle-ci, que je lis sur un livre d'écolier : « Il n'y a pas de langue plus bête que l'allemand », il ne faut pas que ce soient des élèves intelligents.

III

Après ces considérations un peu générales, il faut aborder quelques points particuliers.

Écriture. — Pour ne pas multiplier les difficultés sans nécessité, certains professeurs d'allemand laissent de côté dans les débuts la cursive allemande. Je crois qu'ils ont raison.

Accent et prononciation. — Il y faut veiller beaucoup,

1. Les professeurs de langues connaissent sans doute le beau livre de M. V. HENRY, *Précis de grammaire comparée de l'anglais et de l'allemand* (Hachette), et ils s'en servent discrètement comme font leurs confrères du *Précis grec et latin* du même auteur.

et cela dès les débuts. La chose est difficile pour l'anglais. On a essayé bien des moyens. Il y a des traités de prononciation, celui du P. Alezais, par exemple, qui est excellent, mais ce ne peut être pour des enfants. Le grand moyen est l'exercice oral : dictée, lecture à haute voix avec le professeur, répétition fréquente de morceaux soigneusement exercés. Tous les secours donnés par les livres sont insuffisants. M. Baret, dans son cours, marque partout l'accent : c'est une bonne idée; il a utilisé aussi la poésie, ce qui a double avantage : le rythme du vers indique d'ordinaire la place de l'accent, et grâce à la rime, quand il y en a, un mot aide à prononcer l'autre. Quant à la prononciation *figurée*, on sait qu'elle est toujours inexacte; de plus, c'est bizarre et encombrant. D'autre part, des secours sont parfois utiles; M. l'abbé Saillard, dans sa Grammaire [1], a imaginé des signes de convention, comme on en a pour la quantité latine : le système paraît bon, comme moyen de rappel.

Science des mots. — C'est un point dont on ne s'est pas toujours assez occupé. On ne sait pas une langue sans savoir les mots. Depuis quelque temps on y insiste beaucoup; mais je ne sais si on prend les meilleurs moyens. Ni les listes de mots groupés d'après le sens, ni les tableaux parlants ne suffisent : c'est dans des phrases qu'il faut apprendre les mots, mais des phrases détachées n'ont guère d'intérêt. On s'est ingénié pour l'allemand à faire entrer dans un récit ce qu'on appelle les mots racines d'une langue. M. l'abbé Wagner a fait un tour de force en ce genre avec l'histoire d'Alibaba [2].

1. Chez M. Poussielgue, 2e édition, 1894.
2. Le tour de force est moins encore dans l'art d'amener les mots que dans celui de faire venir tour à tour et en ordre les règles

D'autres prennent des morceaux détachés dans différents genres, ce qui est plus varié, plus intéressant,
plus naturel.

Peut-être vaut-il mieux y mettre moins d'art et de
recherche. Qu'on apprenne dès les débuts les mots les
plus usuels et les formules courantes (jours de la
semaine, mois de l'année, objets scolaires, parties du
corps, etc.), rien de mieux. Pour le reste, qu'on les
reçoive quand ils se présentent dans les lectures et
les exercices. Ici comme pour la grammaire, l'important est de se faire un premier fonds dont on soit parfaitement maître. Qu'on s'arrête donc sur quelques
pages choisies, qu'on les apprenne par cœur, ou du
moins qu'on en sache si bien tous les mots et les tours,
qu'on les ait toujours sous la main. Qu'on y ajoute peu
à peu les mots usuels qu'on ne sait pas, qu'on les note,
qu'on les répète jusqu'à ce qu'ils soient entrés dans le
trésor. Avec cette méthode toute simple, on n'a pas à
se charger la mémoire d'une foule de termes dont
jamais peut-être on n'aura occasion de se servir : ceux
qu'on apprend sont vraiment les mots usuels. Les
rapprochements étymologiques peuvent être utiles à
l'occasion. Il y a de bons dictionnaires étymologiques :
Skeat pour l'anglais, Kluge pour l'allemand.

Exercices de conversation. — On ne comprend pas une
classe de langues où l'on ne parle pas. Il me semble que
le maître devrait ordinairement parler la langue qu'il
enseigne... et il faudrait amener peu à peu les élèves à
faire de même. Tous les livres indiquent des exercices
à faire. Ce doivent être d'ordinaire de petits récits à

principales de la grammaire. Avec les trois ou quatre brochures de
l'auteur, on a un cours complet d'allemand (chez Poussielgue).

répéter après lecture ou mieux encore après que le maître les a dits une fois, deux fois, trois fois; ou bien, comme les récits peuvent être trop difficiles, ce seront des réponses aux questions du professeur sur une matière qu'on vient de voir, ou des traductions orales, toujours sur les choses vues en classe, sur une version qu'on vient de faire, sur un texte qu'on vient d'expliquer, sur un morceau qu'on vient de réciter par cœur. On peut avoir aussi de petites conversations sur des sujets donnés soit entre élève et professeur, soit, si c'était possible, entre deux élèves. Les sujets et les modèles abondent dans les livres [1].

Lectures. — Pour apprendre une langue il faut lire; il faut lire pendant qu'on étudie pour continuer à lire ensuite. C'est pourquoi on doit donner aux enfants des textes intéressants, faciles, bien préparés. Ce seront d'abord des recueils d'historiettes, de petites poésies, des morceaux choisis de tout genre (sauf du genre ennuyeux); puis ce sera le tour d'un ouvrage entier : un petit roman ou un conte, une pièce de théâtre, etc. Il va sans dire que l'enfant ne lira pas en anglais ou en allemand ce qu'il ne lirait pas en français. Qu'on ne lui donne donc pas le *Laocoon* de Lessing! Mais, encore une fois, des choses faciles, intéressantes, amusantes même. Les Anglais et les Allemands ont de si jolies poésies pour enfants, de si jolies historiettes! Que les livres faits pour nos élèves soient bien annotés, avec un texte typographiquement irréprochable (ce qui n'est pas toujours), avec longs sommaires, traduction des mots difficiles, explications pour tout ce qui pourrait

1. On peut signaler comme utiles pour l'exercice de conversation le petit volume de M. GAUDE sur *Les auteurs allemands du baccalauréat* et celui de M. KIEKEN sur *Les auteurs anglais* (Poussielgue).

embarrasser. J'ai sous les yeux quelques textes édités chez M. Poussielgue, qui me paraissent bons : *A christmas carol* de Dickens, *Coriolan* de Shakespeare, *Marie Stuart* de Schiller, *Minna von Barnhelm* de Lessing, des *Extraits de la guerre de Trente ans* reliés par de courts résumés. En général, on craint trop, ce me semble, d'aider l'élève : il faudrait au moins quelques livres *provocants*, si je puis dire, et n'ayant rien qui rebute. Pour l'anglais, qu'on ne soit pas trop *saxon* dans les débuts : Macaulay vaut mieux pour les élèves que Newman, et Longfellow que Tennyson. Pourquoi aussi ne donnerait-on pas comme prix de langues de jolis livres anglais ou allemands, faciles et intéressants ? Pourquoi n'y aurait-il pas dans la bibliothèque des élèves un fonds étranger, quelques romans de Dickens par exemple, (expurgés s'il le faut), quelques livres d'histoire, quelques poètes, quelques-uns de ces *Readers* ou de ces *Lesebücher* qui ne sont guère plus rares, je pense, en Angleterre ou en Allemagne, que chez nous les *Morceaux choisis* ?

Enfin il y a les journaux anglais ou allemands pour Français (bimensuels chez Hachette) : il n'y a guère de fond, mais c'est intéressant, et peut-être quelques-uns les liraient-ils [1]. Bref, tout sera bon qui donnera le goût de la lecture, et qui fera travailler. L'élève saura une langue s'il travaille par lui-même ; sans travail personnel jamais !

1. Dans ces derniers temps, on a lancé un nouveau moyen, que la *Review of Reviews*, par exemple, patronne très chaudement, celui des correspondants étrangers : on se trouve un correspondant, et on s'écrit comme entre amis sur un sujet déterminé... Je crains que la correspondance ne languisse — et de fait, on trouve, outre Manche, que les Français se prêtent peu à cet exercice

CONCLUSION — LES RÉFORMES

On raconte qu'un gentilhomme espagnol gémissait
devant saint Pierre d'Alcantara sur la perversité des
hommes et sur le mal partout triomphant; le monde
entier avait besoin d'une immense réforme. Le saint
l'écoutait en silence; quand l'autre s'arrêta comme pour
lui dire : « Eh bien! qu'en pensez-vous? — Je pense,
reprit-il, que vous avez raison. Commençons donc dès
aujourd'hui à nous réformer nous-mêmes. Travaillez
pour votre compte, je travaillerai pour le mien. Alors,
nous nous occuperons de ceux qui nous entourent, et
chacun tâchant de devenir parfait, la réforme s'étendra
de proche en proche, et bientôt ce monde pervers sera
devenu comme le vestibule du paradis. »

L'application est facile. Quel professeur ne se plaint
que les études sont en décadence? Et l'on rejette la
faute sur les programmes, sur les examens, sur l'enfant. Plaintes fondées peut-être, mais stériles ou à peu
près; car, sur ces points, la réforme ne dépend pas de
nous.

Ne serait-il pas plus utile de nous examiner nous-
mêmes et de voir si comme professeurs nous n'avons
rien à réformer, chacun dans sa petite sphère? Je le
veux bien, des programmes mal faits, des examens mal
organisés ont sur l'enseignement un effet désastreux,
car ils mettent sur une mauvaise pente, et ils fournis-

sent prétexte à toutes les aberrations de méthode. Mais les meilleurs programmes, les examens les plus sagement entendus seront toujours mauvais si le maître fait mal son métier, tandis qu'on peut faire très bien, même avec un programme défectueux [1].

Ainsi donc, au lieu de nous plaindre, agissons; au lieu de rêver des conditions impossibles, faisons le possible pour tirer bon parti des conditions où nous sommes: au lieu de crier : « Réforme, réforme », travaillons à devenir chacun pour son compte d'excellents professeurs.

Or, parmi les qualités d'un professeur, il en est une dont, si je ne me trompe, on ne tient pas toujours assez compte.

Est-ce le dévouement ? Non pas, grâce à Dieu, du moins dans nos écoles catholiques. Il pousse là comme dans son terrain naturel. D'ordinaire, nos professeurs se donnent tout entiers à leurs élèves, ils se dévouent, et là est le secret de leurs succès. Toutefois, le dévoue-

1. Dans les classes de grammaire, la *tyrannie des programmes* se fait relativement peu sentir; et l'on ne peut guère se plaindre non plus du manque de temps. Dira-t-on que les enfants y doivent apprendre cent choses dont nul ne se préoccupait jadis, langues, histoire, mathématiques, etc.? Soit; mais n'oublions pas aussi qu'ils y passent moitié plus de temps, ou à peu près, qu'ils ne faisaient autrefois, six ou sept ans au lieu de trois ou quatre. Admettons que la multiplicité des matières a un inconvénient plus grave que celui de ne plus laisser le temps nécessaire pour le latin, celui de distraire l'esprit, et de le tirailler en tout sens en l'empêchant de s'appliquer sérieusement à rien. Cela crée, je le veux bien, des difficultés spéciales. Mais enfin comment croire que le professeur de grammaire n'a plus ni assez de temps ni assez de liberté pour faire quelque chose de bien? Et cependant les classes de grammaire ne sont pas bien faites. On peut même dire que c'est là le grand mal de notre enseignement. Avec un bon fonds de grammaire et de latin, les enfants pourraient faire — en dépit des programmes, si l'on veut — une bonne seconde et une bonne rhétorique. Sans ce fond, les classes supérieures seront nécessairement manquées. Grande responsabilité pour les professeurs de grammaire.

ment ne suffit pas sans la qualité que nous voulons signaler.

Est-ce le savoir-faire professionnel? Il est vrai, beaucoup de professeurs auraient besoin d'études pédagogiques plus sérieuses et plus étendues. Autrefois, la *routine*, comme on disait alors sans attacher à ce mot le même sens défavorable qu'aujourd'hui, la routine suffisait à faire un bon professeur. Il n'en est plus ainsi, comme nous le constations dans la préface. La connaissance réfléchie des méthodes doit suppléer la tradition vivante et pratique; pour faire face à des difficultés nouvelles, il faut, si c'est possible, des outils perfectionnés et un art savant de les manier. Cependant, le grand déficit n'est pas là. L'esprit pratique et l'expérience sont encore les meilleurs maîtres de pédagogie; avec le dévouement, ils arrivent à réaliser des prodiges. Et pourtant, il faut autre chose encore.

Que manque-t-il donc? La *science*, ou si le mot est trop ambitieux pour des professeurs de grammaire, les seuls dont je veuille parler directement, le *savoir*.

Il y a là, si je ne me trompe, un mal sérieux, d'autant plus sérieux qu'il est moins senti par les intéressés: car souvent, ni élèves, ni maîtres, ni directeurs n'y font grande attention. Si peu senti que plus d'un, en lisant cette page, se récriera peut-être contre les théoriciens qui voudraient faire du professeur un savant; et d'autres ne seront même pas troublés dans leur paix, ne soupçonnant pas qu'il puisse rien leur manquer à cet égard. Qu'on me permette donc d'insister.

D'abord, il faut rendre justice au zèle et à la bonne volonté d'un grand nombre. Ils voient leurs déficits et ils travaillent de leur mieux à les combler. Ceux-là arriveront vite.

Ensuite, une distinction est nécessaire pour prévenir

les malentendus. Autre chose est de dire : « Le savoir est indispensable », et, « la science suffit. » Non sans doute, la science ne fait pas le bon professenr, et, c'est M. Lavisse qui le dit, « nous avons de très brillants agrégés qui font des professeurs pitoyables; » au contraire, elle peut le gâter — bien que, à vrai dire, si parfois un savant est un mauvais professeur, ce n'est pas d'ordinaire *parce que* savant, mais *quoique* savant. En tout cas, la science ne tient pas lieu de tout. C'est entendu.

Mais le savoir est nécessaire, un savoir étendu, profond et sûr, un savoir *magistral* en un mot.

C'est un principe banal en matière pédagogique, on enseigne mal ce que l'on ne sait pas très bien ; avec une science de manuel acquise à la hâte, on donnera peut-être quelques notions ; on n'aura pas d'action formatrice.

Il faut *savoir* pour ne pas enseigner l'erreur ; il faut *savoir* pour voir au juste ce qui est bon à dire, et ce qu'il faut taire. Il faut *savoir* pour mettre chaque chose à sa place et lui donner l'importance qui lui convient. Il faut *savoir* pour dégager le sens intime des faits, pour trouver et montrer l'esprit des choses, pour saisir et communiquer le germe vivant de vrai, de beau, de bien qui seul féconde l'âme et la fait agir vitalement. Autrement, que fait-on ? On charge la mémoire, on étouffe le feu intérieur au lieu de l'allumer et de l'aviver ; on peut donner un certain entraînement factice et machinal : on ne forme pas.

Et qu'on ne dise pas : « Mais il y a les livres, le professeur a les siens, les élèves ont les leurs. Tout le savoir dont ils ont besoin est là. » Le savoir dans ce qu'il a de matériel, je le veux bien ; le savoir dans ce qu'il a de vivant, de fécond, de puissance formatrice, non, à moins que le professeur ne ranime, pour ainsi dire, le livre, et ne souffle la vie dans ces pages mortes. Or, pour donner la vérité vivante, il faut l'avoir bien à soi, vivante en soi, il faut *savoir*. Quand le livre serait parfait, ce n'est jamais qu'un livre, c'est-à-dire un auxiliaire utile, nécessaire même; un instrument, et rien de plus [1].

Ces remarques sont vraies pour toute matière d'enseignement; elles le sont plus encore peut-être pour le latin. Si les études latines ne donnent pas tout le fruit qu'on serait en droit d'en attendre, à qui la faute? A bien des circonstances, indépendantes de notre volonté. Mais quel professeur peut dire en conscience : Je n'y suis pour rien? Si les enfants ne savent plus le latin, n'est-ce pas, en partie, que nous ne le savons pas assez? Si les enfants paraissent ne pas tirer grand profit de leurs longues années de commerce avec Rome, n'est-ce pas, en partie, que nous ne faisons pas tout ce que nous devrions pour leur rendre ce commerce plus intéressant et plus fructueux ? Et si nous ne le faisons pas, ce n'est pas manque d'effort et de bonne volonté. Encore une fois, c'est surtout manque de savoir.

Si quelque chose se dégage des longues pages consacrées au latin dans ce livre, c'est, j'ose l'espérer, que ces études et ces exercices sont d'une haute valeur pédagogique. Mais ce doit être aussi la nécessité pour le professeur d'une science approfondie du latin. Sans cela pas de pénétration intime dans le génie de la langue, pas de vue nette des rapports et des différences avec le français; pas de lutte acharnée ni d'effort méthodique dans les exercices de traduction; pas de contact intime avec l'âme se manifestant à qui sait la voir dans le

---

1. Voir la Causerie intitulée : *Du livre et du tableau noir.*

choix des termes et des formes grammaticales, dans l'ordre et la correspondance des mots, dans tout le mouvement et la construction de la phrase ; pas de vie ni de sens à la grammaire, pas de vraie et intelligente familiarité avec les auteurs ; pas de profondeur enfin, ni de précision, ni de sûreté dans l'analyse psychologique ou dans l'observation esthétique et littéraire. Si l'*étude* du latin, pour avoir toute sa puissance formatrice, doit être, comme nous l'avons vu, étendue, réfléchie, comparée, quelle science ne faut-il pas au maître qui doit l'*enseigner !* Non pas la science à moitié routinière d'un bon élève de troisième, qui sait sa grammaire, qui déchiffre facilement ses auteurs, qui écrit correctement le latin, élégamment même s'il a de bonne heure appris à imiter les modèles, qui sait faire enfin un bon thème et une bonne version, et qui a, comme on dit, le sens du latin. Mais une science qui *domine* son sujet, et, pour tout dire d'un mot, une science *de maître.*

Cette science nécessaire, qui donc l'a quand il commence son métier ? Heureux ceux qui, du moins, arrivent assez préparés, assez ouverts pour l'acquérir peu à peu, assez pratiques en même temps pour faire si bon usage de ce qu'ils ont ou de ce qu'ils acquièrent au jour le jour, qu'ils sont toujours en avance, ne fût-ce que de quelques pas, toujours au-dessus, — je ne dis pas de leurs élèves, ce serait leur faire injure, — mais de ce qu'ils enseignent, ne fût-ce que depuis les heures de la préparation immédiate !

On voit dès lors l'importance capitale d'une sérieuse préparation scientifique et pédagogique. On voit la nécessité d'un travail acharné durant les premières années d'enseignement.

L'erreur serait de croire qu'on peut se relâcher en avançant. Se relâcher de l'effort hâtif, de la tension inquiète, de la préparation fiévreuse, oui ; se relâcher du travail constant pour acquérir, *en vue de sa classe*, une science toujours plus étendue et plus approfondie, pour la mettre de mieux en mieux à la portée de l'élève et la lui présenter d'une manière plus intéressante et plus pédagogique, pour dominer de plus en plus sa matière et pour progresser sans cesse en savoir et en bon usage de son savoir ; se relâcher, en un mot, soit dans la préparation lointaine, soit dans la préparation immédiate, non.

Toute sa vie, le professeur, oui même l'humble professeur de sixième ou de cinquième, doit être, comme disait le vieux Roger Ascham, φιλόπονος et ζητητικός, et cela, entendons-le bien, *pour être à la hauteur de sa tâche*[1]. Sans cet amour du travail, sans cette curiosité sympathique et ouverte à tout progrès, on garde rarement le

---

1. Le texte suppose, comme on voit, des professeurs *de carrière*, si je puis dire, et toujours attachés, non pas à la même classe — ce qui n'est pas sans inconvénient — mais plutôt aux mêmes élèves dans un cycle déterminé, de la sixième à la troisième, par exemple. Pourquoi faut-il que d'impérieuses nécessités pratiques empêchent trop souvent d'en agir ainsi ? Nos études classiques ne se relèveront que quand les classes de grammaire seront bien faites ; et les classes de grammaire ne seront bien faites — étant données les difficultés présentes — que quand des hommes, ouverts par une préparation suffisante, intelligents et travailleurs, suivis de près et aidés, dans leurs premières années, par des hommes d'expérience et de talent, se dévoueront à passer leur vie dans le cycle grammatical, prenant une classe en sixième ou en cinquième pour la mener jusqu'à la seconde, redescendant de là pour reprendre une nouvelle génération et la mener par les mêmes chemins connus. Quatre ou cinq hommes de cette valeur, dans chaque collège, feront plus pour relever les études classiques que toutes les circulaires ministérielles, que tous les conseils de l'instruction publique, que tous les beaux discours sur l'éducation et que tous les livres de pédagogie. Pourquoi les maisons ecclésiastiques ne prendraient-elles pas cette initiative, ou plutôt pourquoi ce qui existe en partie ici ou là, souvent par suite des hasards et des circonstances, ne se généraliserait-il pas d'après un plan suivi ? Les hommes de bonne volonté manqueraient-ils ?

goût de son métier ; on reste en arrière pour le savoir et pour les méthodes ; on s'endort dans la routine, et le professeur risque de devenir — en ce qui regarde son métier — une machine, très précise peut-être et très réglée dans ses mouvements, mais sans âme et sans vie intellectuelle ; dès lors il n'est plus un « allumeur d'âmes, » un semeur de vie.

Grâce à Dieu, un maître catholique est moins exposé que d'autres à ces dégoûts ou à cette torpeur mortelle.

Pour ranimer en lui la flamme, il a, en plus des motifs communs à tous, l'espérance et l'amour. Il sait que « ceux qui enseignent la justice à beaucoup brilleront comme des étoiles dans l'éternité sans fin » [1]. Et quand le métier paraît dur, quand l'enfance paraît peu attrayante, un mot retentit à son cœur, qui éveille en lui plus que la tendresse et le dévouement d'un père et d'une mère, un mot divin qui ensoleille et transforme tout : *Quamdiu fecistisuni ex his fratribus meis minimis, mihi fecistis* [2].

1. DANIEL, 12, 3.
2. MAT., 25, 40.

TABLE DES MATIERES

LE THÈME LATIN

LA CLASSE LATINE, ÉCOLE DE FRANÇAIS

L'ÉTUDE DU FRANÇAIS

LES EXERCICES DE FRANÇAIS

LES MATHÉMATIQUES DANS LES COLLÈGES

L'ENSEIGNEMENT DE L'HISTOIRE

L'ENSEIGNEMENT DE LA GÉOGRAPHIE

PARIS. — IMPRIMERIE F. LEVÉ, RUE CASSETTE, 17.

BIBLIOTHÈQUE PÉDAGOGIQUE

L'État et ses rivaux dans l'enseignement secondaire, par le R. P. BURNICHON, S. J. In-18 jésus.

La Pratique du Ratio studiorum pour les collèges, par le R. P. F.-X PASSARD, S. J. Nouvelle édition. In-8°...... 3 fr. 50

Des vocations sacerdotales et religieuses dans les collèges ecclésiastiques, par le R. P. DELBREL, S. J. In-18 jésus.................... 1 fr. 50

La Discipline dans les écoles secondaires libres : Manuel pratique du surveillant, par le R. P. Emmanuel BARBIER, S. J. In-18 jésus............ 2 fr.

Directoire des curés et vicaires : ŒUVRE DES VOCATIONS ECCLÉSIASTIQUES. Gr. in-18 broché..., 30 c.

Directoire des Maîtres. OBLIGATIONS COMMUNES. Gr. in-18 broché................... 30 c.

Directoire des surveillants. Gr. in-18 broché. 30 c.

Des moyens de développer, par l'éducation, la dignité et la fermeté du caractère, par M. le chanoine G. GINON, curé de Saint-Joseph de Grenoble, ancien supérieur du Petit Séminaire du Rondeau (Grenoble). Ouvrage qui a remporté le premier prix (médaille d'or), au concours de la Société d'éducation de Lyon en 1871. 3e édition. Gr. in-18 broché............ 1 fr. 25

Pédagogie (Abrégé de) ou Conseils aux jeunes maîtres de l'enseignement secondaire, par M. J.-H. VÉRIN, docteur ès lettres, professeur au collège de Pontlevoy. In-12 broché................... 1 fr. 25

A l'École de Jésus-Christ. — Souvenirs oratoires, par M. l'abbé S. BRUZAT, chanoine honoraire, ancien supérieur de l'Institution Saint-Joseph, à Périgueux. In-8°. 6 fr.

Paris. — Imprimerie F. Levé, rue Cassette, 17.